理想丰满

冯 仑 著

中信出版集团 | 北京

图书在版编目（CIP）数据

理想丰满 / 冯仑著 . -- 北京：中信出版社，
2017.2（2025. 4重印）
ISBN 978-7-5086-7008-9

Ⅰ . ①理… Ⅱ . ①冯… Ⅲ . ①民营企业 – 企业管理 – 研究 – 中国 Ⅳ . ① F279.245

中国版本图书馆 CIP 数据核字（2016）第 279963 号

理想丰满

著　　者：冯　仑
新媒体支持：冯仑风马牛
出版发行：中信出版集团股份有限公司
（北京市朝阳区东三环北路 27 号嘉铭中心　邮编　100020）
承 印 者：北京通州皇家印刷厂

开　　本：880mm × 1230mm　1/32　　印　　张：13.25　　字　　数：320 千字
版　　次：2017 年 2 月第 1 版　　印　　次：2025 年4月第13次印刷
书　　号：ISBN 978-7-5086-7008-9
定　　价：59.00 元

理想丰满

序言

不久前在飞纽约的航班上，我迷迷糊糊地听到前座有两位乘客不停地聊天，好像在谈论某个人。

其中一位说，2001 年 9 月 11 日，随着两架飞机撞向当时的全球最高大楼——世贸中心，一个世纪的历史由此转折。

两个月后，一位美国的教授正对着一群中国的房地产开发商讲解世贸重建的规划，被选中的方案要表达的价值观就是自由，所以，其中最高的那栋楼被称为“自由塔”（Freedom Tower）。其中的一个地产商问道：“教授，我们中国的企业能不能参与这个重建计划，让中国和美国在重建的过程中更紧密地连接？”教授听完之后很愕然，说：“这是件很复杂的事情，不过我会把这个想法转达给世贸重建的负责人员。”

2002 年的春节刚过，这个地产商果然去了纽约，通过教授见到了世贸重建的负责人，表达了自己希望在新世贸中心的最顶层建立一个“中国中心”的想法。

这个愿望一经提出，就成了一个超常的计划。因为“9·11”事件之后的世贸重建面临很多挑战：一方面是要在废墟上建 100 万平米的写字楼，而且基础设施部分的总造价就要 120 亿美元；另一方面，在本次恐怖主义袭击之后，美国政府对重建工作的材料、防火、安全等方面的要求之高属全球第一。它的投资力度之大、之难，协调的方面之多，不可想象。

之后，这位地产商飞往纽约将近 70 次，直到 2016 年，他的“中国中心”才正式在新世贸大厦的第 89 楼拉开帷幕。从提出愿望到成为现实，15 年过去了，相关的合同与文件摞起来和成年人一样高，他的理想终于实现了。

7 年前，也是这位爷，他发现中国大陆和台湾的市场之间存在着很大的差异，就思考能不能借助两岸在体制上的差异，把大陆人引导到台湾去置业？这也变成了一个几乎不可能完成的任务，因为台湾有诸多针对大陆投资商的限制。

后来，他去了台湾 50 多次，经历了马英九时代，又到了蔡英文时代，“万通台北 2011”这个坐落在阳明山上的标志性项目才最终实现。之前来过这里的 8 个地产商都没有成功，所以此山又被称为“八挂山”。但他认为，同样一件事情摆在不同的地方，人们的看法也会不同。比如中国的名模吕燕，在国人看来并不算漂亮，但放到巴黎 T 台上就变成了美人。同样建一个度假屋，在大陆人眼里就是好地方，只有台湾人才认为是“八挂山”。这个项目最终的成功，是因为它真正实现了大陆人在台湾置业的梦想。

同样是这个地产商，在 2009 年的哥本哈根世界气候大会上，有感于城市发展过程中产生的一系列问题，提出了一个理想城市的发展模型——“立体城市”。这个模型一经提出，有人很惊异，也有人很赞叹，但更多的人是质疑和嘲讽。因为这个模型是在童话的故乡——丹麦提出的，所以很多人都觉得这更像是一个童话。

之后，他又奋不顾身地投入了全部的精力，先后在廊坊、成都、西安拼命地去实践自己的梦想，然而这次他并不顺利。他受阻于地方政府领导人更替带来的失信、背信和体制障碍，受阻于地方政府在规划、技术、管理方面的指手画脚，也受阻于这个完全创新的模式对资源、技术、团队的巨大考验，受阻于市场的变化。但他仍然百折不挠，一如他在“中国中心”和“台北万通 2011”项目上表现出的决心和毅力，坚持着、奋斗着，乐此不疲。

我坐在这两位的后面，睡意全无：这家伙不正是在说我吗？于是，我很好奇地走到两位的面前，递上了自己的名片。其中一位 L 君面露窘相：“刚才瞎侃，别介意啊！不过这么多年，我们一直都看着你的这种折腾，十分钦佩。但为什么放着赚钱的项目不做，偏要花十多年去啃这些硬骨头？难道就是为了理想？”

L 君问我的问题，也是我经常问自己的问题。现在回过头来看，这 15 年来我做的这些事情的确不同于一般的地产商，但为什么偏要这样？我认为商业本身承载着两方面的使命：一方面是要创造财富，给股东带来回报，这是所有商业组织的立身之本，也是企业家最基本的职责；另一方面，如果同时又能改变一种商业模式，或者创造一种新技术、提供一种新服务，改变人与人（经济与经济）之间的连接方式，从而创造出对个人、企业和社会都有增量的效益（社会效益），那岂不是更好？所以，我一方面要坚持常规的房地产业务，另一方面又要拿出精力来做些兼具社会效益的项目，追求理想，顺便赚钱。

因为自己一直带着这个信念去做，15 年下来，就会对如何处理追求理想和快速实现经济利益之间的关系有不少心得。追求理想还赚了钱，那当然好；如果没有赚到钱，还失去了很多机会，这就成了别人质疑和讥讽的重点。所以当人类权衡理想和现实的关系时，大都选择“跪倒”在现实面前，只有少数人会不停地仰望理想、脚踏实地、持续奔跑。

理想的价值就在于实现它的不容易。比如探索太空计划，当火箭升空突然爆炸以后，人们惊愕、恐惧、悲痛，如果就此停住探索的脚步，那么我们至今也不会知道太空是怎么回事儿，一旦当地球遇到毁灭性危机，我们将找不到任何一个栖身之所。所以，美国总统坚定地说，“不能停下来，坚持走下去”。人类正是通过一次又一次的失败和牺牲，才冲破了人类思考的边界，达到一个新的境界。

从理想和现实的投资回报率角度来看，追求理想的投入是可以确定的，但回报究竟如何计算呢？理想既然叫理想，它离现实就很远，你要拿钱去烧、去投资，就要等很长时间。如果做一个行活，拿一块地来炒，三四年就能够赚得盆满钵满。所以，理想的投资回报期一定比普通生意更长。同时，我们追求理想所获取的回报都有“0 或 1”的特征，如果理想实现了，就是巨大的回报。阿里巴巴公司在创办的前七八年一直都在烧钱，但现在的投资回报率是传统类项目的几百倍。这就是理想的魅力和价值，也是追求理想所得到的一种回报和奖赏。

正因为理想的回报期很长、成功的回报率很高，所以在这一过程中，既有艰苦、煎熬、忍耐、曲折、波折、惊心动魄，又伴随憧憬、兴奋、激动、突破、创造、迫不及待，这两种经历和情绪不断交织变化，苦中有乐、乐中有苦，人们在痛苦和快乐的交织中使自己的人生境界不断地提升，使生命的宽度、深度以及长度不断地延展。

过去 15 年里我飞了 70 多次纽约，在飞行过程中，我所观察到、体会到、理解到的世界，和长期在地面上做普通项目的人所感受到的世界就完全不同。在做立体城市的过程中，即便是遇到再多的困难，我也坚持每天激励自己。我不断去见不同的人，去传播、讨论、纠结，去突破、迎来转机、再转入危机，如此循环往复、始终如一，这过程无疑又拓展了我的视野，增强了我和困难打交道的经验和智慧，使我多了一分自信、五分智慧、七分把握，以及十二分的成功喜悦。

理想和现实的关系也可以归结为一个人自身和外部环境的关系，归结为你自身的人生态度、人生定位和人生观。如果你本身是一个充满理想主义的人，那你的现实就会引导你一步一步地走向理想；如果你只是一个普通人，只是朝九晚五、吃饱、睡觉、做爱、等死，每天只是在现实中打转儿，那么你永远与未来无关。那些纯粹生活在现实中、永远不触摸理想的人，当然会嘲笑那些飞得高的“傻鸟”，但他根本看不见鸟眼里的世界，高高飞起的鹰也许会摔下来，但当它鲲鹏展翅、翩翩而去的时候，留在身后的只是尘埃和不足为道的惊愕。

《理想丰满》这本书是在万通 20 年生日时我讲述给员工的一些感想的汇总。今天回头再看，感想依然很多，也生出诸多心法，感觉还是值得拿出来与大家分享，于是同意了再版《理想丰满》的建议。

是为序。

目

录

目录

01

追求理想，顺便赚钱

目

录

01

追求理想，顺便赚钱

成为墓地里埋葬的最有钱的人对我没什么吸引力。夜半上床时，对自己说：“你做了些了不起的事情。”这对我很重要。

——史蒂夫 · 乔布斯

理想是件大事。我们从进幼儿园那天开始就频繁地碰到这两个字，人生每一阶段都有好人跟我们讲这个词，比如幼儿园阿姨、学校老师等。你会发现好人都是来跟你说理想，坏人都是跟你谈钱。有一些成功人士和贴了很多道德标签的人，也爱讲理想，我们的领导人更爱讲。所以理想这件事，在我们生活中似乎就像空气一样哪儿都有。其实对理想最大的考验，不在于是不是贴在墙上，也不在于怎么说，而在于每天你做决策、过日子时，怎么对这件事情进行不断的剪裁、度量，以及最后取得了什么样的结果。

愿景和价值观加起来叫理想

什么是理想？我想它包括两方面。

第一，理想是心中的愿景，也叫梦想、规划、憧憬，总之是对美好未来的描述。现在 MBA（工商管理硕士）课堂上把这叫愿景，而之前我们叫它梦想，或者用最朴素的表达方式：长大以后干什么。我在读商学院时，老师总让我们把愿景和规划、理想分清楚，在我看来其实分不清楚。老师讲愿景是没有时间概念的，也没有具体的行动目标和计划，此时的愿景就是一个梦，很虚。对于理想，你还可以稍微画张蓝图，而关于计划、规划，则可以有更具体的路线图。做学术的人喜欢用“愿景”这个词，但我更喜欢用“理想”。几十年的生活经历让我深刻体会到，理想是梦想，是方向，实际上就是未来的某一件事，比如小朋友说长大了要当工程师、当警察、当明星，很具体。谈理想的人最重要的就是要有梦，要能用这个梦每天激励自己，然后自己挺高兴，开始有干劲。我记得法国有一位叫傅立叶的思想家，他的梦想是要创造一个未来新社会。他怕自己睡懒觉，就让仆人每天在他该起床的时候说“该起床了，伟大的理想正在召唤你”。他每天用这件事激励自己，所以每天他都特别兴奋。这个故事给我的印象太深了，所以我每天一睁眼也老想这句话。有朋友问：你20多年来每天睡那么晚、起那么早，还这么兴奋，你怎么有那么大的干劲呢？其实，这就是理想在发力，它会让你觉得生命有意义。

虽然理想可以让你兴奋，但它说起来比较抽象。2011年5月份，我中学时的班主任苏老师去世，我给她写了副挽联，上联是“一日可为师，况曾苦雨凄风下，孤灯残喘，诉说兴亡，托孤大义，七尺男儿要报国”，下联是“三生难唤回，只求劫波渡尽时，拾家重聚，教鞭再握，含饴弄孙，六旬慈颜又重生”。这位苏老师，是在我十几岁形成理想最关键时带的我，对我影响很大。我当时说要改造中国，实际上就跟这位老师有关，我跟她的关系基本上是“苦雨凄风下”，外面下着雨，屋里是昏黄的灯光，心脏有问题的她躺在床上，气息微弱地给我讲家国，讲她家族的历史。这对我触动很大，从那以后我决定要折腾。

而现阶段，我的理想就是要创造有价值的空间，我每天多工作一点，让我们的写字楼做得更好一点，这就有价值。决定做立体城市时，我觉得我在地球上矗起这样的城市，让住在里面的人更便捷、更环保、更幸福，我这生命就挺有意义。虽然立体城市还不能马上矗立在我眼前，每天我走它也走，我一直都没有接近它，可它老在前边吸引我，于是我就特有干劲；偶尔回头看，发现已经在寻梦的路上走出了相当远的距离。

要想寻梦，心中就要有理想，在每个人心中，理想的形态是不同的。比如当年“万通六君子”之一的王功权，理想对于他实际上有两个维度，一个是个人生活维度，旷达、真实、善良；另一个是社会维度，民主、法制、人权。他在微博里讲得非常多，我了解他是出于真心。商业上的理想，他已厌倦，他现在追求的是个人生活和社会的维度，这是表达得比较清晰的理想追求。退出商场，有利于他更好地思考和践行理想。当年我们一起做事时，在操作过程中经常为过程或目标争执，就像我们要做某件事，他认为我们不能因商业利益放弃或失去人生的理想。我有时跟他开玩笑，说吃喝玩乐不影响理想，你不能因坚持理想就什么事都不干了。

同时，你会发现生活中每个有干劲的人，其实他心里都特别有梦想。为什么呢？这缘于理想有一个很大的功用，就是自我激励。我在听马云的演讲时常常想：这个才 100 斤的肉身，哪儿来这么大的能量呢？他说，他的梦想是让天下没有难做的生意，他按照这个目标每天向前冲，每天都有使不完的劲。

尽管理想可以激励人，可实现理想的过程通常比较苦。很多人问过我这个问题，对此我有两个看法。第一，我不太把压力和辛苦当回事。每个世界冠军都说自己训练辛苦，这有什么意义？本来就是该做的事情，这相当于我老开的那个玩笑，说人是带着生殖器乱跑，为什么？因为出门就得带，这是必然的，老跟别人说苦有什么用，哪个人不苦？另外，苦这事没法借鉴，你是这么苦的，他是那么苦的，都很个体化。所以明知道别人的苦，当自己遇到时还得再苦一遍。有件事给我的印象特别深刻，我和功权在精神、理想和发展方面交流得比较多，有天他特别苦恼，半夜两点多给我打电话，当时我在北京，他在海口。我俩一直说到早上七八点，你想想说了多少话？

这事发生在 1994 年初。能够不停地打电话，不停地说，这是种在现实、理想焦灼中的状态，所以我说伟大是熬出来的，熬这件事没得选择，咕嘟咕嘟地炖着，愣是炖烂了，最后精华的东西留了下来，这是诸如忍耐、坚守、痛苦、无助、兴奋等感觉交织在一起的状态。

比如，遇到债权人突然上门要债时自己真想发狂，为什么？委屈。首先，我们真觉得我们是在认真做事，我们没骗钱。其次，我们没挥霍，也完全没有拿钱去造掉，我们生活上也很节俭，但怎么就变成了这样？有次有个租赁公司的老板，也是我们的朋友，找我们要债，我们一见他就头大，但一直很耐心地跟他解释，后来我突然一下就火了，说你爱怎么着就怎么着，因为我感到特委屈。结果把他吓着了，他说你别生气，我知道你是好人。功权说，我们这不是动机问题，是能力问题，一定会还你的。我们不像有些人欠了钱就躲，第一我们从来不躲，第二我们会很好地接待，第三我们会跟他们讲道理。后来，我们用这种正气赢得了债权人的理解，甚至是尊重，从而把事情摆平。

还有一次，有人举报说我们以商养政，组织反革命集团。那时我们刚做生意，那人在经济上跟我们有纠纷，后来扯皮时就这么告我们。有个朋友就代表政府来处理我们，当时我们和他还不认识。他看完我们的材料、了解了我们之后，认定我们是好人，有理想，懂自律，一定能成大事，便打算放我们一马，说你们自己去处理，如果处理好了我就不来找你们，处理不好、实在没办法了，我还得来办你们。我们紧急地把事情处理掉了，之后才结交上那个朋友。后来他一直很支持我们，但他永远都说：我决不拿你们一分钱，因为你们是有理想的，你们一定能成功，我看好你们。

最后这个朋友因为别的事情身陷囹圄。有一次下着雨，我在路边车里摇下玻璃车窗，他在司法医院一扇带铁栏杆的窗前站着，我们对看了好一会儿。过了段时间，这个朋友又出来了，我见到了他，他说当年一点都没看错人。有时候，精神上的力量到哪儿都会形成一个气场，感染周围的人。

第二，因为它是梦想，离实现总还有距离，所以会推动你学习。其实理想这件事挺实在也挺实用的，就像我把立体城市当成理想后，发现自己什么都不懂，便买了一堆书回来看，又不断召集团队开会研究，但还觉得不够，便到国外去看。为了实现既定的理想，你会不停地想方设法去学习。有梦想的人学习能力特别强，而且不拒绝任何新东西。我在十几岁时曾有过很多奇怪的想法，梦想自己成为一个思想家，因此就天天看书、琢磨。遇到家长不让通宵达旦地看书，我就在台灯上面罩张报纸偷偷地看，有一次困得睡着了，报纸差点被点着。十三四岁那会儿不懂文言文，但会逼着自己硬着头皮往下啃。那时要是没理想，我哪有那么大干劲啊！因为心里头那盏灯点亮了，剩下的事自然就都会做了。

有理想便会自我约束。你要达到目标很难，所有人都跟你竞争，你得放弃很多东西才能继续往前走。理想跟物质之间永远都有矛盾，但这需要个底线。坚持理想需要的所谓物质上的条件就是活着，比如在监狱里，不就是活着吗？有口汤喝，就能在监狱的墙上写很多东西，我到关押过胡志明的监狱里看到过。产生理想、追求理想的成本可以是负数。日常生活中所谓物质上的东西不可能阻挡你，因为你总比在监狱里活得好，虽然实际上社会会诱惑你迷失，但不会阻挡你实现理想。就像很多民营企业，多困难啊，但照样能追求理想。跟后来从机关出来下海的人相比，当初我们是从最草根做起来的，处在闲杂人等里，混在社会最底层，所谓最底层，就是鸡鸣狗盗之徒，如逃犯、嫖客、黑势力、小姐等，什么人都有。然后我们从负数做起，借了 3 万元钱，开始倒腾。

什么能阻挡理想的脚步呢？死亡，这是唯一能阻挡的。只要死亡没有降临，一切都不能阻挡。天下所有奋斗的人都这样，除了死亡，在追求理想的道路上没有第二个障碍，剩下的都是诱惑，物质条件太好，有个爹就牛，都是诱惑人们迷失理想的外因。

关于社会诱惑这一点，我深有体会。我过去在单位工作时，机关分房的事曾几度令我很困惑，但仔细想了想，我觉得不应该把它当成烦恼。那个时候，想分到房首先要熬资历，要处理复杂的关系，上面几级领导相当于几元联立的方程组，谁都可以左右你，他们相当于方程组里的 X 和 Y，是变量，你必须见人说人话，见鬼说鬼话，可能这个方程式平了，那个方程式又不平了。在单位里要么横到底，要么蔫到头。因为我心里头有别的梦想，我选择了离开。第二个单位说干满一年就可以有房，但那份工作离我的梦想有点远，我又决定离开。第三个单位是国家经济体制改革委员会，当时单位说一年内就可以有房，我仍然觉得这对我的梦想是干扰，最后我跑到海南去了，按照自己的梦想，将很多诱惑扔掉，最后无意中变成了做房子的人，在住房选择上反倒比我在先前那几个单位自由度更大。我有时候回原单位，看到当年的同事们还在当时熬出来的房子里住着。理想有时候会逼着你舍弃当下确定的利益，选择未来和不确定的方向，这样的人生自然会跟别人不一样。

理想的背后其实涉及价值判断。好人喜欢跟我们讲理想，比如领导、教授、人生导师；坏人都是在讲具体事，如怎样搞定人、怎样拿到钱等。

理想包含的价值判断非常重要，首先是是非的判断，其次是道德的裁量。我们每天碰到很多事，你得剪裁，确定好和不好、要还是不要。比如很多人说民营企业行贿，我们为什么不做呢？这就是道德判断在起作用。我觉得这件事是坏事，会妨碍我实现梦想，可能会在半道上把我整死，就像踢球一样，裁判罚一张红牌，我就出局了，那我前面 20 年可就白辛苦了！所以不利于梦想实现的事我不做。这样一剪裁，人生简单了，人也轻松了。

有人曾问我：理想到底对做企业或做事情有何动力？就像你说要做好人就要付出代价，但很多人因为坚持理想而失败，没有了一个施展抱负的舞台，这事情怎么处理？

我觉得，理想涵盖了很多，一个是愿景，还有一个是价值观。怎么处理这么复杂的事情？非常简单，靠价值观来处理。别人要争的事，比如偷税漏税害人，窝里斗互相掐，那是价值观有问题，我们有这个理想，不往死里掐就完了。理想是成功的基因，不是成功以后贴在身上的标签，但很多人理解颠倒了，我们讲好是原因，“大”是结果，不要把“大”变成原因，不是因为今天人家成功或牛了他才有理想，而是因为有理想，他的价值观才跟别人的不一样，别人争的事他不争，别人吵架时他不吵，就像我们 6 个人早期有时候争执，都不是为钱，所以不伤和气。要是为钱争执，你坑我钱，我坑你钱，那和气就伤大了，我们从未发生过这样的事。我们争的是这个企业怎么管理，因为除了功权、刘军学过企业管理，我们都没学过，大家这么管那么管，都争这玩意儿。

所以，在对待很多事情上，我们一定要脑子清醒。人生最困扰的是满脑子糨糊、是非观念太乱，今日之我跟昨日之我打架，明日之我又挑战今日之我，白天的我和晚上的我打架，晚上的我一觉醒来又后悔。这么多纠结闹心集在一起，这种人生便是最不快乐的人生。最快乐的人生是价值观单一，比如信佛的人持斋、礼佛、自律，看见荤腥和女色也不动心，他就很容易幸福。有理想的人会将自己的生命简化。我们是追求理想、顺便赚钱，而不是追求金钱、顺便谈谈理想；理想在钱前边。我爱讲王石的故事，他创业以来一直把理想放在前面，钱放在第二位。30 年来他算账的方法非常简单，就是有利于公司发展的事、有利于股东的事、有利于自己成长的事放在第一位。因为理想，所以简单；因为简单，所以成功。

追求理想，顺便赚钱

我们现在跟猎头公司打交道很多，他们不断猎来猎去的，很少谈理想，都在谈价钱。现在我们公司的老员工都是在价值观上比较接近，最后才谈钱的。有位高管在万通已将近20年，从没跟我谈过钱，正因为这样，大家内心就很纯净，很开心。我跟他没什么私下交往，因为性格不同，年龄有点差距，社会关系、朋友圈子不大一样，但价值观一致，他始终埋头往前走，顺便也没少赚钱。这就跟宗教信徒似的，我们一进万通，就好比进了这个庙，在这里大家念的经都是一样的，都把个人钱财之事放到第二位。庙里的和尚每天不太谈钱的事，但外边来的客人要谈钱，于是就放个功德箱随喜。所以价值观帮你选人、算账，帮你把一些复杂的事简单化，形成公司治理的方向。目标和价值观，两件事合起来叫理想。

这让我想起了经常听到的一种声音，说“80后”是理想被房价、现实粉碎的一代，没理想。这话我不信，为什么我不信？因为我求学时别人也说我们这代没什么理想，这是瞎掰。中国有十几亿人，不需要每个人都有这么多理想，多数人做守法公民就可以了，少数人对自己要求更高，有理想。如果一个社会任何一个人都要谈理想，那这个社会是虚伪的，绝对不健康。几万人里有一个真讲、真坚持，这是正常的概率分布。社会就这样，总会冒出来几个的。比如韩寒就很了不起，蒋方舟写点学校里的东西，也很有意思，你能说他们没理想？这些人未来绝对不比我们差，这个时代需要这样的角色。每个时代理想都不一样，天下大乱需要匡扶正义时，可能需要佐罗这样的侠客刀客；但天下太平了，经济发展需要科学，这时理想可能就跟执着有关，不会再是抛头颅洒热血这种亢奋的追求。

因此，我很看好“80后”这一代。如果总是用自己那一代的使命去衡量别人，这就相当于你更年期，你老说青春期不正常。人家不正常完了是希望，你不正常完了是死亡，差别大了。所以，我从来看到的都是希望，长江后浪推前浪，前浪死在沙滩上，怎样不死在沙滩上？非常简单——再变成后浪。怎么变成后浪？跟人学！因此我经常跟“80后”“90后”聊天，然后转过来我也变成后浪，这样的话你才能找到时代给你的新的激情、立场、眼光和方法，而不是站在这里说年轻人不行。年轻人当然跟你想的不一样，凭什么要跟你想的一样？你跟你爹想的都不一样，凭什么要求他们跟你想的一样？一个时代有一个时代的理想，也有一个时代表达理想的特殊方法和追求理想的路径，没有绝对的好坏，但每个时代总有少数先进分子会一直坚持并追求，而多数人则是跟随。

理想让你看见别人看不见的地方

理想不能吃、不能喝，它还有什么别的作用？我觉得它能让你看见别人看不见的地方。以房地产为例，普通地产商只看房子的环境、户型，因为我们的梦想是要创造有价值的空间，所以我觉得除了社区，城市也有问题，比如在城市化过程中，拥堵使能耗增高、环境不好等。因此我们开始研究怎么改变这一摊大饼的城市化模式，于是就去请教、学习，最后发现了立体城市这种模式。立体城市就是适当地加大建筑密度，将就业与居住规划在一起，把整个城市体系依次规划好，快速建成，它是把摊大饼的城市变成摞小饼，把电子管的城市变成晶体管。现在有位网络作家写的小说《同城热恋》已出版，就是有关立体城市的。

立体城市这件事为什么别人没有先想到？其实这些相关知识在谷歌、百度上搜一下都能找到，因为我们有梦想，所以我们有动力和机会率先将它整合，把它和我们的业务、城市发展方式结合起来，最后去实践它。一旦搞定，将来人们就会说这家伙看得挺远，早有预见。再举个例子，万科的规模发展这么快，最早实现住宅产业化，这事其实早在 1999 年就开始了研究和准备。今天万科做 200 万平方米的工业化住宅，比一般操作方式能节省 3 个月时间。当时大家说王石有远见，但回头想想，1999 年王石为什么会想这件事？那就还得回到价值观上，因为做大众住宅是他当时的梦想，于是他就努力学习，并在这个学习过程中发现，要做大规模必须工业化。

2008 年，我们制定了绿色战略，提出要把绿色变成竞争力。2010 年，我们因为这个得了很多奖，包括政府的奖励。为什么当时会想到这一点？这还是跟我们的理想有关，我们说要创造有价值的空间，其中就包括环境价值、健康价值，都跟绿色节能有关，最终这个战略符合多数人的利益和城市发展趋势，这不是偶然的。

我发现 IT（信息技术）行业也出现过这样的故事。IT 业第一次泡沫破灭时，很多海归都觉得不行了，都卷起铺盖走人了，说中国 IT 有三件事解决不了，第一银行不能结算，第二没有物流，第三中国互联网基础设施不好——宽带没有，法律不健全。留下来的是阿里巴巴、新浪、搜狐、网易、百度，今天这些公司成功了。当时那些聪明的人为什么走了？他们没有理想，只知道算账，觉得这种职业赚不到钱就走了。另外一些人是带着梦想来的，比如李彦宏在美国时就研究搜索引擎，他回来创业，就是要在中国把这件事做起来。有人看见了困难，有人看见了机会，看见机会的人是因为心里有梦想，而走的人心里装的是金钱，差别就这一点点。所以梦想会让你有远见，让你眼光独到。

作为买卖人，我们每天跟钱打交道，所有事都跟钱有关。坏钱叫赃款，好钱叫善款，中间的钱可以叫利润，也可以叫生活开支、一般消费。对于钱究竟是取还是舍？你捐出去了是善款，加一个“善”字，就有道德评价，你不仅帮助了别人，同时也获得了道德上的赞许，自己有满足感。像陈光标就希望别人说他是首善，用钱买了一个道德贞操，贴在墙上。有很多贪官污吏把钱藏在纸箱里，这叫赃款。中间的钱我们是可以要的，比如工资、分红。有一些钱恰好是介于黑钱、灰钱、白钱之间，这时就只能靠理想、价值观来处理。

曾经有个朋友被抓之前突然跑了，然后托人带话，让我把钱给他。从情感上来说我应该帮他，但这钱是善款还是赃款？这件事就包含了很多是非。怎么处理呢？我还是坚守我的理想，要想实现理想，前提是自律、合法，否则我就会被淘汰。于是我先打了个电话，问这个人离开单位后被通缉没有。如果没被通缉，那说明他还没有被定性为坏人，金钱往来还是可以的；如果他被通缉了，那就万万不可；另外内部立案没有，如果立了案，那性质也发生了变化。

经打听后得知没立案，只是在调查之中，我就带着钱去外地一家酒店里见他。当时他确实在公司里有个职务，我便写了个纸条说明他在公司兼职，这笔钱算是提前发给他的工作经费。后来他的问题升级，被抓获归案判了几年，但没有任何人来找我的麻烦，因为我说得清楚，没有违法。我要追求长远，这个梦想是一辈子的追求目标，所以自律变得无比重要。

还有跟这类似的事情，也是一个朋友出状况，他的家属来借钱，我跟王石商量借还是不借。当人家困难的时候，你借钱给人家，一般是拿不回来的，这样今后彼此见面心里会很纠结，于是我决定给他钱，数额相对少一些。我预支了我的工资（这部分我可以做主），并写了一张字条，要求这些钱只用于合法目的，不能干违规违纪的事。因为钱给出去以后，可能发生的事你无法控制，万一人家做了不合适的事情，将来查起来你会有一定的责任，所以要界定清楚。今天我还能很从容地讲这些故事，正是因为有理想，追大舍小，从而避免了很多意外。

因为我们有理想，在处理这类事情时就非常简单，叫守正出奇。和功权他们一起做事时，没人跟出纳勾结把钱拐走，如果拐走这叫不正。卖万通广场时，我们账上曾有上亿美元，那时是 1993、1994 年。后来当我们还不起债极困难时，人家都不信，说你们当初有那么多钱，没转到海外一点？最后我让债权人看我私人银行的折子，慢慢了解之后，那人说，你们不是有理想，你们是呆子。如果当时我切出去一块，按今天的说法就叫侵占，总有一天会被人发现抓起来。所以我从来都很坦然，我一分钱都不碰。我曾经想过，死不可怕，可怕的是没有尊严地死。万通在最困难时，我个人没干任何对不起大家的事情，这是一种信念，是公司最终活下来的根基，正因为这样是非才少。如果当时弄几百万美元到境外，这钱以后会有是非的，这是非到今天都洗不掉，拿橡皮都擦不掉。

这就是理想帮着减少了是非。我觉得理想特别像"上火"的"火"，火在哪儿大家都不知道，但这东西来了之后确实让人不舒服。理想就是一种火，不知道它在哪儿，但都会说，有时出了问题才会感知到它的存在。当法律不健全时，理想变成了自律的动力，就像宗教信徒一样，他们的自律来源于敬畏，来源于追求。宗教信徒有美好的追求，他们敬畏神，所以他们就自律，自律就变成了好人，变成了好人就助人，助人就天下太平。企业也一样，因为有追求就有敬畏，有些事不能干，干了以后进不了天堂，干了以后理想就不能长远，所以企业就自律，自律以后就自助；所谓自助的过程就是觉悟的过程，自助而后助人，助人就是度人，这跟宗教信徒一模一样。

在追求理想、克己自律方面，柳传志做得也很有意思。我记得在联想股份制转制时，我们聊天谈到了股权、利益、管理，他说他把车、房都给别人，他就要企业管理的权力。因为他有梦想，结果他顺便也挣了钱，现在事业和生活都很好。王功权离开公司时，我们在亚运村一家酒店里进行交割，我给他支票，他在协议上签完字，我说：大哥，我现在就剩下理想，啥也没有了，钱全在你这儿，我就剩下一个公司、一堆事，还有负债。功权说，那咱俩换一下？我说，我还是想要理想。这个算账方法很有意思，所以直到今天，我们原来的几个合伙人在钱上都没怎么吵过架，这也跟理想有关。人生就是这样，当你坚持理想，有一个很大的目标时，你对钱的事情是可以淡定的：第一，你会站在合规合法的一边，不会运作赃款、黑钱；第二，你跟别人谈判的余地很大。

除此之外，理想还能帮你识别人。创业初期那会儿，我们没有HR（人力资源管理部门），怎么甄别人呢？当时我们用了很多奇怪的土招来试人。比如抓一大把钱让新人去办事，看他回来怎么报账，根据报账方式基本就可以把这个人对钱的态度看清楚。新来的人通常分为三种类型，一种稀里糊涂的，回来后把乱七八糟的一大堆票丢给你说事办完了，这种人大体上比较简单，做事比较快，但不好管理；一种规规矩矩的，办完事以后把票贴得特整齐，事情也执行得非常好；还有一种回来贴了一堆票，但你会发现票里有很多小猫腻，这类人工于心计，心思都在钱上，根本不可能和你谈理想，需要小心提防。我们给这些人钱的时候好像是不经意的，其实心里都有数。第一种人是性格有问题，第二种人职业操守好，第三种人道德上有问题。我们会经常试，有时候就是聊聊天，谈谈未来、梦想、价值观和是非，最后你会发现这样可以找到很多同伴。最典型的就是我们万通这6个人，当年都是热血青年，价值观相同，在一块儿都是谈不着边际的大事。

我们6个人里有4个人都是海南省委改革与发展研究所的。当我们做第一单业务时，为了把价钱砍下来，我们几个商量说由我出面跟对方要回扣，然后把钱拿回来交给公司，这是大家都知道的事。那会儿那么困难，碰到这么多钱，但我们从来没有动过私吞的念头，后来形成惯例，每次谁拿到额外的东西，一律交给公司。

现在万通也一直强调不能有第二利益来源。我有时候在外边做演讲，会得到一些酬金，也都交给公司公关部，由他们捐给公益基金。

在万通内部，大家价值观都很一致，在外部我们跟合作伙伴合作的时间都非常长，这也跟价值观有关。因为我们对社会、对大的事情的基本价值判断是一致的，当对具体某一件事情看法难免不一致时，我们回到价值观层面就不争吵了。我们不希望我们共同的价值观、理想受到伤害，所以其他事情都可以妥协。有了这样一个理想和价值观，在公司管理上就比较简单，在外面找合作伙伴找同类，也比较简单。

我曾去过阿布扎比看大清真寺。那么多人在里边做礼拜，也没人来组织，只要阿訇一召唤，大家各自都往清真寺走，做着同样的一个动作。只有宗教的管理成本是最低的，而军队、监狱成本最高，因为强制。自觉的成本最低。一个公司如果用一种很好的价值观来统率，最后大家都变成“教友”关系，这样会很省心。虽然语言不同、肤色不同，但全世界的穆斯林习惯是一样的，这就是因为他们的价值观一致。比如《古兰经》中讲五大功课都要做，有能力的人一生要去一次麦加等。我们到三大宗教的起源地耶路撒冷，发现犹太教、基督教、伊斯兰教各自教徒的姿势、动作、念的经全都不一样，但互不干扰。各自心里头的神不一样，你说你的，我说我的，但在同类中间他们是非常协调的，别人影响不了。理想以及理想附带的价值观，会为我们内部在人的管理上、外部在合作伙伴的选择上，创造出一个更好的环境，降低管人成本和合作之间的摩擦成本。

做好人就是买单，做坏人就是抢劫

有一些事当下很难判断，比如今天研发中心要不要设。我们每年在公司营业额里拿出0.5%的钱搞研发，鼓励创新，但其他很多规模差不多的公司并没有设。还有做商用不动产的未来怎么样，这事当下也看不见结果。对于这种事情，怎么来决策呢？我的工作就是看别人看不见的地方，算那些算不清楚的账，比如某件事优先跟谁合作这样的事情。

我们在做CBD[①]（中央商务区）竞标期间，有天晚上许总[②]问我，两家竞标公司都挺好，该怎么办？这有点像《非诚勿扰》节目，要我们决定亮谁的灯、灭谁的灯。我说，一个是看两家公司的商务条件怎么提，另一个考虑是看对方的企业性质和价值观。在双方开的商务条件一样的情况下，选不同的人合作，未来结果会不一样。在那两家竞标公司中，一个是民营主导的，一个是国有的，规模都一样，都很好。国有这家公司跟我们已有很多业务合作，对我们一直都很支持，而民营这家公司，跟我们没有直接的业务来往，并且过去曾在某些业务上有过一些误解，怎么选？我每天碰到的都是这种事。这时，价值观就会起重要作用。

我们要做受人尊敬的民营企业，我认为民营企业更有活力，未来

---

① Central Business District的简称，即中央商务区，指一个国家或大城市里进行主要商业活动的地区。

② 北京万通地产公司董事长许立。

更持久，而且民营企业还有一个特点——老板不会变，我们跟他们合作，未来一二十年，这个人会一直在，正向优势会不断累积。国有机构好是好，但如果换人了这种累积就可能会中断，所以我们选了那家民营企业。大家知道彼此都是民营，我本身的价值观会更倾向于民营企业。

在公司外部事务中，不光要与合作伙伴打交道，还要与政府打交道。我们跟政府打交道，为得到好处要不断花钱。为了拿一个项目，我们已经花了好几千万，这跟相亲似的，本来我们只是想买一件新衣服，可为这件衣服搭了支口红，没想到口红比衣服还贵。这也跟价值观有关，因为有些人、企业把钱用在暗处，可能会节省一半成本，而我们要做好人，所以事都做在明处，做些政府希望我们做的公开的事，成本随之也就大了起来。

董事长的决策就是在不确定的环境和不确定的数字中去做一个确定的决策。在一个时空变化的未来当中，我们做一个相对确定的决策，让企业能够度过这些不确定性，走到理想附近。这是一件非常困难的事情，最终只能靠价值观来引导。

其实一个公司不是做事越多越好，而是正确地做事和做对的事情，或者用正确的方法做对的事情，这也是最难的。就如物业管理这件事，总是有客户投诉，各个项目的物业都面临着如何提高服务质量的课题，我们的价值观是“学先进、傍大款、走正道”，或者说是“眼光好、手艺好、良心好”，做“三好学生”，总之我们要做一个很正派的企业，这样有投诉的时候我们会妥善处理，同时我们还要对项目进行二次规划，不断改进。我们有缺点、有错误，这方面我们认账，该给人赔的我们要赔，这样客户在感谢我们积极主动解决问题的同时，也会进一步肯定我们，在我们另有项目的时候，他们还会来购买。与此相反，在物业问题方面，社会上还有另外一种处理办法，比如有人怂恿我给投诉者家中塞纸条威胁，反正都是打印的，条子一塞，肯定啥投诉也没有了。在北京还真发生过这样的事，就是将领头闹事的一棍子闷倒，这个社区立即就消停了。

可见，价值观不同，做事的方法是完全不一样的。我老说做好人就是买单，做坏人就是抢劫；好人花钱买改正错误、提高满意度的单，做品牌也要买单。只要有人说他没梦想，就想挣点钱，那你得把自己的口袋看好，因为这个人会设法蒙走你口袋里的钱，甚至加害于你。我总说做好人很贵，做错的事情便宜，因为你老是占人便宜，坑蒙拐骗偷、懒馋占奸猾，全是拿别人的钱。“品味生活、品质万通”这八个字挺好，但是挺贵，好字都贵。坏人都不愿贴这好字，他要省钱，但他未来要付出的代价却可能非常大。就像我们有一个项目在成都开盘，我们跟万科的业绩是一样的，因为我们为那八个字花钱了，大家相信你，在困难的时候还能支持你。而其他一些公司的业绩，则比我们两家差很多，更差的都跑了，那些只做一锤子买卖的公司则可能已经不在了。所以，理想和价值观让我们做对的事情，做贵的事情，做长远而有意义的事情。而错误的价值观则会引领企业做错的事情，企业当下可能会省点钱，但未来会付出更大的代价，乃至被淘汰出局。

理想不光能让人做对的事情，还能让人有毅力。四川有很多老太太一路磕头到布达拉宫，毅力来自她们的信仰。我在台湾骑自行车环岛的时候，9 天骑了 1 100 公里，我觉得我挺有毅力。但路上碰到一个妇女磕头环岛，我一看比我还猛，便停下来问她，你要走多少天？她不多说话，就说她要拜一拜。她心里头有一个东西，那就是景仰、信仰或崇拜。我飞了纽约 50 多次，其中最困难的一段时间是经常要打干扰素那一年。我十几年前去一家医院体检，因为针头不干净被传染了丙肝病毒，现在是健康带菌。当时医院的治疗方法是一周打一针干扰素，每次打完针后都会发三天烧，体温大致在 37.5℃ ~38.5℃之间。那一年我打了将近 50 针，大约 140 多天都在发烧，每天面黄肌瘦的。当时，我的梦想是非要在纽约建一个“中国中心”，中间经历了很多曲折，直到 2009 年我才终于把合同签了下来。

古人讲，君子必有坚忍不拔之志，才有坚忍不拔之力。人的毅力的弹性，就像橡皮筋能抻很长。就我这成天在外折腾、平素完全没有时间锻炼的身子骨，走 130 多公里戈壁滩照样也能扛下来。在年轻时我受的教育是：要实现理想，必须文明其精神、野蛮其体魄。为了让身体变得结实，我和几个发小故意喝生水、淋雨，慢慢地就变得能屈能伸，怎么都能活。理想就是黑暗隧道尽头的光明，因为有这个光明，你不会恐惧，你还会有动力坚持往前走。而如果这个东西灭掉，你就没了目标和方向，就会恐惧乃至迷失。

这让我想起了鲁迅的小说《过客》。在一个夏天，有个小孩支摊卖饭，路上来了个伤者，问路前边是什么，吃饭的人有的说是坟墓，有的说是鲜花，于是那个人继续往前走。在人生的路上，有的人看见坟墓，有的人看见鲜花，其实都是一个方向。人死都不怕，还怕活吗？反过来说一样，人活着都不怕，还怕死吗？死的时间很长，所以先要好好地活着。心里头有鲜花，你可以不停地走；心里头是坟墓，你也可以不停地走——坟墓是宿命，鲜花是希望。当一个人有了宿命和希望时，就会有毅力，比如我逆来顺受，什么苦都认，这就是宿命；有的人看到的是鲜花，那他就是在奔向理想，拥抱未来。

现在大家都在讲“理想很丰满，现实很骨感”，怎样让有骨感的现实朝丰满的理想逐步接近？理想需要阶段性地被鼓励，就像马云那样卖点股票，套现一两亿港币，体验一下创业的阶段性成果，给自己一点激励。我们要把理想和现实之间这座桥一段段地接起来，在每一段都给自己一点回馈，让自己可以享受一下这些许的成功。这些阶段性的小成功连起来，必然能通向最终的理想。

墙上的美人与炕上的媳妇

理想是墙上挂的美人像，很漂亮；现实是炕上的媳妇，能够生儿子、过日子。如果不能把墙上的美人变成炕上的媳妇、最后生出孩子来过好日子，爱情的理想就会随风飘逝。美人给你的是理想，若能将美人变成炕上的媳妇，就能生出孩子让血脉延续，即使这理想在我这代实现不了，那下一代还有希望，这是一个正向激励过程。

这种正向激励，在我一个日本朋友身上体现得很明显。我这日本朋友叫命尾晃利，是一个朋友介绍的。我们刚开始办公司不久，他就到我们公司来。他做的是粉末技术工程，他们家族两代人就做这一件事，把筛子眼做到全世界最细，全世界最细筛子的市场他们家占百分之七八十的份额。他们家一辈子都在研究这个孔能小到什么地步。我去了以后发现他们的经济状况并不好，基本上赚不到钱，工厂冷冷清清的，但他不放弃。

生存不下去，有的人为理想而献身，用牺牲来结束，表明他没放弃。但这个人特有意思，跟万通相处最久，但结果跟万通从来没做成过生意，以至于后来他一来公司我们就说老人又来了。最后我们才知道，他家上一代帮助过孙中山。有一次王功权、易小迪和我在漓江与他见面，他居然说："从你们身上我看到了未来中国的影子。"他认为他看到了我们身上的理想和热情。这是因为，一方面他自己很执着地坚持他的专业理想；另一方面他当时已经六七十岁，以长者心态来看待年轻人很有理想、很热情地做事。常言道，吉人自有天相或有贵人相助，这个贵人是怎么来的？他是闻着你的味儿来的！你要是盗贼，那可能是骚味儿、臭味儿，会有些坏人来；你要是好人，同样也会有人来。所以，理想这东西得信，你不信同道都走了，你一旦信了至少同道在这儿，这就好比你信佛，那信佛的人都来了，都成了哥们儿。理想特别像中药，虽然药性慢，可它解决根本问题。

信了理想，那我们要将墙上的美人变成炕上的媳妇，会遇到哪些障碍呢？

最主要的障碍就是制度摩擦。我看了许多案例后发现，造成多数民营企业在成长过程中死亡的原因，不是市场竞争，而是体制摩擦。我们在不同的阶段，有不同的体制摩擦方式，曾经一次 8 年间光房地产调控就出了40个文件，平均每年出台5个文件，每个文件管两三个月，体制摩擦很厉害。比如，发改委要求房子明码标价，抓出江西一个房地产公司示众，结果这个公司就死了。我觉得它至少不该死，这是体制性摩擦造成的伤害。

银行需要由政策性银行改制到商业银行。现在我们跟国有银行的合同关系、博弈关系是不公平的，行政命令一来，说停贷它就停贷，说收贷它就收贷。它违约咱不敢起诉，但咱违约是要死的，因为国有银行和咱是两个不对等的主体。很多民营企业在历次调控当中，都被一刀切的信贷政策和政策限制搞死了。造成民营企业死亡的原因中最主要的就是这种体制摩擦。如果是纯粹的市场竞争，这些民营企业扛不住时大不了把公司卖掉，或把股权质押让给别人，但老板不至于坐牢。现实却不是这样，很多老板成了这种体制摩擦的牺牲品，企业破产，自己则可能锒铛入狱。

这种体制转型的过程，有点像从土路坐拖拉机奔到高速公路，在这个过程中一车人都不知道该怎么走，开车人一边修车、一边换车，还希望半道上能找一辆好车再倒腾，最后终于上了高速公路，这就叫转型。在这过程中司机也不知道方向，车上人嚷嚷狠了他就停下来，这时车上人跟他求求情、保证不再嚷嚷了，他就继续往前开，车要颠散了就停下来，修好了继续跑。但大量的车都颠散熄火了，只有少数车最终能够上高速公路。今天我们好歹已经到了高速公路路牙上，因为我们所有的治理结构、价值观轻松干净，我们现在没有什么诉讼，也没有逾期贷款。

所以，在由现实通向理想的过程当中，最重要的避免死亡的方法，就是规避体制性摩擦，当体制转换、政策转换时，决不能生扛死磕。所以我才说，要听党的话，按政府要求办。这不是唱高调，我说的都是保命的话。只有这样，我们才能跟理想的距离越来越近，而且还能坚持。我们从负数开始创业，到今天能把公司利润做正，20 年后还在这儿坚持，就是因为没在体制摩擦中牺牲，至于赚多少钱那是第二位的。

在处理大量复杂事情的时候，我们要按正确的价值观检视自己，以应对不确定性困难。很多年前，突然有个电话打来，说有个专案，要我去一趟。我一听这事儿挺严重，但转念一想，他们不直接到公司把我带走，还给我打个电话，估计事儿不会大到哪儿去。后来律师去了一下就没事了，原来是跟我们合作的一个小股东扯到了案子里。他当时说想提前分红，因为他是外企的，我们就给了他美元，没想到他拿着这个钱躲到国外去了，专案组调查发现是我们给的钱。但这件事我们是依法依规办的，所以能坦然面对。如果我们没有这个价值观，比如他干不正当的事，我们也跟着他一块儿玩，那我们早就挂了。

实际上在过去的 20 年里头，我们碰到过很多这种奇怪敏感的事，但我们每次到了河边掉头就走，没湿鞋就回到了我们认为正确的地方。我碰到过一个政府里的人，他说：我观察你们这个公司这么多年，发现你们老在河边站，却没湿鞋，拐个弯又回去了，很有意思。他说我们掌握政策的水平比较高，我说不是掌握政策的水平高，我就是听党的话而已。我 15 岁入团，20 岁入党，共产党的基本教育和组织纪律我很清楚，比如不能行贿，不能干坏事，不能从事非组织活动，这主要是党教育得好。20 年来，我们就是这样靠着价值观把偶然性事件用一种必然的方式处理掉，因为坚守了原则而没有出问题。

还有一个故事，很多年前我们收购了一家公司，有位领导在这个公司里遭人攻击，有人就认定我们跟这个领导有不可告人的事情。经查证，当然是没有。当初我们一到这家公司的时候，我就跟那位领导直接谈，说我们可以做朋友，但不能做交易，交朋友不在中纪委禁止的范围之内。当时别人都说我不能那么说，会把人家得罪了。可我觉得就应该说清楚，否则每天见面时都各揣心事，就成了心理负担，你早点跟他说清楚，彼此的预期都设定好，今后的工作就能更顺利地开展，政府相关部门也就知道我们是什么样的企业，以后清盘、重组、破产，再大的事也都捎不到我们。

前些时候我们在泰达集团开董事会，泰达也换新领导了，正在做审计，其中一个审计重点就是它与民营企业的往来。我说很好，一定让你们看到一个令人尊敬的民营企业，因为我们是透明的。我们在海南时就下决心要做夜总会里的处女，虽然大家都不理解，说在那儿上班怎么可能有好人，但我们非要做好人，所以我们主动把董事会财务报告拿出来，靠这种办法规避掉别人的误解和猜忌。我们每年分红的时候，会要求控股公司上午开完股东会，下午就把支票送过去，分钱要快。分钱一慢，别人就可能会怀疑你的动机。跟国企合作，别人认为很难很复杂，但七八年来，我们始终与合作的国企相处得很好。

理想不能改变，过程可以妥协

在从现实走向理想的过程中，我们要学会妥协，因为通向理想的道路，通常是不确定的和曲折的。首先是向外妥协，比如我们要做处女，一时又没有别的地方上班，外边只有夜总会，那就先在夜总会里上着班。我人虽然在夜总会，但我心里有贞操，决不随便脱裤子；等到最后夜总会改成妇联领导下的阳光企业，外部环境回归正常，我才能顺利变成阳光下的劳动妇女。其次是向内妥协，即领导者不能用自己认定的理想绑架员工，因为有些理想并不被员工认同。就像有些项目、有些事你非要做，你认为这事跟理想有关，绑架所有员工去做，最后公司保不准会垮掉。这就如一些集权制度的领导人，总爱用他个人的偏好绑架社会。你会发现很多极端的私人公司也是这种情况，结果自己出事，员工也跟着坐牢，比如以前很有名的南德集团。当你追求理想的时候，如果你所做的决定不能取得员工、同事的理解，有时候也得妥协，把进度放慢一点儿，照顾到大家的理解力和想法。

以前总批评我的是王功权，在发展过程中他总是说："你不能强制我们按照你的理想去做，万一你的理想错了呢，我们都跟着牺牲了。"这句话是对的，在一个组织架构中做一位理性的领导，不能让大家玉石俱焚。在看法不一致时你只能选择协商，有的人愿意，就继续一起往前走；有的人不愿意，那就给他们一个安全的通道，然后大家各自前行。

在这件事情上，我从王石身上学到了很多。中城联盟[①]有一个基金叫中城投资，这个基金现在是中国运行规模最大、管理最好、回报最高的房地产基金，我也是管理人之一。可当年做这事的时候只有8 000万，我们内部有的地产商有大理想，说我们要做成中国最大的地产基金，如果批不下来就不做。当时王石说了这样一句话：现实就是这样，我们只要方向不改变，先做起来，再一点点往前走。于是我们从8 000万的互助性基金，2011年是第七个年头，终于做成了中国最大的地产基金。这就是理想不能改变，过程可以妥协。有一次中城联盟开会汇报工作，王石讲基金的目标是在下一个10年至少要做到200亿。当时大家都诧异，觉得大哥怎么这会儿这么激进？他的厉害就在于他看见了我们没有看见的地方。基金管理人陆林认为未来5年就能达到200亿，因为当你做成最大以后，再往上就容易了。从这件事情上，我看到了王石的判断力和领导艺术。先往前走，当条件成熟的时候再加快速度，万科每一次对于政策的表态也是这样的。我们要学会妥协，但目标不能改变。如果连目标都改变了，那就不叫妥协，叫投降，叫放弃理想。

我们在追求理想的过程中，怎么管好自己、改变自己，也很重要。人们在追求理想的过程中，通常会不停地埋怨别人，而不改变自己。最难的是管住自己，不让自己出问题，因为自己一出问题，理想也就烟消云散了。就如真功夫家族内斗，创始人夫妇离婚以后，丈夫、前妻两个家族死掐，这就是没管好自己。这些年来，经常有企业

---

① 全称是中国城市房地产开发商策略联盟。

家在这方面出问题。李敖讲，世界上最可怕的动物就是前妻。人不是不能有前妻，但不能有成为敌人的前妻，这也叫危机管理，有矛盾、有冲突并不可怕，但要管好。改变自己也包括性格的改变，我曾看过一个电影《国王的演讲》，国王的口吃之所以能够矫正，是因为他决心改变自己。

如果你决定和朋友、同事一起实现理想，你又想当领导，那你就得习惯改变自己，其中最大的改变是你要学会受委屈。几年前我到我母亲那儿吃饭，她说你怎么看着那么疲劳？我调侃说“我现在除了我娘的儿子谁也不能得罪”。我母亲以为我受了什么委屈，一下就掉眼泪了。一个人不管做多大的领导，包容很重要，这个包容就是要让来自各方面的批评、摩擦、冲突，到你这儿都消化掉，归于无形。

很多过来人会发现，十几岁的时候你会因为受不了气而拿刀砍人，但到四五十岁以后你什么气都能受，因为你把这些当一个屁放出去就完了。人有时候只能自己安慰自己：所有的委屈过去就过去了，过两天就会好的。另外，你心里还有一个实实在在的理想存在着，这会让你开心。总之，要实现理想肯定是要受委屈。许立能胜任董事长，一个重要的品德就是能受委屈。包容、宽容是一种美德。很多人不能改变自己，在实现理想的道路上个性太张扬，或太急于证明自己，让别人都服从自己，最后玉石俱焚。

在改造自己方面，性格的改造是最痛苦的。知识的改变很快乐，因为多读书就好了；相貌的改变如美容、整形也不难，但要把一种很强的性格改变得到处都能受委屈，则很难很痛苦，这太摧残人了。一个性格很好、很柔弱的人，非要变成一个刚愎自用的人也是挺闹心的。性格的改变等于重造一个你，这一挑战是最大的。

我们前几年在阿拉善做公益的时候，王石正担任阿拉善生态协会第二任会长。他当兵出身，企业做得好，山又爬得高，什么极限他都敢挑战，很强势。而他说在阿拉善，他得改变自己，要妥协、倾听，因为这儿不是万科，100 个企业家在这儿做事情，每个人都是龙是凤。他在做会长那两年，只做了一件重要的事，就是把基金会批下来、把制度理顺，剩下的事他都是在认真倾听，然后顺势而为。如果他不改变，把那儿当万科，可能那 100 个人早就炸窝了！就因为王石有很清醒的角色意识，所以他把工作做好了。

因此，成功的企业家、事业家，在走向理想的过程中，一个重要的功课就是改变自己、提升自己，特别是在一些关键地方能弥补自己的缺陷，让自己进步，让自己能够跟整体组织、外部环境和要求一致起来。就像对待微博，我发现有些领导喜欢死扛，对微博置之不理，但也有人非常快地适应了并顺势而为。我介于二者之间，天天琢磨，天天看，就是大家说的“潜水”。这也是改变，改变完了适应，最后带领组织顺应时势，继续坚持往前走。

要想把理想变成现实，我们需要避免体制性摩擦，需要能够处理好偶然事件，需要学会妥协，最终改变自己。当你第二天醒来的时候，你会发现，理想就站在你面前向你微笑，这时你才真的成功了。

02

公平：心理差距与绝对差距

程序正义比实质正义更重要。

——佚名

公平这个问题，最近几年表现为收入差距大、两极分化、贫富不均，还有很多话题与之相关，比如官二代、富二代等。社会上关于公平的问题始终很纠结，抗议的人多数是农民工、上访的、无业人员等弱势群体，他们发出的质疑、抗议，都在说不公平。社会上很多不安定因素或事件，也来自于对某件事情不公平的愤怒。

公平这个话题，现在几乎人人都在讨论，连领导人也特别爱说公平、正义。

起点公平就是机会均等

对公平这件事可以从不同的立场来看，在思想史上一直都有两种观点，一是起点的公平，二是终点的公平。所谓起点的公平，就像运动会上的跑步比赛，枪一响，大家都从同一起跑线起跑，但跑步的人速度有快有慢，否则刘翔也当不了冠军。强调起点公平暗含着在终点是有差距、不公平的。邓小平讲“让一部分人先富起来”这句话的时候起点是公平的。但从今天看，人们关注的所谓收入差距过大，是直接看向了终点，一部分人确实先富了起来，但差距有些大。

这是因为立场不同，所以心态就不一样。1989 年我开始做生意那会儿，没人给我发工资，我和很多人一样也是下岗职工，那时大家是起点公平。折腾了 20 年，有的公司破产了，有的公司还在维持；

有的收入多点，有的收入少点。20 年后说不公平了，那之前这 20 年的政策难道错了？ 1989 年我起跑时，大伙儿都一样，现在说收入差距给整大了，那我也没有想法。

我比较倾向于起点公平，尤其是程序公平，制度设计要合理，追求相对公平，而不是绝对公平，因为绝对公平是不可能的。比如 1949 年，好像大家都公平了，但依然有不少人享受着特殊供应。如果大家都追求绝对公平，那结果会是普遍的平均加极端的特权。

强调起点公平、一致性或等同性，却不承认终点的必然差距，那在运动场上就没法玩。所以起点公平是强调竞争，愿意强调起点公平的，多数是自信的人、愿意创业的人、愿意保持市场竞争环境的人。就像在运动场上跑步，刘翔肯定愿意起点公平，因为他跑得快，起点公平实际上是激励大家奋力快跑。

从学术上来说，起点公平更多的是强调机会均等。机会均等就是讲垂直流动，每个人都有垂直流动的机会，而不是水平流动。水平流动是什么？水平流动就是你爹是穷人，你也是穷人，你走到哪儿都是穷人。机会均等了，你就有可能读书，有可能创业，我们都是因为开放了高考，才有机会垂直流动。首先，我因为高考来到北京；然后，我有机会去做生意，如果没有市场经济连做生意的权利都没有。实际上机会均等讲的就是起点公平，像在美国，哪个富翁是第二代？都是第一代，而且贫民、黑人也能当总统，机会均等，这才是好的制度。虽然这也不能做到百分之百均等，但毕竟在同样的起跑线上，尽管有体力好的非洲人，也有体力弱点的荷兰人。非洲人肯定先天跑得快，荷兰人再练也比不过非洲人的胳膊腿。但总体来说，大家都在这儿顺着跑道跑，你不能横着跑。

再比如说教育，不管有钱没钱，不管是官儿代、富儿代，大家受教育的机会或教育条件是一样的。公立教育由政府承担，就不能够有人受歧视。抛开那些私立的贵族学校不谈，有一些特别好的公立学校，像北京人大附中，收取高额费用，只能是特别的人或有特别关系者的孩子们才能进去，这就叫机会不均等。机会均等在教育上应该是有教无类，所有孩子都能够公平地接受教育，至于接受教育以后，孩子们是否努力就是另一回事了。像西方发达国家，学校教育水准都差不多，有些孩子就是不爱读书，天天玩，起点是公平的，但你没学出来，逐步落后于别人，那就不能怨政府。

另外，每个人都有就业的权利。在国企小孩可以顶替父母岗位，这就可能发生机会不均等，非国企就没有这样的政策。大学毕业后大家自由择业，毕业生自己去网上找机会应聘，这就叫机会均等。但任何时代总会有一些人可能有些特殊背景，他们不需要这么辛苦，想去哪儿就可以去哪儿。比如“文革”时参军，普通人家的孩子要先到农村插队，但也有些干部子弟、军人子弟直接就可以去当兵。像华谊兄弟的王中军就是这样，他父亲是部队的一个领导，他想当兵直接就去了，等他开公司时才发现居然连入伍手续都没有，后来才回到北京补办。入伍时，部队首长问他，是想学技术还是想长干？那会儿学技术就是以后到工厂工作，长干就是永远在部队里学军事。他说我要长干，后来就当了侦察兵。显然，在那个年代他的机会跟普通人不一样。

还有就如现在看病，也存在机会是否均等的问题，我曾去 301 医院看望病人，发现病房拥挤的程度令人瞠目结舌。目前中国医疗资源十分紧缺，所以在看病过程中一定会有机会不均等。在三亚海棠湾我们的项目边上有一个301医院，投了20亿元，可能多数人还是没条件去那儿看病。据报载，目前中国医疗资源的80%是向公务员、特别是中高级干部倾斜的。显然，医疗资源不是对所有人都平等地开放，而机会均等则要求大家在教育、医疗、就业等方面都一样，不应该分这么多等级。

此外，对于社会事务的管理，也就是我们通常所讲的民主，也存在机会是否均等的问题。一个公民，我有权利对某件事情发表意见，然后参与社会管理，你不能说我是普通老百姓，我就不能管。在西方，社会管理方面的机会是开放的，你想做什么事有充分的自由，社会不给你设置障碍，只要你愿意做，在第一天你进入时门槛是一样的，至于以后你能不能像奥巴马一样从科级干部被选成总统，那要凭本事，这就是在起点上强调公平的结果。

结果公平等于普遍的平均加极端的特权

结果公平最极端的情形，就好比收入一刀切，大家拿一样的钱，回到“文革”时期，不管你是高中毕业还是大学毕业，不管你是哪个学校的，也不管你有没有能耐，收入都一样。家里的房子全是单位分的，大小都一样，不管你干好干坏，最后连悼词写得都一样。结果公平最容易做到，无非就是劫富济贫，把你们家的东西拿来跟他家拉平，在人类历史上有很多这样的例子。

朝鲜前几年搞过一次货币改革，因为他们之前曾允许小商小贩做点小买卖，这样在民间钱就多了起来，富人开始出现，政府便实行货币改革，拿新钱换旧钱。只有这样，富人们才能把钱吐出来。那次货币改革引起了社会相当的不满，人家刚有点钱，又被洗掉了。后来经济出现问题，财政部长在体育场上被枪毙了，说他出身地主，破坏社会主义经济。

咱们 1949—1976 年一直在强调结果公平，1956 年搞合作化建人民公社，对民族资本家[①]进行社会主义改造，把他们的财产没收了，交给国有企业，变成国有资产。结果人人平等变成人人平均，而人人平均必然导致人人贫穷、人人不满。

从历史上看，结果公平都是不好的。这种结果公平，事实上是更大的不公平，它是普遍的平均加极端的特权，这两件事是并存的。举个例子，我刚到北京读书时，学校是党中央直属的重要部门，那时我有一个特供本，是普通老百姓买不到的东西，我在中央机关内部的购物商店里能买到，当时叫 24 号商店。在中央机关里有一套特权供应系统，是编号的。过年时我把东西拿回家时特高兴，因为别人买不着。我属于当时那个特权体系里最底层的。结果公平这种体制从来都是表面上大家拉平，但上面依然存在特权阶层。

比如卡扎菲政权体制是集权主义和部落传统相结合的非洲社会

① 即今天的民营企业家。

主义的一种，上面他们家享受特权，下边房子都是分的，强调结果公平。他的大儿子执掌利比亚电信业，四儿子领导国家安全委员会，七儿子管特种部队，反正赚钱的事都是他们家的，部队也是他们家的。媒体上曾报道，有个利比亚的普通老百姓说："我们每天都要表示对卡扎菲无限效忠，我们只有很少的机会赚钱，但我们一旦赚得多了就会有人来找我们，以国家的名义把我们的财产国有化，没想到最后都变成了他们家族的财产。"所以，结果公平最后一定会导致特权。

这就像封建社会，皇帝是特权，但普通老百姓都是一样的，你跟皇帝关系越近特权越大，最终形成普遍的平均加顶上的特权。太平天国也是农民认为社会不公平要平分土地才起义的，可太平军打到南京[①]以后，大家又造反了。主要因为两件事：第一，大家都是一个村的，现在你当了皇上，让我们给你下跪，大家都不干；第二，在女人方面搞特权，当时所有的太平天国普通将士不能够男女在一起，但高层可以自己偷着来。这就是特权，它很难做到绝对的结果公平。而太平天国提出的纲领是所谓的绝对公平，土地、吃饭、穿衣都是平均主义。

《水浒传》讲的也是结果公平，造反的原因是农民认为不公平，造反以后《水浒传》里提出"等贵贱，均贫富"，这是中国农民起义提得最多的一件事，要求大家社会身份一样。《水浒传》里进一步具体化，叫大块吃肉，大碗喝酒，所有人的生活像在部队里似的都一样。

结果公平一定导致最高层特权，而这部分特权要维持，就要用暴力方法。全世界坚持结果公平最久的是古巴、朝鲜。古巴现在也在

① 当时叫天京。

改革，扛不住了。我去过古巴，那里连卖甘蔗水都是国家控制，不许个人发财。因为个人只要起点上一公平，大家开始跑，肯定有跑得快的、跑得慢的，出现了这种情况就勒住，都是国家管，赚的钱先交给国家，国家再给每个人平均分配。不管什么人结婚，政府都给你几天假期、在公家酒店里度蜜月，政府还负责分房，当然房子造得水平很低，但都一样。

总体来看，西方能形成自由市场经济，就是因为传统的资本主义更多强调机会均等、起点公平，用社会政策来矫正由于起点公平和竞争带来的收入差距过大和社会福利、教育医疗方面的问题，用公益、慈善、再分配、税收等来补充，但不破坏起点公平，充分保持大家愿意跑、愿意去创业赚钱的劲头。不管是亚洲的社会主义、非洲的社会主义，还是传统的苏联社会主义，都是更多强调结果的公平，在分配上做文章，不在生产上做文章。

作为企业来说，大家收入差距都差不多，干多干少都一样，这就是 1978 年国企改革初期面临的问题。改革进行到今天，在赚钱速度上跑得快慢各有不同，有了差距是自然的。但如果差距太大，差距拉大的原因又不是机会均等，这就不行。机会是公开竞争的，大家都来争，谁能干谁就干，这样谁赚钱多一点，大家都能接受。但如果说因为朋友、哥们儿给机会而赚到了钱，那就是机会不均等，起点上就有了不公平，会使得大家不服气。所以公司应该把制度设计好，让大家有动力干事，最后收入上能够有一些调节，比如用奖金、公共福利等来弥补，这样大家既能够努力工作，又能够爱护组织、维系体制。

在公平问题上，不把握这两件事情中间的度，就很难把政策制定好。就像农民工进城，不能说是农民工的小孩就不能上学，只有有北京户口的小孩才能上学。强调外地人跟北京人有同样的上学机会，这就是机会均等。再有就是收入分配上的调节，比如把个人所得税调到 3 500 元这个档位，可以对低收入者减少些负担。中国的经济政策、社会政策始终在起点公平和结果公平之间不断摇摆，于是就有了所谓的左右之争。显然，两种公平对应的政策效果是明显不同的。

官二代，富二代

我们常听到一个词“基尼系数”，它是西方经济学理论中的专业术语，主要是用来衡量一个社会收入差距程度的指数。基尼系数到了 0.5 证明收入差距比较大，到 1 则完全不能被接受。媒体上说中国的基尼系数已经很高了，西方认为到了这么高国家一定会崩溃。事实上关于基尼系数，中国政府从来没有指定过哪个机构专门去做入户调查，是有些经济学家为了研究问题，组织一些人做些简单调查，调查的结果并不是基于准确的抽样，只是大家社会心理上的感觉，进而成为经济学家的演绎。

现在中国收入差距比过去几十年，特别是 1976 年以前大很多。我研究生刚毕业参加工作时，我母亲跟我打赌，说我这一辈子都不可能赶上她。因为她觉得自己工资挺高，每月工资有好几百元钱，我硕士毕业时每月工资拿 70 多元钱，可如今我已经远远超过了她。因为按照她在毛泽东时代的概念，一辈子工资涨不了多少，那时候结果公平，大家都一样，所以她觉得不可能。如今不同，在全球 100 个富人里边，李彦宏曾经排在第 95 位。中国有一亿元以上投资能力的个人已经有两万人，这是私人银行调查的财富报告数据。有上千万元投资能力者有几十万人，整个民间资产有 60 万亿元，私人手里的钱非常多。不到 20% 的人拥有 80% 的银行存款，收入差距显然很大。但其中工资性收入带来的差距占的比例不是太大，最重要的是资本性收入，比如股票投资，另外现在创业板上市后老板的股份可以变现，还有一种财产性收入，像房产投资等。

这从消费上也能看出来，中国在经济发展当中，人们生活有所好转，但普遍还有很多压力，如看病、住房，但另一方面，奢侈品商店在中国越开越多，北京国贸商圈 LV（路易威登）都开了两家，爱马仕一个包几十万元，还拥趸无数。我有一个朋友，2010 年很开心，他帮外国一家公司卖飞机，那老板跟他讲，你在中国能卖出 10 架，咱们就算非常成功，因为每架飞机售价都在 1 000 万美元以上，贵的要四五千万美元，很难卖。我前段时间在迪拜碰到了那个朋友，他说 2010 年他卖出去 21 架飞机，令老板大跌眼镜，笑得合不拢嘴。可见，中国有钱人非常多，飞机、游艇、豪宅最近几年很火爆。

我们讲的收入差距大，一种是显性的看得见的，但还有一种是隐性的。为什么有的人要仇官呢？因为官和富有一定的关系，比如每弄出一个贪官，都有八套十套房子，家里都有几百万元，贪上千万元都不稀罕，许宗衡贪款有 3 000 多万元，现在上亿元的也都出来了。而且官越小，贪的钱越多。在中国，权力带来利益上的分配不公平，这种社会现象目前很多，所以大家对官二代有意见，不是因为他是官二代挡住了我们升官的路，而是我们不知道他们从哪儿来那么多钱，还这么嚣张。有个省级官员和他太太贪污，他被判了无期徒刑，他太大被枪毙，但他把很多钱都转给了儿子，把儿子弄到国外，他儿子后来追一个女孩，钱被人家全部卷走，他又变成了穷人。这些人大部分隐性的收入，不在公开场合用，转移到境外或地下，不久前被枪毙掉的湖南某市纪委书记曾经说："钱是一把刀，杀了我，我拿那么多钱也不敢用，都藏在家里。"人们心中都知道这种收入差距，但又不能度量。前一种显性的收入差距，大家能够看得到，比如听说赵本山买飞机，总体上还能容忍，因为人家是卖艺的不容易，大家对这种收入差距容忍程度比对当官的要大。后一种收入差距拉大带来的是对致富路径和过程，以及道德和法律合规性的讨论。

另一个关于公平的角度，涉及的是横向公平问题和纵向公平问题。横向公平问题就是不同职业、不同产权形式、不同阶层、不同性别之间的公平，这是横向来比。就像我们跟国企比，凭什么我们民营企业职工收入低，国企垄断职工收入还高？很多国企被查出用公家的钱买福利，比如团购房子分给员工，民营企业没办法这么做。另外有很多隐性问题，如国企的人就业比较稳定，竞争性不强，一份工作可以干一辈子，收入比较多，民企则不够稳定。现在官二代有机会当官，富二代经商机会也比别人多，这样在起点上又不公平了。

从纵向来看，越往下传越不公平。过去科举是解决当官纵向不公平的问题，今天公务员考试也是。有个小地区招进的公务员都 20 多岁，一查他们家都是当地当官的，舆论哗然。现在采取公务员考试的办法，一个职位几万人报考，各种各样的人都可以去考，通过不断筛选、竞争、提拔，使公务员的整体素质得以提升。通过民意基础加上竞争机制、外部监督，减少政府体制内纵向不公平，逐步可以做到在用人机制上透明诚信。

富二代、富三代问题怎么解决？西方解决的方法是收遗产税。美国收 50% 的遗产税，中国未来至少也得收一半。你得交现金，不能交资产、交股票、交房子。这样房子你得打折卖，还得缴税，所以有钱人交遗产税是为社会做贡献，一大半都会交给社会。政府收了遗产税以后办学校、改善医疗条件、治理环保等，最后普遍造福老百姓。比如李彦宏赚 90 多亿美元，至少一大半要交给社会，所以我们得感谢他，让他赶紧赚钱，赚了其中一半是给咱的。但现在中国没有这个税收，那么我们的孩子跟富二代之间就不公平。那些富二代全躺在那儿吃喝，但什么机会他都给你拦住，你有发明创造刚想折腾，他给你买了，他会把各个最有利的位置都占据住，把大家发展的路都挡住。而遗产税能够让所有的人自由创造财富，令竞争的起点更公平，也有利于社会形成创业奋斗的正面风气。

美国富豪为什么喜欢捐钱呢？在很大程度上跟遗产税有关。巴菲特到 70 岁左右开始琢磨这个事，最后说全捐了。因为这些股票是以股权形式存在的，他要是不捐，他死以后要交遗产税，那就得卖这些股票，这样股价就会跌，公司其他股东就不干了。但他捐给公益基金，他可以在活着的时候聘请专业人士来管，政府不能剥夺，永远是社会的，虽然他没有所有权，但他有支配权，可以通过信托和法律来保障。遗产税增加了社会公益的资产，促进财富在人群中横向再分配。

在中国为什么有时捐款没动力呢？因为你捐一元钱，等于捐了一元五角钱，你捐的钱是税后的。我们做了捐钱的好事，却几乎得不到肯定，那还不如不做了，省得还惹事，让人家知道自己有钱。遗产税鼓励了公益捐款，调节了结果公平。遗产税还能增加财政收入，根据统计 2011 年时，中国有 60 万亿元私人财产，假定今后 20 年之内，这些人陆陆续续过世，这些资产增长到 100 万亿、150 万亿元，可能遗产税就有 50~75 万亿元。政府掌握时机推动遗产税法案很重要，但太早不行，太早大家就不挣钱了；太晚也不行，太晚已经交给了第二代。我曾经看过一个资料说大概有 20%左右的富人已经把权力交给了第二代，如果他已经交完了你才收遗产税，那就收不着了。遗产税过重会导致财富创造的动力减弱，也会导致资本外移，钱跑了。中国台湾的遗产税曾经是 50%，很多台湾人就把钱转来转去，把公司迁出去或开在遗产税低的地方。马英九上台后把遗产税降到 10%，海外的钱又回到了台湾。中国香港地区和新加坡是没有遗产税的，所以很多人就移民过去了。

还有一种解决收入纵向公平的方法，用政治运动。我们过去 5 000 年用的是农民起义，最近 100 年用的是革命方法。当一代人刚刚赚到点钱就有人闹革命了，抄家、斗地主、没收，这样只能富一代，甚至半代。我有个朋友，他的父母曾经是富二代，1949 年以前是地主，斗地主时把他们家的东西都没收了，他们家就变成了贫一代；改革开放这几年做生意，他赚钱了，又变成富一代，他的小孩成了富二代。那位朋友跟他小孩说，你别高兴太早，如果世道一动荡，富二代过两天可能还是贫一代。

社会不断通过政治运动、革命的方式来解决纵向不公平问题，这是不好的办法，因为每一代人的心里都结下了疙瘩，不能和解。你把人家东西抢走，总是不快乐的事情。抢的人是当下快乐，但因为不善于管理，这东西很快就没了。我们还是要着眼于法制、税收、公务员考试，通过一些理性的、能够持续解决社会问题的方法来改进，而不应该用一些暴力的、激进的革命方法，试图一夜间解决纵向不公平问题。

我们的一个合作伙伴怡和洋行的主席出生在上海，他说 1949 年军代表找他们签字，把他们家的东西没收了，分给广大人民，他觉得不公平。改革开放以后上海招商，把他们家原来在外滩的一栋楼卖给他，很贵。他觉得以前这是我们家的，你拿走了之后又卖给我，这不公平。所以公平这件事很难做到大家都满意，一部分人认为的公平，对另一部分人就不公平。追求公平的过程往往会导致更多的不公平。这种历史的循环和悖论我们经常会看到，令人悲哀和无奈。

追求相对公平，而不是绝对公平

公平除了道德公平与制度公平这种划分方式外，还可以分为相对公平与绝对公平。

第一，我们之前讲的那种借助一次革命让大家变得都一样，那是绝对公平；还有一种相对公平，即人们之间还是有些差距，但大家心里都能接受。相对公平就是容忍收入等各方面有一部分差距，绝对公平就是找个平均数实行一刀切。纵观历史，其实并没有出现过绝对公平，即便有，也是发生或存留了极短的时间，在一个很小的区域，在极少数人之间。比如说突然革命成功，所有有钱人都被消灭了，他们的财产都被平分掉，就在那当下及之后短短几个月里，免费分得财产的人都会为这种绝对公平开心。但几个月之后，有能耐的和没能耐的人财产积累陆陆续续又有差距，还是会回到相对公平的状态。即便是在“文革”那个强调绝对公平的年代，其实还是有人可以顿顿吃肉，有人常年吃不上肉。

我们现在应当更多地去关注相对公平，研究一下社会能容忍的相对公平是多大程度，也就是说收入差距大到多少社会可以接受。这实际上是讲一种心理公平，而绝对公平是一种事实公平。就收入差距的绝对数来说，美国比中国大，比尔·盖茨、巴菲特身价是500多亿美元，美国普通老百姓做个简单的除法运算就能知道那个数字是自己的多少倍；中国目前没到这个份上，李彦宏的个人资产也就90多亿美元。但你到美国去后会发现，美国社会很接受这个事，老百姓不闹腾，人们对生活的相对满意度还挺高。中国收入差距没有美国大，但媒体、老百姓闹心的程度比美国大得多。心理公平取决于社会公平，也取决于其他方面的机会均等。

机会均等在美国做得不错，所有人都有机会上大学或择校，也可以随时自主创业。美国大部分富人都是富一代，因为遗产税比较高，所以很少有人能垄断别人的机会；每个人都走自己的路，因为你要走路而让别人无路可走这种事很少。比尔·盖茨可以通过创业成为亿万富翁，其他人也可以创业，而且用很少的钱就可以，也可以向银行贷款，那里的银行都是民间银行。竞选期间，你对哪个候选人有意见，可以随便批评、随便骂，你本人也可以参加竞选，募款或自己拿钱出来都可以。而在中国，我们经常会听到“我没赚到钱，是别人挡了我的道，我觉得不公平”这样的抱怨。这种抱怨其实是可以理解的，比如在公司人才提拔这件事上，如果是通过业绩考核或专业能力考试选拔干部，大家通常会比较容易对选拔结果服气，但如果是领导选，你是靠跟领导的关系而获得提升，那大家就会觉得不公平。这种机会均等，会提高整个社会对于收入差距拉大的心理认同感，接受程度会提高。

第二，政策制定过程的透明性和不同利益群体参与的程度，也会影响公平。我们有时认为一件事不公平，是因为我们连游戏规则都不知道，这件事忽然就出了结果。如果我们都是管理人员，这件事我们参与了，我们的意见也表达了，公司不停地开会讨论，并据此制定了规则，最后形成决议通知了下来，即使不太合理，我们也能接受，心理上也会比较满意；但如果从一开始就被蒙在鼓里，那大家的抗拒心理便会很大。在美国，国家政策的制定过程是透明的，电视台会24小时播出大家辩论的实况。如果像这样让每个人的意见都有机会表达，那么在这种参与表达的过程中，人们对社会的满意度、对政策法律的满意度就会提高。

第三，社会的矫正体系比较完备，会使人们对公平的满意度提高。矫正体系就是公益、慈善和社会公共福利。虽然比尔 · 盖茨跟大家收入差距很大，但多数美国人的生活条件都差不多，中产阶级都有车有房，都买了保险，社会福利做得非常好，人们看病几乎不花什么钱，另外不管谁多少钱，反正有遗产税，最后你都要捐给公益事业，因此大家不会对你羡慕嫉妒恨，也不会想打倒你。美国有 12 万个公益组织，涉及教育、医疗、科技、文化等各个方面，不管钱用在哪儿，最后得益的都是社会。

我还发现了两个有趣的现象，我们在微观上讲不公平，都是在跟认识的人扯。如果我们不认识中国某某首富，若有不满，可能也就是议论议论而已，不影响各自正常过日子。但要是我认识的人，比我多收入那么几百元钱，可能我就会闹心很长时间。比如我和年轻时的同学、同事在一起，他们当中当官的、做学问的很多，我是做生意的，他们会说我赚钱多，而我则说他们当官、做学问清闲，这都是熟人之间在比，很容易纠结。国外体制逐步变成生人社会，而且有钱的人、没钱的人，他们彼此之间除了在媒体上见面，生活中每个人都是相对独立的，人们在各自不同的范围内活动，不在一起搅和，各走各路，彼此之间就不会那么纠结，社会相对的公平感会提高，宽容度会增大。

此外，时间也会影响人的公平感。就像你昨天什么都没有，咱俩喝酒时称兄道弟，今天你突然一下赚钱了，忽然变成了我领导，我可能就不大容易接受。或者你的一个发小在你公司供职，你因为他工作出错而忽然拉下脸来炒他鱿鱼，他该多生气啊！而如果你之前不认识的一个人来你公司上班，他做错了一件事情，公司说要解聘，那他可能也就认了，不会有太大的心理不平衡。因此，如果昨天和今天的角色变化太频繁，对比太鲜明，人们的满意度、宽容度就会降低，但如果这个角色在大家进入时是既定的，而且很持久，宽容度就会增大。我曾经去过一个台湾老板的家，那是坐落在阳明山上的一座大宅子，家里的司机、保安、服务人员都很职业化，管理和服务像酒店似的。我有次跟那老板的司机聊天，我问他每天住那么远，上班会不会很辛苦。他说他很满意这份工作，而且这么稳定，他就这能力，觉得很好。他觉得大陆人老恨不得第二天就发财似的，显得有些浮躁。在台湾，财产的分配制度已经实行了几十年，任何一个人进入时都是有次序感的，所以台湾社会长期稳定。当你毕业参加工作时，等于加入到一个已经开演的剧，你会自觉地找一个和自己对应的角色演，不会乱。但大陆正处于社会转型期，相当于剧院刚说要演戏，大家抢板凳，这个时候闹心的程度高，都觉得不公平，因为每个人的角色都不是事先确定的。据说，以前赖昌星有个司机，他从乡下出来当兵，退役后给赖昌星开车，发现他车后边每天都放着几十万元现金，方便办事时送出去。他惦记着这个钱，后来终于有一天他忍不住拿着这个钱跑了，留了一封信说：我在这儿工作，每天看到这么多钱，精神上受不了，我家那么穷，有很多困难要解决，你们一个月给我的工资那么少，我看你们这些钱给别人也不是办什么好事，不如给我算了。他前年是农民，去年是当兵的，今年是司机，三年内换了三个角色，他心理不平衡，觉得社会不公平。如果把收入差距保持几代，人们彼此之间都不认识，那社会的宽容度也会相应增大，相对公平感也会提高，大家愿意接受一个稳定的秩序，在已经开演的剧里每个人都去找适合

追求相对公平，而不是绝对公平

自己的位置，那这个社会就能够持续稳定地发展下去。

中国社会目前处于急剧转型期，要做到“公平”两个字很难，需要很长时间，所以我们一方面要追求公平，同时要理解在这两个字背后所发生的各种制度冲突、心理冲突，以及我们应该怎样努力以持久的微小变革，逐步接近相对公平。用一种革命的手段去追求短暂的绝对公平，那对社会稳定和国家强盛，绝对是有百害而无一利。

社会公平比经济公平更重要

前面讲的是经济公平，在赚钱、分配、生活方面的公平。其实这方面的公平相对来说还好处理，毕竟钱的度量是具体的，公平的程度可以看得清楚，而社会公平则很难准确度量。比如公民参政议政的权利、受法律保护的权利，只有一个方法能够达成让人相对满意的结果，那就是法制。司法要独立，生命的权利、财产的权利、发展的权利必须要得到保护，要让人有安全感。

我们看到有的国家和地区媒体上整天吵来吵去，为什么社会还基本稳定，没有什么大的折腾？从媒体上看这些地区很乱，但这些地区没有成立维稳部门，也没有专门的维稳经费，媒体上的争吵恰好是社会公平和正义的一种出口，不平则鸣，大家可以言论自由。如果社会和人们的意见或不满被压制着，社会其实更不公平。而社会公平比经济公平重要，为什么呢？按收入差距的绝对比看，美国比中国大。但在美国，你感觉人们对这类事不太闹腾。后来我看到个研究，说这种情况是由三个原因造成的。

第一，在美国，任何一个人要想成为比尔·盖茨都是有机会的，没人拦着你。人们对比尔·盖茨服气，是由于比尔·盖茨的成功不是因为他爹有权有势，也不是因为哪个官员支持他，而是在机会均等下他依靠自己的能力成功的。由于机会均等造成的差距，人们服气。

第二，你可以参与制定游戏规则，也就是说关于财富分配，人们参与了相关规则的制定，对结果的接受度就高。就像三个人一块儿分钱，其中两人暗中商量给我的比我想要的还多，比如 100 元钱决定给我三分之一，但我撒尿回来的工夫你俩都已商量好了，我就会想你俩可能分得更多。但如果我参与了分钱的决策过程，我可能会觉得 20 元钱就已满足，可由于我没参与，便会觉得不舒服。所以，参与和程序透明很重要。

第三，健全的社会再分配体系会进行调节，社会再分配体系就是第二次、第三次，甚至第四次再分配体系。人们知道富人的钱反正是要捐基金会的，所以心理平衡。

创造更多的社会公平，增强透明度，会使人们对收入差距的容忍度增大。两人在黑房子里会有怎样的行为模式？一个人想先下手为强，另一个人挨一拳后害怕他再打，就想无毒不丈夫，干脆一拳弄死他。一个破坏规则先下手，一个无毒不丈夫还以过分报复，这就是黑屋子里永远的游戏模式。透明度增强以后，一个人看另一个人离自己比较远，没拿武器，还在冲自己笑，就知道对方没有恶意，然后两人开始商量怎么办，不行开门走人。宋庆龄基金会河南分会涉嫌滥用善款被挖了出来，它之所以能涉嫌滥用善款，都是不透明造成的，挖出来之后就踏实了起来。截至 2011 年，在中国私募基金会有 1 200 个，为什么没人深挖私募基金会？为什么现在挖的全是公募基金会？因为公募基金会缺乏透明度。私募基金会都是企业或老板自己弄的，他都捐钱了还贪污什么？这不合逻辑。

我们再来看看法律和独立的司法制度为什么很重要，为什么能够保证社会稳定，为什么能让大家满意和觉得公平。因为法律和独立的司法制度，最重要的是给人们以安全感。生命、财产安全是人第一位的需要，这个安全感要是没有了，我们就会觉得不公平。比如在陈水扁被抓后，台湾媒体天天都在报，有关部门还专门让媒体去参观他住的地方。这样做是要告诉人们，他没有受虐待，这是他的权利。在没正式定罪（三审定案）之前，陈水扁在收审期间还写了两本书，还能指挥选举，还可以随便见记者，这都是公民权利的体现。还有李庄的案子，如果不是公开审判，如果没有辩护制度，如果没有现在媒体的舆论环境，那可能就错判、枉判了。所以，法制首先给予人们以安全感。这种安全感如果赋予所有人，那就是一种公平，公民就会有社会公平的感觉。

过去有些地方对付民营企业，是把企业家抓起来，查他的税，最后把他的企业搞垮，东西收归国有，比如山西对有些煤矿的处理，对煤老板资产的剥夺，河北钢铁企业的强行合并等，用一种运动的方式搞变相没收。现在还有人提议给每个民营企业强行塞一个国企，永远不分红，这不等于把民营的资产剥夺了吗？我相信，这种提议不会得到实行，但这种揣测本身就是一种不安全和不公平的反映。因此，如果不能用法律的方法保护人身安全、财产安全，那社会公平就很难体现和落实。

程序正义比实质正义更重要

领导人经常讲公平正义，但只是讲目标，不讲手段。正义有程序正义和实质正义之分。程序正义就是程序上没错，这事就算对了。实质正义总在讲道德，讲动机，讲族群差异。诉讼双方都说对方是坏人，都认为自己正确对方错误。如果讲道理行不通，那就必须按照程序走，程序走完了听天由命，不能预设结论。凡是能预设审判结果的，都是人为操纵司法，反之则可以看成司法是独立的。比如现在，有时看到某人刚一被抓起来，大家就能知道他会被判几年刑，如果领导说他出不来了，他真就出不来了。很少有最初领导让进去、最后经过律师辩护没事了的。美国橄榄球运动员辛普森杀人案，最后没判刑放出来了，这就是不能预设结果。

司法独立很大程度上表现为程序上的完整和不能预设结果。就像李庄案，取证是一个程序，需不需要当事人做录音、拍照，你跟代理人说话是不是在有第三人存在等，有一套程序。这套程序的设计就是防止长官意志、领导干预，可以相对保持公平。司法独立要强调程序正义比实质正义更重要。有一本书写得很好，叫作《运送正义的方式》，就是讲要用程序正义来推动法制建设。就如参加运动比赛，大家都遵守一个共同认可的程序，比赛结果才能是公正的、令人信服的，最终被大家心悦诚服地接受。

独立言论对于司法的公正和独立性很重要，比如公开审判，给大家说话的权利，这实际上就是公众监督。就像媒体批评浙江公安部门乱通缉，有人将这事传到了微博上，公安部门没办法就道歉了，可见独立言论可以监督权力、制约权力。早些年孙志刚被打死，媒体把这事报出来，后来就取消了收容制度；舆论监督、人民发表批评意见，形成压力，然后政府相关部门通过司法纠正，最后纳入正常程序解决。如果不能言论自由，不能公开形成舆论压力，关着门不按程序办案，一旦办错了案，就没办法见光，就不能被纠正。所以一方面要坚持程序正义，另一方面要用媒体监督，这样才能使得社会公平逐步得到伸张。遇有不公平的事第一找法院，第二找媒体，这是健康社会的标志，否则就像湖南曾经有人冲进法院开枪，对法律都不再相信，那就只剩下暴力。

经济公平和社会公平互相制约、互为条件。如果经济不公平，社会公平做得好，满意度高，社会心理的承受力还可以接受；反过来，如果收入差距本身并不大，但社会公平做得不好，这个社会也会崩溃，“文革”就是这样。那时收入是公平的，甚至不发工资，都是实物分配，但这并不能保证社会不动荡，显然更重要的是社会公平。“文革”是最大的社会不公平，司法不独立，甚至被砸烂，人们没有言论自由，随便被斗争。

之前垮台的卡扎菲政权，就是靠秘密警察、高压手段控制国家，没有法律，什么事都由卡扎菲说了算。这样的不公平自然会导致社会崩溃。经济上收入差距大，引发了意见，但如果法制健全，言论自由，人们对法律有信心，就能提升民众对收入差距的忍耐力，所以这两件事可以平衡处理。

制度做好，结果一定是道德上公平

关于公平这件事，有时领导人讲的是道德公平，这种公平其实要靠制度公平才能落实，才能让大家有信心、感觉有希望。道德公平是制度公平的引导和开端，而设计一种制度，需要根据道德取向、价值取向，社会习惯、风俗和多数人的约定而制定。我们讲自由民主，这就是价值观，也是一种道德，有了这个意识，然后再设计制度。就像在西方，如果早期的启蒙运动思想家没有形成一种特定的价值观和道德，那后边的人就不会设计出这种相应的制度。所以观念、道德是制度文明、变革和创新的前提与引导。但光讲道德也不行，如果制度设计得不好，还是会让群众天天闹心和着急的，比如一会儿出现瘦肉精，一会儿又是染色馒头。没有市场惩罚机制等完善的制度，最后道德就不存在。不能总是等到出了问题，才呼吁大家要有道德良心、要做好人，这是一个商业社会，最终要将公平落实到制度上。

人类关于道德公平这件事已经吵了 6 000 年，实际上很难有解，因为道德这件事是有历史性的。5 000 年前的道德跟现在的道德肯定不一样，而且，道德有阶级性。所以，不同人讲的道德可能是大不相同的。另外，道德不是抽象的，而是具体的，都跟具体事、具体人、具体时代有关系，抽象地讲道德没有意义，因为你没讲明是谁的道德，比如房地产，商人的道德和政府的道德在某些方面一致、在某些方面不一致。商人道德讲赢利、股东分红、善待员工、社会公益，我们认为这就符合社会道德，不能说只有把房价降到老百姓买得起的水平才合乎道德。而“老百姓”三个字代表的对象也千奇百怪，在中国有十几亿人，富人、中产阶级也是老百姓；对于低收入人群来说，你把房价降到 500 元 / 平方米，他们可能还是会买不起，而那样做的结果是企业崩溃。

所以说道德应该是很具体的，商业有商业的道德，慈善有慈善的道德，政府人员有政府人员的道德。如果只是在道德上讨论公平，则很难达成一致，貌似高尚，实则不然。就像一个公司领导，没事时不去研究制度，不去把薪酬体系弄好，而是天天坐在办公室里讲道德，员工的工资得不到增长，那有什么用呢！因此，制度公平比道德公平更重要。所谓制度公平，就是用法制保障所有人的权利，包括言论自由，在这个基础上制定合理的经济制度、社会制度以及各方面的行业制度。把这些都做好了，不用讲道德，结果一定会是道德上的公平。

我和功权、潘石屹等 6 个人最开始做生意时，有一段时间内部经常闹别扭，后来我们讨论出一个游戏规则，叫“不怀疑动机”，因为一怀疑动机，划定谁是好人谁是坏人，变成道德指责，合伙人之间就会彼此伤心。对于具体事情，大家就事论事，每件事合不合理都是商量着办。后来我们将制度构建得越来越完善，彼此从来不提道德上的是是非非，这么多年过去了大家依然是好朋友。

住房制度方面，我认为如果把保障房、商品房等上升为道德问题，这件事就没解；如果把它变成制度问题就有解。停留在道德层面上，只会引发吵架。政府监督房价，原来说是房价要降10%，派督查小组到全国各地去问老百姓调控的效果，结果走了一圈，发现西安往下多调了一点，但小组成员问当地老百姓，还是有人觉得白给最好。这怎么办呢？到底调控多少合适呢？如果领导人说商家道德上有问题，社会认为官员道德上有问题，大家互相指责，却没人追踪制度建设、制度理性，那这个社会就永远都进步不了。

03

慈善出于道德，公益考验组织效率

慈善基金会是政府、社会与政治的“沉默的伙伴”。

——李韬

目前，公益慈善在中国备受关注，对于民营企业在这方面所做的工作，社会上有很多误解。我认为从中国目前的市场经济发展程度和成长阶段来看，中国的民营企业、富人或者说是财富创造者，在这件事上做得相当不错，但以后还应该做得更好。

慈善公益不是有钱人的专利

我说民营企业在公益慈善方面做得相当不错是有根据的。

第一，在目前中国法律制度、特别是税收制度还不健全的情况下，私人捐款2010年已经超过了国家部门包括国企的捐款。民营企业解决了70%的就业，上缴了国家50%的税收，但只占用了30%的公共资源。国企占了70%的公共资源，才解决不到30%的就业，也才缴了一半的税，赢利部分还只上缴15%给政府，可是它的捐款却没有民营企业多。

第二，中国的民营企业才是第一代，我和王石等人去全世界考察过很多公益基金，发现我们做得确实相当不错。西方市场经济发展短的有几十年、上百年，长的都已经几百年了。比如美国，和它进入市场经济最初30年相比，我们做得要好很多。像洛克菲勒基金会做得非常好，可他们家那个基金会是到第一代快结束、第二代将要接任时才开始设立的。我们现在是第一代，还在奋斗着呢，就已经开始捐钱了。这几年我们从公司到个人都在做慈善和公益，所以我们觉悟得不晚，动手也不晚。再和比尔·盖茨比，他 1970 年开公司，办基金会是 20 年以后的事。万通创建第 15 年就办了基金会，也比他起步早。巴菲特从赚钱到决定全部捐出去是 30 多年以后的事，而我们的民营企业家没有哪个人是赚钱 30 年后才想起捐钱的，更何况在美国有 50% 的遗产税在前头等着，他们大规模捐给个人的私募慈善基金，在利益上并不吃亏。

关于裸捐，陈光标在不断号召提倡，而社会上响应者似乎并不多。巴菲特和比尔·盖茨曾经来中国请一些企业家吃饭，我也参加了，当时听两位先生讲话，有几点印象深刻。

比尔·盖茨强调捐款和慈善不应该影响自己的正常生活，就如我们每天能吃到肉，不能为了帮助别人，自己不吃肉，只吃蔬菜。作为正常人来说，应该是在保障自己正常生活的前提下帮助别人。所谓舍己为人，是发生在极少数情况下，就像你跳下水救人，自己却牺牲了，但当时你并没有想死。在公益慈善当中，多数情况下不应一味提倡舍己助人，而应该护己，在保障自己正常的生活、工作状态的前提下，尽可能用富余的能力、时间和金钱去帮助别人。我觉得比尔·盖茨讲得很实在。

另外，比尔·盖茨和李连杰都强调，慈善公益不是有钱人的专利，是大家都要做的事情。每个人可能帮助别人的方法不同，但都可以去帮助别人，比如医生免费帮人做手术，老师免费教人读书，这用的都是能力；有的人能力弱一点，就陪伴老人，用的是时间，这也是很好的善心、义举；有些人财务能力强一点，时间少一点，就拿出金钱来帮助别人。每个人都可以做慈善，这应该变成社会普遍的道德，而不应该只是跟钱有关的事情。

巴菲特讲，捐款这件事要自愿，什么时候想明白了再捐。他说自己也是30多年后才想明白这件事，然后就做了。这是个人的事，不应该强迫。

说到裸捐，娃哈哈集团董事长兼总经理宗庆后强调：企业最主要的职责是好好经营，只要你努力经营企业，提供更多的就业机会，赚钱后大量缴税，这本身就是最大的善。如果你把钱都捐完了，企业没有了，或者说企业发展的动力没有了，你不能再赚钱，那日后再捐钱就没有可能了。还有一种观点认为，企业捐不捐、捐多少，是个人的事，用不着谁来教，你自己要捐就捐，不能拿来作为衡量公众道德的一个标准。

我的观点是，从中国近代的历史过程和发生规律来看，有两点特别重要。

首先，不管怎么捐、捐多少，钱不能捐给政府，要捐给社会，捐给政府和捐给社会是不一样的。美国有12万个公益组织，中国现在只有2 000个，每一个公益组织都是相对独立的。如果我们把钱捐给社会，那就意味着捐给各种各样的公益组织，钱还在民间。这样社会越来越强大，公益舞台越来越大，政府越来越小，这是一个趋势，符合未来公民社会、法制社会的要求。

其次，不应该全部捐，如果在捐款过程中伤害到财富创造的能力和自由企业制度，这样会破坏市场经济。如果20世纪50年代只捐10%，哪怕捐给政府捐错了，但企业还在赚钱、竞争、发展经济，这样市场经济的逻辑没有改变，民间创造财富的活力不会被抑制、消灭。捐款一旦变成裸捐，必然伤害到自由竞争的市场经济，伤害到现代企业制度，从而使财富创造的源流枯竭，经济崩溃，最终人们得到的福利反而会减少，甚至走向绝对贫困化。

我们主张理性慈善或公益，即通过公益组织，提高公益效率，然后企业持续地理性捐款。万通做出决定，每年上市公司捐利润的0.5%，非上市公司捐1%，进行公益慈善活动。高管、员工根据自身能力自愿捐，不使捐款影响大家正常的生活。

对于陈光标的高调慈善行为，社会各界评价不一。有媒体称之为慈善暴力，即你在晒你的善行时，可能伤了别人的自尊。台湾马英九就提到，善是好事情，但行善要照顾到接受者的观感和尊严，比如一个母亲，看到儿子跪在那儿跟别人要钱，你说她会不会伤心？你晒你的善等于晒了别人的穷，晒你的强等于晒了别人的弱，晒你的自尊就晒了别人的自卑，晒你的光荣就晒了别人的耻辱，这就是慈善带来的另一种伤害。

同时，高调慈善是不是遵守了法律？有人质疑陈光标到台湾那样发钱，是否违反了外汇管理局的规定，通常一个公民短期不可以带那么多现金过去，如果他在当地借了钱，回来以后还人民币，这属于逃汇行为，需要在法律上进行解释。还有你是不是善待员工，假如员工都没照顾好，你这样去晒钱就太不近情理。如果是万通，我为了个人做首善，把大家工资克扣一半，大家肯定不会支持。在万通，我们相当于一个家庭、一个团体，我不能伤害到最亲近的人的利益。

当然，即使这样，民众还是对我们有更大的期待。我们还应该继续进步，做得更好。

不过，社会和政府还是应该肯定大家，鼓励大家继续做社会公益和慈善。如果既不保护又不鼓励，也不制定出相应的免税政策，那大家就有可能觉得委屈。西方人捐一元钱等于只捐五角钱，因为可以抵税；我们捐一角钱等于捐一块五角钱，因为我们通常是将分红的一部分捐出去，而这部分是已经缴了税的。所以，社会应该对这些先富起来的人有积极客观的评价和鼓励，那样他们才有动力继续做下去，若社会再提更高的要求，他们也会积极回应，做到善无止境，通过扬善来推动社会进步。

道德与理性

关于慈善与公益这两个概念，有三个方面值得关注。

第一，东西方对这两个概念的定义不一样。在西方全部叫慈善基金，而在中国，有的叫慈善，有的叫公益，我们登记注册的就是万通公益基金会，但也有不少叫慈善基金的。这两者在中国到底有什么不同呢？我以为关于给予、施惠，无论是专业能力，还是在时间或金钱方面，它们都是一样的，不同的是给予的对象。慈善所给予的往往是某一类特定人群，比如特别穷困的人。而公益是关乎天下，施惠所有的人，比如环保，这是整个社会都需要的。公益不一定是施惠于弱势人群，就像我们把沙漠治理好了，全北京的人都能呼吸到新鲜空气。公益的范围大、人群广，类似于公共服务、公共产品和公共利益，而人们对慈善通常的理解就是优势者给弱势者，有钱人给贫困者，目标人群或受惠者很具体，很确定。

第二，它们的根源不同。慈善在中国传统文化里是道德上肯定的事，富而有仁，不能为富不仁。所谓仁者爱人，爱人就是施予人，但在极端的无产阶级革命话语体系里，慈善家被等同于坏人，就像在“文革”期间，做过慈善的人被叫作“装善人”“伪善人”，地主给别人送粮食，大字报就会骂，慈善变成了贬义词。“文革”要建立无产阶级社会，普遍穷困、平均主义的社会，不存在谁给谁的问题。这几年随着财富阶层的兴起，社会观念的转变，慈善又变成了一个正面的词。慈善更多来源于中国传统，依赖于道德系统。

公益这个词在旧中国是没有的，改革开放以后才出现并逐渐被广泛使用，从字意来看就是公行天下、益于他人，这里借鉴了国外的慈善概念，用的是汉语词汇。有时候二者也会被等同，但慈善的历史更久更具传统性，公益则更偏重于制度而不是道德。

慈善更多是出于道德方面的考虑，被用来考量一个人有没有善心，他是好人还是坏人；公益是制度、是组织效率。慈善个人行为比较多，任何人都可以做，你可以不注册，考核慈善是用道德尺度、道德眼光。公益则往往是考虑组织性，如 NGO[①]，人们更关注的是它怎

① 英文 No-Governmental Organizations 的缩写，指在特定法律系统下，不被视为政府部门的协会、社团、基金会、慈善信托、非营利公司或其他法人，不以营利为目的的非政府组织。

富而有仁，仁者爱人

么治理、谁去做、怎么维持、如何考核它实际的绩效等。我们曾去美国研究永久性公益基金会，一件重要的工作就是考虑其可度量性，而道德往往很难度量。

我最早参与发起的爱佑华夏基金会，是中国大陆第一个私募公益基金。我们研究并尝试了很多项目，先是和艾滋孤儿相关的项目，做得不太成功，因为那时对社会心理没把握好。我们把这些艾滋孤儿请到城里来，安排在爱心家庭里，这些小孩开始很紧张，待了几天后有些孩子开始产生对立情绪，他们没想到自己的生活那么苦，而城里人居然过得这么好，尤其当那些经济条件比较好的家庭带他们到百货公司想买什么就买什么的时候。后来我们又做给聋哑儿童装耳蜗的项目，一个耳蜗 20 万，我们专门到幼儿园给他们装；因为要进口医疗设备，效率很低，一年做不了几个。小孩装上人工耳蜗以后，还要接受好几年训练，才能够借助人工耳蜗像正常人一样听别人说话。接着我们又做贫困儿童先天性心脏病项目，这个项目成功了。在中国每年会有 20 万名这类患病儿童，来自贫困家庭的占三分之一，我们设法找到他们并给予治疗。现在该基金成功救治过的患儿人数已经突破 10 000 人，成为全国慈善基金中同类项目支出最大的基金，受到民政部表彰，并已成为全国性的私募公益基金。

这个基金会的发起人有我、王兵、李东升、朱新礼，最早在万泉新新花园的小办公室里办公，从 300 万开始，到现在每年能募集四五千万元。这个手术不会有医疗事故，一旦治好，终生不再复发。现在爱佑华夏已经成为全球最大的儿童心脏病公益基金。这是可以度量的，但道德怎么衡量？我们评首善，不一定要捐钱最多，还要看效果。善是道德概念，善无止境，不分伯仲；做生意要看资产负债表、利润表、损益表，做公益也要用数量标准来说话。公益组织考核的最大标准是组织效率。

第三，慈善具有广泛性，参与人多，人人可为，而且没有门槛，随时随地都可以做，而公益却一定要注册基金，比慈善更加组织化、制度化和专业化，参与的人是少数、特定的人群。所以，我主张民营企业逐步由简单做慈善，转变成更多地去推动公益事业，通过组织、制度、效率的改善，通过治理结构的提升，通过专业人才的努力服务，逐步扩大公益的覆盖面，使它在被考核、被监督的前提下，更好、更有效地开展活动。现在北京有公益论坛、非公募基金会论坛等公益组织，很多企业在借助公益，更多是选择从公益这个角度来谈问题，注重NGO属性，侧重于组织效率、治理结构和专业性、独立性，从这个方面履行股东和企业对社会的责任，并使之制度化。这对公民社会的建设具有基础性作用，是近百年来社会进步的重要创新。

捐款是源，花钱是流

从法律注册分类来看，公益组织目前分成公募和私募两大类。所谓私募，就是向特定对象、特定人员劝募；公募指的是可以向所有人募款。简单地说就是私募对熟人，公募对大众，有点像我们发股票，公募可以面向陌生人，通过一个机构承销，私募则只能找特定关系人去劝募。目前在中国，私募公益基金发展最快。公募基金是最保守的，大部分还是政府相关部门办的；私募基金是企业（包括个人）发起的，更有活力。壹基金是第一个由私人和企业发起的公募基金。私募基金现在已经有 1 200 家，三分之二是最近几年由企业和个人发起的专项私募公益基金。

私募基金有几个类型，现在社会上关注得比较多的一个是阿拉善生态协会，也叫企业家环保公益基金会。最早注册的是生态协会，后来演变成了公益基金。它是目前中国企业界参与人数最多、影响最广、历史最悠久、治理结构最清楚，也最复杂的专业环保组织。我从发起一直到现在都积极参与阿拉善的所有活动，做过两届执行理事，以及第三届的章程委员会主任，负责章程修改、通过以及监督。这个基金集合所有企业界和个人的力量，在中国沙尘暴的起源地阿拉善尝试治理沙尘暴的根源。它成功的地方是，现在已集合了 180 多个企业家，每年每人捐 10 万元，持续在阿拉善地区治沙，目前最大的项目是在 320 平方千米的沙漠上种植梭梭林这种旱地植物，以达到固沙的目的。它和美国大自然保护协会（TNC，The Nature Conservancy 的简写）合作研究固沙，试图通过在干旱的地上栽种一些特别作物，比如耐旱玉米，起到固沙作用，并解决一部分粮食问题。

此外，该基金还积极推动环保组织的发展。中国草根环保组织很多，但它们资金很有限，一年大概花不到 10 万元钱，弄个小团体，就开始做环保。比如在云南，几个人做了一个草根 NGO，要保护滇池，他们测量、考察、提交报告，阿拉善就给他们钱，让他们去做；

又如淮河污染很严重，有几个淮河卫士进行保护，他们也可以向阿拉善生态基金会申请资金。每年阿拉善基金会通过颁奖的方式鼓励一批草根 NGO，以此来推动全国范围内环保事业的发展。

阿拉善基金会还注重培养绿色环保组织当中的领导者，并已和北大、美国印第安纳大学等一起培养了好几批环保人才。它还在青年学生里推动环保意识和环保行为，如组织“青国青城”活动，我国有很多大学的学生会、学校环保组织都已参与到环保活动中。

不光致力于推动环保工作，阿拉善的治理结构也相对比较清晰，共有三大治理系统：一个是理事会，由捐赠人推荐人选到基金会担任执行理事；另一部分是监事会，监督这些资金使用情况；第三部分叫章程委员会，这是很多机构所没有的，章程委员会里有三个人，上一届是信义房屋的董事长周俊吉、雅昌公司的董事长万捷和我，凡不按章程办的，我们就说他们违规，要他们改正。这是代表性最强的、涉及人数最多的私募公益基金。

私募基金多数情况下发起人介于个人和多人之间，比如三五个人便可以组成，万通公益基金就这样。故宫也想用公益基金的方式保护文物，于是，王石、刘长乐、马化腾、陈东升、万捷和我等几个人，又发起组成了一个私募公益基金，每人捐几百万元成立故宫基金会，并跟台北“故宫博物院”互动，以促进两岸的文化交流与合作。

截至 2011 年，私募公益基金捐款人数最多的是阿拉善公益基金，有 180 多人，现在这个数字还在增加。最少的是单一捐款人（发起人）的私募公益基金，捐款人数和发起人数量直接相关，可多可少，如福耀玻璃曹德旺的河仁基金。曹总把他的股票捐到河仁基金会，现在市值三四十亿，这是国内目前规模最大的私募基金。一个人执行很简单，曹总说怎么办就怎么办，因为按照现在的管理条例，捐款人可以决定资金的使用方法，前提是为社会公益服务，不能为个人的营利事业服务。现在，私募公益基金资金数量成长最快，比如由蒙牛集团牛根生捐赠并发起的老牛基金会有十几亿元。

捐款是源，花钱是流，中国的公益慈善捐款现在主要集中用于三大领域，其中救灾占整个捐款额的80%，其次是扶贫和教育。在国外，医疗占很大比例，因为医疗技术是无止境的，需要持续探索，比如癌症治疗、基因研究等。这反映出中国现阶段还属于发展中国家，所以大部分捐款用于救助型项目。中国的私募公益基金也是这样，只有少量的捐款用于特殊领域，比如故宫基金会。美国的私募基金特别多，资助对象（项目）也特别多样化，比如有一个家族基金，发起人以前在特种部队待过，他就用这个基金去帮助美国在海外以特种部队作战方式，来维护国家利益，就像在伊朗解救人质等。在中国，未来私募公益基金的目标对象也会越来越复杂、越来越多，而前三大项目的支出比例会逐渐下降，多种目的、用途的私募公益基金支出会增加，就如我曾组织私募基金帮助崔永元做“口述历史”节目，又如黄怒波做的文化基金专门帮助诗人、作家等，逐步呈现出以发展型公益基金为主的趋势。

私募基金更适合对特定项目进行捐款，公募基金更适合对救灾、扶贫等项目捐款。壹基金理事会讨论战略时，我提醒说这是公募公益基金，它应该围绕前三大项目去做，否则捐款人不理解。壹基金的理念是每人每月捐一元钱，假如这个钱用于特种作战这样的特殊领域，大家会说那么多人都吃不饱饭，你们还搞这个！但你说扶贫、救灾，大家都能理解。私募基金则不一样，它是最活跃、成长最快、方式最灵活、资助项目最多样化的基金。

截至 2011 年，国内的公募基金有 800 多家，其中最大的一些都是政府办的。曾有报道说上海卢湾区红十字会报销招待费用 1 万元，加上“郭美美事件”的发酵，引起了大家的关注。红十字会属于准政府部门。中国现在的 800 多家公募基金中，有五分之四都是政府各部门利用权力批的下属基金会，比如教育部门下边的教育基金会、民委[①]下边的民族发展事业基金会等，由于牌照垄断和治理机关化，多数运作得并不好，不透明，但别人捐款需要通过它们，还要被收 10% 的管理费，因为它们要养自己的人。2011 年 1 月 11 日，壹基金成为第一家由私人和企业发起的公募基金，引起了媒体关注。它是由李连杰创办的公益基金，以前叫“中国红十字会李连杰壹基金计划”。简称“壹基金计划”。但因为体制不顺，它没有拿到公募基金的牌照。但李连杰是个很好的领袖人物，他做公益很成功，具备领导者素质，这包括以下几点：眼光、决策、用人、沟通。在他的领导下，“壹基金计划”的品牌影响力和效果都不错，但李连杰向社会诉苦说它生出来就是个畸形，它必须要在红十字会下边运作，他募的每一笔钱都要用红十字会的名义，并且上交 10% 的管理费。救灾的事情有时非常急，但他每花一笔钱都需要红十字会批，这不仅影响效率，也容易引发矛盾。

---

① 全称是中华人民共和国国家民族事务委员会。

后来红十字会想了个折中方案：允许李连杰在上海注册“上海李连杰壹基金公益基金会”（私募基金）。“壹基金计划”把钱募来后，扣掉管理费，剩下的钱转到上海这个私募公益基金进行运作。但这于法、于情、于理都很别扭，李连杰意识到这个问题，媒体、公众也都对这一运作机制表示质疑。于是李连杰找到马云一起探讨后，决定把壹基金做成类似阿里巴巴式的公募平台，后来他又找到牛根生、马化腾、柳传志、马蔚华、王石和我，成立了筹备小组，最后由王石牵头，用了将近一年时间跟政府各部门沟通，终于在深圳注册了“深圳壹基金公益基金会”，简称“壹基金”。

壹基金有自己不同的做法：第一，明确宣布它的运作经费不超过5%；第二，彻底透明化，每次开会捐款人、媒体可以在场；第三，所有理事不在里边支取任何费用，连差旅费都不报销，用餐都是吃盒饭。

由此可以看出，壹基金和红十字会做事的风格很不一样。这跟民企和国企的差别有点类似，因为各自的动力机制不一样。大家都愿意捐钱了，还会想着占便宜吗？但如果你是准公务员，动机和行为模式就很可能不一样，没准就会想着多报销点费用。

所以，企业家不是没有善心，关键是要给他们制度、给他们舞台，这样他们的能力才能够施展出来；他们的作用不应该是简单地拎着钱去散发，而是要去创造公益领域的制度效率。

类公益的NGO在中国叫作政府事业单位，它不赚钱，政府给点补贴，自己每年在外面拉赞助办活动、做公益，比如文化促进会、扶贫促进会等。这几年成长最快、办得最好的是扶贫基金会，在何道峰做了秘书长后，团队和公益理念发生了很大变化，成为政府办的公募基金会里最有效率和品牌力的基金会。

类公益的NGO在中国很特殊，它们承担着公益事项，但又没有登记成公益基金或社团。另一类比较特别的是民办非营利事业单位，他们去做文化事业，赚了钱不拿走，放在里面继续滚动；国外也有这种机构，赚钱以后抵税，节余的钱去做公益，叫作赢利的非营利组织。

还有一种是草根NGO，在中国目前有上千个，它们多数不登记，规模非常小，一年就10万、20万的支出；人也比较分散，非常少，有时就三五个人，做他们认为有价值的事情，比如偏远地方的文化保护等。这里面做得好的有梁从诫的“自然之友”，他是坚持最久、影响最大的草根NGO。

私募公益基金大部分由企业和企业家来做，所以捐款规模都比较大；草根NGO数量很多，但规模很小。目前草根NGO变成了公益基金组织的项目执行团队，就像万通公益基金要做一个项目，会像招标一样找若干个草根NGO，基金会给钱，这些NGO去做项目，“自然之友”就同时给好几家机构做项目。它们的专业能力和私募公益基金的钱结合，道义和专业相得益彰、共同发展。这几年草根NGO发展很快，主要原因就是私募公益基金发展了，需要它们。

同时，近几年外国慈善基金会在中国的分支机构也很活跃。这些公益基金很早就进入中国，但要在中国设立它们的正式机构手续很复杂，现在中国政府对它们的资金活动有限制。所以，和本土私募公益基金相比，它们的发展速度相对比较慢，但它们的背景和影响力很大，福特基金、盖茨基金、洛克菲勒基金、惠特利基金、大自然保护协会基金等，在中国都很活跃，它们在项目上多和中国的私募公益基金合作，但范围被限制在少数领域，比如救灾。

此外，中国港台地区的慈善组织在救灾方面也很积极，如香港的乐施会就是一家全球性慈善组织，它们在救灾方面（比如“5·12”汶川大地震）效率很高。台湾的慈济基金会也是全球性的慈善组织，它们在大陆救灾方面的活动相当踊跃。

目前中国公益组织、公益基金发展的基本趋势表明，只要政府在体制上给予支持和开放，比如让公益基金的注册更简化、方便，哪怕税收上没有优惠政策，民间慈善、公益的发展都要远远超出公众的期待，并且成长的速度也会越来越快。

公益组织的治理：独立、透明与专业

在治理结构上不管私募基金，还是公募基金，目前都面临着三个重要问题。

第一是独立性，它既不是政府的，也不应该完全依附于某一团体、企业、个人。现在看独立性都不够，政府的公募基金相当于准事业单位，如红十字会，它有财政拨款，相当于政府的一个下属部门；政府下边的公募公益基金大部分没有独立性可言。壹基金相对来说往前走了一步，但还在努力之中。私募公益基金大多是个人、企业捐款，它的独立性取决于能否和企业的经营完全分开，这在目前是一个挑战。如果不独立，治理上就会出现问题。就像有一次在电视台做节目，我问一个企业公益基金的理事长，你是公司的首席执行官，怎么又兼任公益基金的理事长呢？这两件事情本身是冲突的。独立性表现在业务上不能够交叉，人员上要绝对独立。

第二是透明度，一定要确保善款用到对的地方。如果不透明，没有监督，像上海卢湾区红十字会的人那样用善款大吃大喝，那别人就不会再捐款了。没有透明度，公益基金的募款一般很难成功，这类似于上市公司，你不透明，谁敢买你的股票呢？

现在万通公益基金、腾讯公益基金、爱佑华夏基金、友成基金、壹基金等透明度都很好，年报全部上网，管理费用绝不超过10%。爱佑华夏基金做得最好，每一单都能查到捐给了哪个小孩，并且可以跟这个小孩联系。看到被救助的小孩能活下来，会使人很有成就感，这让好事落在了实处，所以爱佑华夏基金发展得很快，已成为全球最大的儿童心脏病救助基金。

第三是专业性，中国目前特别缺少公益专业人才。壹基金现在在做北京师范大学壹基金公益学院，培养专门的公益人才。国外很多大学都开设了公益类科目，有专业教授和专业研究，中国这方面刚刚开始。从目前来看，政府管的公募公益基金，大量派机关干部去做，这不是好办法，因为人员不够专业。企业的私募公益基金大量派企业人员去做，也不够专业。这些做法使公益基金的专业化水准提高很慢，它们做项目经常东一榔头西一棒槌，治理水平也有限，机关派来的人容易把公益组织做成政府，就像红十字会；企业派来的人容易把它办成企业，什么事都问老板。这会导致它既不独立，又不专业。

而在治理上，最大的问题是组织效率。我参加的公益组织中，治理最复杂的是阿拉善基金和壹基金。阿拉善基金有180多人参与，怎么让有这么多人参与的公益组织提高组织效率呢？章程委员会总在研究治理结构，希望提高组织效率。它由生态协会和企业家环保基金会两个机构组成，后续参加生态协会的会员必须给企业家环保基金会捐10万元钱才能成为会员，然后你就能够参与选举理事会，理事会再选举理事长。这个选举极其复杂，每到换届之年，该协会会设立一个选举委员会，专门来处理选举事宜。当时这个协会里有近20家台湾企业，台湾人特别会选举，帮我们建立了一整套有效的选举办法。但现在又碰到了新问题，因为各地发展的企业越来越多，按照海选制度，每个人都是选举人，也可以成为被选举人，若按简单的多数票当选，很容易造成拉帮结伙，各推自己的人，从而忽视整体愿景和组织协调，所以需要改善。企业成员对阿拉善基金的批评有两种，一种说应该保证大家共同参与，发展速度可以慢点，重点在于扩大影响；另一种说法是这样办事效率太低。

壹基金现在的理事长是周其仁，执行理事长是王石，平时日常执行都是王石，秘书长是杨鹏，另外有9个理事，监事长是由深圳民政局派来的。从目前开会运作的情况看，壹基金的效率比阿拉善基金要高，在公募基金里采取了很规范的治理方法。未来基金会之间的竞争将来自四个方面，即独立性、透明度、专业性和组织效率。组织效率里有一条就是募款的效率和花钱的效率，因为你募款的速度越快，募的数量越大，花出去的速度就要越快，捐出去的数量就要越大，这才有效率。公家的公募基金募款能力很弱，花钱能力很小，管理费提的比例越来越大。如果他一年能募 10 亿元，那点管理费不算什么，但如果它募不到那么多钱，那管理费的比例就会越提越高。壹基金为什么敢说不超过 5% 呢？因为它募款能力强，募款多了，管理费比例不就小了吗？这就是效率的比较。

怎样提高募款效率？我曾受过美国大自然保护协会的募款培训，听到一个方法很有意思，这方法听着没效率，但实际上效率非常高。西方人经常盯着有钱人的遗嘱，中国人可能会不习惯，但西方人可以接受。一般人临终前给钱会很大方，那些募款人就和有钱人讨论遗嘱，让他们在遗嘱里尽量将捐赠数额写得多一些。这样看着没有效率，因为离人家过世还早呢！但如果有 1 000 个目标人，按照概率，每年总会有几个走的，所以募款效率其实相当高，而且遗嘱是立即生效的。

另外要研究花钱的效率，爱佑华夏基金的花钱效率就很高，这样会激发它的募款效率进一步提高，大家愿意给它捐钱，这就形成了良性循环。万通公益基金也在努力做到这点，目前它已成为北京私募公益基金中的治理标杆。它的独立性不错，11 个理事中，万通公司只占 3 个；在 5 个人组成的项目委员会中，万通只占 1 人。另外理事长也不是万通的人，是从全国人大环资委研究室退休下来的专家，他有环境保护政策、法律方面的知识背景和经历，我以前都不认识，是别人介绍的；秘书长也不是万通的，是猎头公司找的哈佛肯尼迪政府学院的毕业生，这个人以前在国际 NGO 做过，很专业。在业务方面，它所做的事情跟万通的营利机构是绝对分开的，目前它已经做了40多个生态社区，它愿意做哪儿、跟谁做，全由基金会自己决定，我也不知道，都是在网上看公开的内容。这就是独立性，表现在人员和业务两方面都要独立。

此外，在透明度方面，万通公益基金的年报、日常事务都挂在网上，平时每三个月给捐款公司做一次汇报，年底再做一次总结。专业性方面，尽量聘请专业人才，聚焦在生态环保项目上，保证项目能够做到可度量，这样每年便有大量可度量的成果，比如碳减排具体减了多少吨，有一个数量化的标准。万通公益基金履行了企业的社会责任，通过公益回报社会，同时也让万通的价值观跟社区、人群、社群之间的关系更加密切。

貌离神合：公司做公益的理想境界

公益与公司之间的关系是什么样的？从民营企业的角度来看，做慈善公益最初有两种主要动机。一种动机属于寻租补偿，就是政府给过我一个优惠政策，让我在这儿赚了5 000万元，为了对当地政府表示感谢，我就捐一笔钱办所学校。还有一种动机源于感恩，这也是中国人的传统，过去在穷的时候没能力，得到过乡里乡亲的很多帮助，现在有能力了，回过头来用捐款的方式表示感恩、还愿，比如陈发树、曹德旺等，他们经常讲小时候的故事，小时候的经历变成了今天做慈善的动力。

不过，现在又出现了另外一种动机，就是建立现代开放社会下的公民社会组织，即现代NGO，通过组织创新和公益基金的方式，通过良性治理提高组织效率的方式，推动公益事业的持续发展。目前逐渐出现了一些理性、专业的公益事业推动者，其中以壹基金、爱佑华夏基金、南都基金、友成基金、万通基金、万科基金等各种私募公益基金为代表，形成了新的公益力量。这应该是公益事业的未来，现在也是公益事业发展最有效的推动力量和领导者。

现如今在处理公益与公司之间的关系时有两种方式，一种是貌合神离，一种是貌离神合。貌合神离是早期不规范时的做法，做的事情都是重叠的，比如某著名企业的老板既在营利部门当首席执行官，又在公益组织做领导，这就是貌合。神离表现在公益和企业这两件事并不搭界。但很多企业把营利事业和非营利事业裹得太紧，对独立的公益价值观、公益战略、公益人才思考不够，这种情况往往会导致公众对企业公益的怀疑，比如大家就曾对陈发树的公益基金、牛根生的老牛基金质疑很多。这些问题是阶段性的，现在越来越少。貌离神合是公司战略和公益战略在价值观上有交集，在具体事项上、业务上完全分开，比如万通公益基金做生态社区，同时企业也强调绿色价值观，这是有交集的，但在做事情上各自独立、互不搭界。再比如说强生基金，它的价值观是促进生命的健康与幸福，公益方面也是这样，但在做事情上各自独立，没有直接关系。这样才能保证两件事情同时发展，公益越做越好，企业的营利事业也越做越好，大家相信你的公益性，同时也会更认可你的品牌，更确信、尊重你的价值观，整个公益事业就能够进入良性轨道。貌离神合是我们必须追求的境界，也是国际上跨国公司在企业社会责任方面取得成功的重要方法。我相信未来只要中国的市场经济不断发展，法制环境不断健全，全社会在道德层面上给财富人士、企业、公民等更多支持、赞美和鼓励，中国的公益事业一定会持续健康发展。

04

董事会：不是权力机构，而是决策中心

必须使董事会成为公司成功的战略性力量。

——[美] 苏珊 · F. 舒尔茨

英国于1856年颁布了世界上第一部单行公司法，即《合众公司法》，1908年颁布了世界上第一部统一的公司法。在世界历史上，伴随着意大利地中海沿岸的现代资本主义起源，董事会已有300多年历史。中央电视台曾拍过一部纪录片《公司的力量》，就讲到了当时的董事会。我们在1949年以前有《公司法》，但1949年以后就没有了，直到1993年才又重新出现。所以说，中国共产党执政后现代公司董事会的历史非常短。

中国民营企业的历史有多久呢？民营企业从1978年改革开放之初就产生了：先是出现了个体户，后来又有了红帽子企业[①]、集体企业、乡镇企业、私人企业，一直到1993年之前，已经有很多种类的民营企业存在，但它们都没有董事会。换句话说，1949年以后，民营企业的历史要早于董事会的历史，中国大部分老民营企业都经历了从没有董事会到有董事会这样一个过程。

万通故事

万通是1991年创办的，当时的企业叫全民联营，虽然这个“全

① 指附属于政府部门，以国有企业或集体企业为名义进行经营活动的具有良好声誉的私人企业。

民”一分钱也没出。注册的时候因为没有这方面的法律，没有办法注册成今天的有限责任公司或股份公司，只能注册成“全民联营”。那时的万通很少开董事会。全民联营是个什么概念呢？首先表现为公司名字特别长，当时是有《工商企业登记管理条例》的，要有地名、行业名，还要表明由几家公司投资或合资，如果是总公司，还要加一个“总”字，但没有“有限”“股份”这样的字眼，所以公司最初的名字叫“海南农业高技术联合开发投资总公司”。公司名称里首先要有“海南”，另外要加上“农业”。我们当时做种衣剂，就是在种子外包一层膜，让它能够抗病毒、产量高，因此叫“农业高技术联合开发”。我们找到两家没有出钱的假全民企业盖章，当时也需要成立一个董事会，但不是按有限责任公司或股份公司的要求成立，而是因为你是联合在一块儿的，所以总要有一个联合的管理机构。

回想起来，我们比其他公司更重视董事会，一开始做得就比别人认真，所以 1993 年过渡到正式董事会的时候比较顺畅。那时我们的董事会有一个挂名的董事长，有全民单位背景，我任执行董事长，王功权任法人代表，而公司治理结构的重心是总经理。当时我没有做过生意，也没有做过房地产，而王功权做过公司经理，做过房地产，因此一定要让他来做。今天看来这些做法都是对的。所以说，找对一个人，事情就好办了。

那时公司最大的官是法人代表，他比董事长重要。在当时的治理环境下，我们组成了一个骨干团队，成员包括我、王功权、刘军、王启富、潘石屹、易小迪，我们这 6 个人也都是董事会成员，自己叫自己董事。在民营企业早期，人们对这种形式上的董事会并没有什么概念，但知道谁重要。那时法人代表、总经理重要，出纳、办公室主任也重要，因为出纳管现金，办公室主任管公章。我以前在牟其中的南德公司做过办公室主任，公章都是被拴在一网兜的网眼上，把手上面还标明是几号，方便随时拣选出来用。但董事会、董事长不重要，1993 年以前很多民营企业是没有董事会的。我们当时是在联营的形式下，才叫董事会的，也没有人太在意。

1993 年有《中华人民共和国公司法》(以下简称《公司法》) 以后，董事会就变得正规了。在过渡期出了一个文件，是关于有限责任公司、股份公司、企业集团的条例，里面对董事会的规定增多了。我们 1993 年 3 月份组建万通集团时，依据的就是这个条例。从那时起，我由原来的执行董事长变成董事长，功权是总经理，但董事会的实际工作内容基本上是原来的延续，没有太大的变化，只是人员方面有些变动，以前没有出资、挂名的人都没有了，就剩下我们实际出资和运行公司的 6 个人和少数其他投资者。《公司法》出来以后有一个特别规定，即董事长必须是法人代表，于是公司的治理逐步由以总经理为核心过渡到以董事长为核心。

就万通来说，这个变化不那么明显，因为我们跟功权一直合作得很好，一直以 6 个人为核心，每个人说话的权利是一样的。在按照《公司法》来规范董事会之前，我们已经向有关部门报批，确认我们是一个私人合伙的集体企业，并明确了各自的产权关系，采取了平均分配的方法。大家凑了两三万元钱，当时并不知道哪个算股本，哪个算债务。我们那时的合作，缺了任何一个角色都不会有这样的结果，每个人的作用都是一样的，就像一只由 6 块板组成的木桶，缺一块板都不能成为桶。大家在董事会讲话的分量是一样的，每个人投票的含金量也是一样的。

在董事会正式发挥作用之前，我们一直有这样的习惯和约定，使得后来的过渡很顺利。那时，我们提倡不能有第二利益来源，今天我们把这叫“追求理想、顺便赚钱”，所以我们从来没有为金钱的事情操过心。大家都在谈理想、谈工作，我们还约定绝不改变身份，人在阵地在。前些年，有一次我跟潘石屹一块儿去台湾，我问他：跟张欣结婚以后，张欣拿着外籍身份，你身份变了吗？他说：没有，你们都不变，我也不变。

1992 年，经过认真讨论，平均年龄也就 20 多岁的我们写了一篇文章——《披荆斩棘，共赴未来》，确定了合作的思想基础、利益基础，非常理性。1993 年《公司法》出来以后，我们没有经历利益上的震荡、观念上的冲突，直接把合伙人关系延伸到董事会。

董事会逐步由名义上的变成法律上的，同时也由软的逐步变成硬的。1993 年以后，公司的任何决定都是由董事会做出的。我们这 6 个人最初叫常务董事，以区别于其他几个董事，强调我们的重要性。从那以后董事会就变硬了，因为《公司法》明确规定公司决策的核心是董事会，而不是经理会。

《公司法》非常清楚地规定了董事会能做的 7 件事情，包括投资决策、预算等，其中特别重要的是高管的提名权。在此之前是大家协商，没有条文明确规定谁当董事长、谁当总经理；现在的《公司法》仍有一个遗漏，即没有规定董事长的提名办法，但规定了董事长提名总经理、总经理提名副总经理的程序，但这些都要经董事会讨论批准。

治理结构的重心转到董事会，出纳、办公室主任就不再像以前那么重要。董事会构成，也就是什么样的人可以进董事会变得很重要，因为董事会是票决制，要数人头的。《公司法》规定董事会人数最多在 13~15 人之间，需要大家举手表决问题。如果发生诉讼，董事会成员表决通过的决定是要作为裁决依据的，因此公司章程里必须写清楚董事会成员的人数。一旦万通地产公司的董事会人数有变化，那公司章程就得跟着变更，因为将来要举手表决的就是这些人，这是他们法定的权利。所以，董事会成员的增减有时会是一件大费周折的工作。

万通成立初期是在不断探讨董事会的构成，以及越来越细的规定中改善治理结构的。比如董事会人数到底应该设计成单数还是双数，这件事很重要，因为它牵扯到董事会投票的艺术。大家普遍认为应该是单数，这样可以自然产生多数和少数，而董事会的投票规则通常是多数投票过半就有效。但后来我们也设计过双数，这种情况下，董事长在赞成票数与反对票数相同的时候可以多投一票，也就是说他有两票，这样的设计就加大了董事长的权重。在遇到争执和扯不清楚的问题时，董事长多出来的那一票就成了起决定作用的秤砣，放哪边，哪边就胜出。万通创建初期的骨干有 6 个人，是双数，所以有一个阶段我可以多投一票；后来创建董事会时，股东派出董事占到多数，我这多的一票就没有了。

经理人员要不要参加董事会？曾经有一段时间，我们有很多经理人员参加董事会，有总经理、副总经理、总经理助理，他们同时又是常务董事。后来我们发现，如果很多经理人员参加董事会，董事会治理上就会出现悖论，因为总经理是董事长提名，副总经理是总经理提名、董事会批准的，如果这个副总经理同时又是董事，那么他们就可以串通起来，让董事会不能罢免他；董事会没办法做出罢免决定，这个副总就可以为所欲为。所以，后来我们规定只有总经理可以进董事会，这样保证副总是在董事会的任命下产生，董事会如果需要调整，就可以直接开会任用或罢免。这次万通地产在董事会换届时，有人提出是不是要邀请副总参加。我仍然坚持副总不能参加董事会，因为要避免公司在治理上容易出现悖论，从而影响董事会独立有效地做出决定的问题。

雄起的秘密

董事会现在是越来越重要、越来越硬了，主要原因是投资人财产意识的觉醒和对出资人权利及责任的坚守。为什么以前大家觉得董事会不重要呢？因为股东及董事们对财产的意识都不清楚，比如 1991 年我们办公司时，没有人想着自己赚钱，我们的共同目标是生存。在那个年代，生存是我们首要或者说是唯一的目标。在共同为这个目标努力工作的同时，我们每天开会都在讲理想，都在探讨在别人眼里有点虚的事。公司开会时我们也会谈财务、资金，但很少把这种事直接跟个人对财产的权利对应起来。我相信，那个时代，包括《公司法》

刚刚颁布的一段时间内，大多数民营企业都是这样的，大家对董事会代表的财产关系意识刚刚觉醒。

1998 年以后，伴随着个人财产意识的觉醒，人们对于董事会说话的权利要求越来越清晰。大家开始计算自己代表多少钱，这个事情做完后个人的财富会改变多少，等等。那时整个中国经济进入快速的财富创造期，出现了个人财富的排行榜，出现了汽车、房子、奢侈品等，高消费的东西越来越多，大家发现钱很重要，不光能解决吃饭问题，还能炫耀，还能搞定很多事、变成实现个人梦想的舞台。这些因素使得大家在董事会上说话的权利和责任意识日益加强，也要求各自说的话越来越认真，而且必须要有价值，因为说错说对会直接影响到个人的利益。

就外部原因而言，法律的强制性也在起作用。比如打官司时，董事会到底有没有决议，对法院仲裁结果至关重要。对于民营企业，打官司时最能体现董事会价值，平时股东之间大家都好商量，都没什么事；如果哪天公司有一笔钱被某股东拿走，要是董事会有签字，这算股东之间的纠纷；没有签字就叫侵占，在这种情况下可以举报他，警察可以抓他。据我了解，一些民营企业有董事会，但平时不怎么开。从规范治理角度来说，拿走任何一笔钱，如奖金、赠予、分红等，都得有董事会决议。比如我们当时个人没钱买房子，公司就买了一批恩济花园的房子奖励给高管，这件事就需要董事会决议。如果董事会决议通过了，那这件事就是合法的，否则就算侵占。这时董事会真是太重要了。我碰到过很多民营企业，董事会都是在打官司之后起作用，所以民营企业在董事会层面上，常常人情化、形式化。

我对董事会规范化这事比较看重。我们曾与别人有一个合作，合作一段时间后要开董事会。我们是小股东，那边有大股东，大股东也是民营公司。我是召集人，出面与他们约好开会时间和地点。结果到了开会那天，没人主持会议，事先也没准备很规范的文件，开会之前也没说清楚哪些人出席，会议现场什么人都有，整个会议进程中，大家都嘻嘻哈哈地聊天。

这件事情发生之后，我直接跟对方说我们不参加这个项目，后来我们退出了这个投资。因为我觉得，如果一开始董事会、股东会等管理不规范，没有规范化意识，而且又是好几方在合作，将来一定会吵架的，而且吵起架来最后都没有一个标准。所以在公司治理上，我们特别敏感，也特别规范、自信，当然这与我们早期有很多事在治理不规范上吃过亏也有关。

在公司的外部合作中，董事会很重要，而诉讼、实际经营运作、对上市公司管理规范及透明度方面，对董事会的要求也越来越多。在外部运作过程中，董事会通过的法律文件越来越重要，而经理会的东西一般不太重要，没人看。这导致了权力中心逐步转移到董事会。比如给员工加工资这件事，总经理能决定某个员工的薪资标准，但员工的整个薪酬体系他是没法调整的，这件事得要董事会点头。此外，总经理、副总经理的工资也不是他们自己可以定的，需要由董事会决定。年底发放奖金的额度也是董事会定，但具体分给每个人多少可以由总经理做主。我们每年年底开董事会时，许总会告诉我给员工的奖金总数，具体发给每个人多少我并不知道，董事会也不过问。但给高管发放奖金的数额则要等到年报审计出来以后，根据业绩再经董事会批准，这事可能会拖很久，因为董事会要审查每一年业绩、指标的完成情况，董事会内部如果有分歧，那就要反复沟通，达成一致意见后才能搞定。

再有就是投资，按照《公司法》，投资任何项目都要经董事会批准，总经理本人没有决定权说要投什么项目。如果要进行项目投标，董事会事先会给总经理授权。就像我们在上海投标一个项目，之前董事会开了一个电话会讨论，决定授权总经理在一定预算范围内参与竞标，并规定高到多少就不许再举手。后来投标二号地块，预算数额比实际要大，最后连举了 70 多次手才拿到地。

风险投资机制进入中国以后，董事会变得更重要。2000 年亚信上市以后，带动了大量国外风险投资进入中国，并让我们知道团队比钱重要。以前大家认为在投资中钱比人重要，有钱就了不起；项目也很重要，有项目就可以赚钱。而风险投资的观念是人比钱重要。

我们是第一个投资亚信的，在亚信的注册、创业方面也帮了忙。它是由中国留学生创立的，后来在纳斯达克上市，身价一下就上升到好几亿美元。亚信创立之初，我们在心理上有很大优势，一直认为钱最大，所以当他们让我们按照 14 元 / 股的价格参与增资扩股时，我们觉得他们很不够哥们儿。我们是在他们最缺资金的时候投了第一笔钱，才过了不到一年，怎么就变成每股 14 元钱了呢？况且他们的利润、资产规模也比我们小很多。亚信说在美国就是这样，他们的团队值钱。最后因意见达不成一致，在只赚了 3 倍的情况下我们就退出了。如果当时没有退出，现在至少能赚一亿美元。后来我们才发现，在风险投资领域，这十几元钱一股的价格代表的是对人的信任，对团队未来创造财富能力的信任。正因为这样，风险投资进来的时候，董事会才会如此受重视。因为在董事会里，不仅有团队，还有投资方、独立人士，这是公司未来发展的资源，这个架构非常讲究。

在董事会里，什么样的人可以带来资源，什么样的人是体制约束，什么样的人是动力呢？在通常情况下，风险投资进入以后，公司会让创始人继续担任董事长，以保持他在权力核心当中的主导作用，这是很重要的。也有一些创业者在风险投资进入后经营失败，于是就会出现董事会和团队之间博弈的现象，最后在董事会里决胜负，把不合适的人赶走。当年新浪就是这样把王志东请走的，虽然王志东是公司的创办人。新浪发生的这个事件，让大家都开始关注董事会的重要性。

总之，现在权力越来越集中于董事会，在资本市场上更是这样，政府对上市公司的监管包括高管、经理会，重点是董事会，对董事会的会议记录、信息披露、审计，董事会专业委员会的设立、关联交易、任职资格等要求越来越复杂。显然，越是这样，越能凸显出董事会的重要性。

我参加独立董事考试时，其中有个问题是：董事会是公司治理当中的决策中心还是权力机构？正确的答案是：董事会不是权力机构，股东会是权力机构，董事会是决策中心；它在股东会闭会期间，受股东委托形成权力决策中心，建立一套决策机制代表股东利益。

中军的错愕

好的董事会都会经常开会，我们在开会地点选择上比较费心思；根据决策内容的不同，要选择形成决策的环境，如果特别想通过某件事，就会选我们有心理优势的地方，比如在公司总部，我们是主场。这在法律上很重要，因为行为地是和管辖地直接相关的，万一将来发生诉讼，董事会在哪儿开，打官司的管辖地就可能在哪儿。有一些重要决策，如果是跑到一个小岛上去开会并做出的，那万一有诉讼，管辖地就会有争议。

有时我们也会到沟通对象所在地去开会，比如万通控股公司的一次董事会会议，原来定了在北京开的，后来我坚持到天津开，因为天津万通控股公司的大股东领导班子发生变化，我们希望对方了解我们，以达成一个良好的沟通。到天津后，我们请控股公司的新董事长跟大家见面、讲话，一起吃个饭，大家彼此认识一下。泰达成为万通控股公司的大股东之后，公司但凡遇到重要的事情，都会去那儿开董事会，要沟通就上门。

有些董事不熟悉房地产，我就选择不同的业态空间开会，让董事们有机会体会房地产业的变化，形成决策的专业背景。比如北京星美影城刚开业时，我就安排在那儿开过一次董事会，大家一起看电影，知道这个空间可以这样设计。我们的董事会在新光天地也开过，还在北京香港马会俱乐部、兰会所开过。开会的过程本身就是潜移默化的沟通。如果总封闭在办公室里抽烟开会，就会搞得大家都头昏脑涨。

在外开会可能需要多花一点成本，但会有很好的效果，而且经常会有些意外的收获，就像我们去兰会所开会，兰会所老板很高兴，我们之间也建立了很好的关系。我们到新光天地，老板专门交代底下人带我们去参观，这就使我们从董事会变成了“学先进”的一次机遇。我们曾想安排到李宁公司开董事会，可惜后来时间不凑巧。开会地点的选择一定要很讲究，不然白白浪费了大好的机会；换个地方，大家的心情会不一样，彼此间的话题也会多一些。

不停地换地方、借地方开会是万通董事会的传统，别人并不完全知道，因此有时会很诧异。前一阵子，因为要和华谊兄弟等公司一起在苏州太湖投资华谊兄弟电影主题公园，我就想借华谊的地方开一回董事会，让董事们对影视娱乐行业增进了解。有一天我给王中军打电话：“喂，哥们儿，我想去你们公司开董事会！”中军愣了，不解地问：“怎么来我这儿开会？是什么意思？”于是我把万通借地方开会的习惯跟他介绍了一遍，听得出来，他还是将信将疑。过了一个星期，我们在苏州开会，我又详细解释来龙去脉，他这才明白过来。后来，中军特别认真地让公司秘书和办公室协助我们在华谊开了董事会，而且率主要管理团队的人向我们董事详细介绍了影视娱乐行业的情况以及华谊的发展战略与经营方式。事后，董事们都反映效果非常好。

开好董事会要考虑到决策者的知识背景。如果大家是一个决策团队，我们强调人员配置上要有一些差别，但在一些将要决策的重大事情上，应该尽可能促成共识，特别是要在信息对称上下功夫。所以我们每次董事会都做培训，比如控股公司是非公开发行的公众公司，我们有 200 多个股东，就是公众公司，但又没有公开发行股票。这在公司运行当中是挺复杂的事情。我们开会研究要不要上市，两次请证监会负责监管的司局长来做培训，讨论相关问题，这样大家知识背景逐渐趋同，就容易取得共识。

滨海新区发达了，我们的董事会特意请滨海新区的董事长、中新生态新城的总经理来给我们做培训。还有万通要转换成投资公司，有很多不明白的地方，就请王功权来给大家做培训，他曾是中国最好的创业投资机构鼎辉投资的主要合伙人，非常有经验。有一次碰到阳光壹佰的小易[①]，想起他在远距离管理团队和项目方面很有一套，就请易总给我们做培训。有一次跟潘石屹在讨论区域集中和分散的话题，于是就请潘总来给我们做培训。只要别人有比我们好的地方，我们就可以邀请他们来给我们做培训。培训一般安排在董事会开会前，培训者先讲半小时，之后我们会再讨论半小时。我们每次董事会期间都会做这样的培训，而且每次培训后大家都会有进步。这是公司很好的传统，民营企业里这样做的不多。

培训还有公关的作用。平时跟政府监管部门沟通不多，所以我们请监管部门领导、请土地规划部门领导来做董事会培训。培训多了，领导对你的看法会改变，比如公司发展战略和投资等话题，大家可以集体对话和讨论，这样别人对公司的印象一般都会是正面的，这种阳光、透明、良性的公关让我们受益匪浅。同时我们还请媒体人来做培训，探讨媒体跟企业的关系等。微博很火的时候，我们就请新浪微博的主管给我们培训。利用董事会培训，一年四五次，这样董事的知识

① “万通六君子”之一的易小迪，阳光100中国控股有限公司创始人。

结构就会趋同，容易达成共识。

关注董事会的程序和仪式感也是我的工作。程序是组织化的标志，比如军人敬礼，你不这样，秩序感、组织的认同感就没了。现在我们董事会的开场台词都是一样的：先说明是第几届第几次董事会，并宣布会议开始；然后通报应到董事多少名、实到多少名、委托多少名，接着宣布董事人数符合章程要求，决议有效，可以开会。这都是标准台词。接下来再说列席的还有谁，告诉大家谁来了。列席者有听的权利，不能讲话，让发言时才可以发言。我发现有些组织列席人发言比主要参会者还多，到最后不知道该听谁的。我们有时候请高管或项目人员列席，需要求证、说明时，才让他们补充。再接下来如果有表决，我们有举手的程序，以下三个都要说到：赞成的请举手，反对的请举手，弃权的请举手。很多法制健全的国家，把这个程序叫“三读通过”。在法治国家，这样程序性的事都很重要。最后是会议结束程序，所有的议题按照章程办，不能加临时议题，程序都是法定的，有事先通知。临时议题在董事会召开前五六天还有机会加入，但不能边开会边增加议题。全部程序结束后，请监事长就程序是不是合规、表决事项有没有违法等做发言，必须这样说：“今天的会议所有按预定通知的议案都已讨论表决，程序合规，监事会没有意见。”这些做法在打官司时会很重要。法律上有程序正义和实质正义，程序正义就是说只要程序上没有问题，就是对的；实质正义就是我是好心的就行了，只问动机，或只强调结果，不关注程序是否合规。

另外在会议室开会要有仪式感。仪式感像宗教一样，能够增加认同感和组织的有效性。我有时参加别的公司的董事会，不太习惯他

赞成的请举手，反对的请举手，弃权的请举手

们太过随意的做法。这就好比你念经得去庙里，你不能在夜总会里念经，因为仪式和场景会改变人的思维、情感和决策。我以前给一位老板打工的时候，参加过两次丧事，一次是下属公司的负责人，一次是老板的母亲。我发现到葬礼现场以后，人家哭我也跟着哭，出来以后我觉得很怪，又不是我爹我妈，我跟他们也不太熟，怎么到那儿就哭了？后来我发现是环境决定的，那种场景和仪式，人们进去后很少有不哭的。所以在八宝山表现的悲伤不一定是真悲伤，有的时候是情景反应，因为作为哺乳类动物，情感会传染，就像动物界那样，一个喊了，其他的都会跟着喊。营造环境对于开会的效果有很大的帮助。比如我们国家开人大会议，几面红旗、一个国徽，永远是那个配置，很有庄重感。

橡皮图章与名人俱乐部

董事会的类型千奇百怪，运作的方式也各不相同。最多的一种董事会是橡皮图章董事会，我们公司也有过，但不在上面，而是在下面的很多项目公司、合资公司。很多知名房企也是这样，下面有很多项目，那些董事会几乎都是橡皮图章。因为这些董事会会做一个授权，跟上面的决策机制有联系。否则我们几十个项目下边几十个董事会，都是钢铁、木头图章，都这么硬，那谁都没法当好这个董事长，每天都在扯皮。

一般复杂的公司体系当中，下边的董事会多数是橡皮图章。还有一些属于绝对控股的，比如股东占了百分之八九十的股份，有时候他找几个人弄个董事会，也是橡皮图章，签签字而已。股东的权重不同，有时候董事会的软硬度就不一样。股东权重在这两种情况下都会使董事会变成橡皮图章：一种是大股东权重非常大，另一种是股东权重特别分散，分散到股东的声音基本听不到，这些股东会选出一个董事来。后者在美国很常见，这些美国公司的股权高度分散，大部分都是外部董事，这些外部董事有时候往往就是橡皮图章。其实美国所谓500强公司，他们的董事会都是一帮朋友的橡皮图章，首席执行官才能做决定，2008年美国第四大投资银行雷曼兄弟倒闭也是出于这个原因。

有一类董事会像是名人俱乐部，比如中国有些公司在股权分散的时候，大家认为找名人容易取得分散的小股东的信任，所以就形成了名人俱乐部似的董事会。名人除了他们的品牌、个人信用和能力之外，完全没有时间来管理公司。我们有体会，只要请到名人来做董事，基本是挂名的多，不起什么实际作用，这种董事会就变成既好看又软的豪华橡皮图章董事会。很多股权分散的公司愿意这么做，是为了省事，既能成为橡皮图章，又能轻易取信于股民。

也有一类叫内部人控制型董事会，由于公司股权分散，内部经理人特别是创办者权力巨大，基本上由总经理、副总经理、财务主管等组成，股东很少，外部董事也不起作用。这些董事会逐步代表管理团队的利益，而不代表股东利益。比如在欧洲就有这样的情况，因为内部人控制不能通过一个人来达成，内部首席执行官就会邀请朋友加人，变成了权力悖论，他们通过的决议都是对他们有利的，自己永远也不会炒自己。这种董事会风险很大，比如安然。有时名人俱乐部加上内部人控制的董事会，会造成极大的治理风险，因为外部不监管，都相信名人，内部经理人又天天算他们自己的账。国内外很多大公司出事就缘于此。

还有一类是事务性的董事会，而不是决策型的董事会。我也兼了不少别的公司的独立董事，发现有的公司董事会讨论事情，不该董事会讨论的事他们也讨论。好处是省事，董事会讨论完了，经理会就不讨论了，但有时候会导致权限划分、责任不够清楚。另外董事会介入太多具体运作和经营管理的细节，在决策上反而会弱化，这样早晚会使董事会在事实上被虚化和异化掉。必须强调董事会是一个决策中心，而不是执行和运作中心。

总之，第一，我希望董事会是硬的、真的，应该是铁图章、金图章，而不是橡皮图章。第二，我希望董事会不是名人俱乐部，而是功能性的。我们需要开拓资源，需要治理上的制约，就要有财务专家、法律专家，比如万通上市公司更换董事，有个独立董事人选非常好，她在房地产专业领域的研究很深，特别是商业模式方面，我们就请她来，她答应了。我们需要这样一个人，因为我们要转型。这就是善治，根据功能、责任、资源的需要来选人。第三，我认为好的董事会不应该是由内部人控制的，而应该由股东委派、经理人代表（比如总经理代表）和独立董事组成。第四，董事会应该是决策性的，不应该是事务性的，决策重点集中在战略方面，包括治理结构上的合理安排、薪酬、用人、投资者关系、区域分布、分红政策等，应尽量避免陷入日常经营的事务当中。

在董事会中，内部董事和外部董事，包括大股东的董事和小股东的董事，到底该怎么划分呢？到今天为止，这个事情仍然没有精确的办法，因为董事和董事长的提名机制在《公司法》中都没有规定，需要各股东自己协商。《公司法》上并没有说董事一定要由股东指派，但习惯上都是股东派的，也没有规定大股东大到多少时可以派多少董事、小股东再小也必须派几个等。所以在控股公司和地产公司，经常出现小股东要推选董事的现象，我们甚至会专门在网上征询小股东推派董事。但派出董事以后，效果并不理想，因为小股东协商存在成本和由谁来牵头的问题，组织不确定，小股东就会产生看戏的心态，不行就走了，而且走的频率比较高。比如上市公司刚刚由小股东推选出一个董事，过两天这个公司把股票卖了，这个董事就又要更换。在控股公司，我们也征询过小股东意见，希望他们委派若干个董事，但他们之间达成一致意见的概率比较小。

在董事会当中，有多少外部董事比较合适呢？《公司法》对于上市公司的规定已经很清楚，独立董事不能少于三分之一。但非上市公司到底应该是多少，人们并不清楚，甚至非上市公司要不要外部董事或独立董事，也都没有明文规定，都是自选动作。万通的控股公司比较规范，从 1993 年开始就一直有外部董事，中信集团、首创证券的一些高管都做过我们的独立董事，虽然我们没有上市。现在我们仍然有外部董事，而且这种运行方式比较成熟；我们没有上市的公司按照上市公司的治理标准，外部董事人数也是三分之一。

现在外部董事在选择方法上有很多讲究，是找熟人、找名人，还是找起作用的人？我们经历过请熟人和请名人的阶段，现在已过渡到请能做决策的人这个阶段。2010 年控股公司换届时，独立董事甄选是根据功能需要，比如我们选证券律师，要求有上市经验，熟悉《公司法》，可以改变我们的经验结构。

我有次跟默多克新闻集团的全球副总裁、星空传媒（中国）首席执行官（万通控股现任独立董事）高群耀聊天，他是做 IT（信息技术）的，在微软做过很长时间。我问他怎么跑到新闻集团去了，他说，老默当时找他就是要在公司高管结构中找一个外行人，因为今后是互联网时代，要找一个懂 IT 的人。我觉得默多克非常清醒，这个做法很对。所以我们换届的时候，我也想找不是房地产行业的人。我找到高群耀，因为他理解默多克为什么找他这件事。那时我跟他没什么私交，专门约他谈了一次，结果他答应了。他去万通董事会第一天就介绍了默多克的公司，包括电影系统是怎么赢利的，《阿凡达》《拆弹部队》是怎么做的。现在我们董事会开得就比较有意思。所以请他来参加我们的董事会，不是希望找个外人来唱赞歌，而是完全出于功能性的考虑。这样选择外部董事，给公司带来了知识结构的变化，同时也把我们的真实信息传递给了新闻集团。

我请高群耀做独立董事时有一个细节，他说他不能马上答应我，他要报告给默多克，即要报告总部。后来他告诉我，默多克非常支持，还专门给他打电话说，万通正在纽约建“中国中心”，应该支持。他得到总部批准，参加了我们的董事会。这样我们跟新闻集团又建立了紧密的沟通渠道。董事会人员的组成是大有讲究的，不是胡乱几个人就行，要考虑到治理上的平衡性，另外还要保证顺畅，权力划分和授权要清楚，避免权力之间形成悖论，在结构上要能形成互补。

董事会在国企当中所处的位置有时很尴尬。在部分国企中，实际上经常发生党政联席会或党组会取代董事会的事情。在“中国中心”非常较劲时，我们要开信用证，当时请的是泰达公司担保。泰达那边说担保没问题，因为我们还有反担保。弄完之后需要我签字，正赶上我在西安出差，没办法，最后没航班了，只得包了飞机赶过去。签字时突然发现，泰达里面真正起作用的是一个类似董事会的机构，叫党政联席会。而银行要的文件中一定要有担保方的董事会决议。银行问，那你们董事会里的人跟党政联席会的人是不是一致的？泰达方说不太一致，有的人是董事，但不在党政联席会里面。银行说，从法律上来讲，尤其我们是给美国开信用证，没董事会真不行。最后泰达将董事会和党政联席会都开了，但签字是让挂名董事签的。这事给我的印象特别深刻。

有家特大的国企上市后，有个老外参加了董事会。那老外每天履行着董事的职责，等着开董事会。可这家国企的董事会一般不怎么开，这老外也没事干，又不懂中文。见隔壁小会议室里老开会，他不知道啥意思，有一次他也跟了进去，对方说我们在开党组会，你是董事会里的，在隔壁开。后来有次开了董事会之后，有人又跑到小会议室里开会，这老外又跟了进去。小会议室里的人说我们是党组会，只有党员才能开，你又不是党员，所以你不能开。跟他这么一说，老外就回国了。他明白了，大屋开的会不决定事儿，小会议室里开的会才决定事儿，大屋开完会了有一些人还得到小会议室里去开，但小会议室里开的是党组会，只有党员才能参加。

结果过了半年，这老外又回来了，开完董事会他又跟着进了小会议室。小会议室里的人说跟你说了这是党组会，你又不是党员，怎么又进来了？老外说不对，我已经是党员了。小会议室里的人说，你怎么是党员了？老外说，我在英国参加了共产党。小会议室里的人哭笑不得，说你那党员身份不行。

规则内的规则

在公司治理中，董事会的运作有很多讲究。

第一，董事会开会的时间频率有讲究。到底董事会一年开几次比较好？按照法律规定开两次就行，但实际不行。我个人觉得 4~6 次比较合适，实际上就是一个季度至少开一次，把几个议题归拢，没有什么事就培训，保持董事会的人经常见面。开会的频率不能太少，但也不能每个月都开，因为董事会有董事会的成本。人和人见面的频率很重要，像家人或公司同事那样天天见面，彼此关系就很亲密。我算了一下，我跟公司主要同事见面，比跟家人见面的次数要多。董事会的人见的次数少，比如独立董事，通常每三个月开董事会时才见面；遇到有单独事项比如临时投标、需要找人签字时，也会召开临时性的董事会沟通，这种沟通通常是功能性的，和正式的区别很大。另外我们现在用网络视频来开董事会，这个方法是有效的，但我觉得不能代替面对面的沟通，就好像网恋的人总得见面，否则日子没法过，孩子也生不出来。所以，还是要建立面对面的沟通机制。

第二，董事会成员之间的沟通非常重要。我发现我们公司新来的高管很担心，总觉得董事会有很多不同的声音，但后来又发现议题都通过了。实际上这是他们不理解这么多年来万通董事会治理当中所形成的传统和中间的沟通技巧。对于一些可通过可不通过的议题，我们事先不做太频繁的沟通，打个电话或一般沟通就可以，在会上就表现为大家的话题比较分散、意见比较多。我们也想借此机会听一下多方面的意见，尤其是独立董事，充分让他独立，他会上怎么讲都可以。有些独立董事不怎么独立，总怕大家在意见上冲突，引起负面效果，他们中间有人据此开玩笑说，这事我按政协方式还是按人大方式说？我说既不按政协也不按人大，按你咨询公司的方式说，或按打官司律师的方式说。律师打官司就是挑毛病，咨询公司是善于建议，得往硬里说。

在董事会决策中，对于一些涉及重大战略方向的议题，一定会事先沟通，而且要充分、反复沟通，不达成一致意见，绝不上会。如有一次控股公司开会，很多高管都觉得议题这么多，哪个通过、哪个不通过呢？其实我们事先都已充分沟通过，所以很快都通过了。

我自从当董事长以后，这么多年一直坚持每次董事会根据议题的重要性，全部事先沟通。泰达投资万通后，我坚持每次都面对面地跟泰达的领导沟通所有议题。正因为如此，多年下来，我们董事会开得都比较有效、顺畅、和谐。凡是有争议、有不同看法的都在会前处理。我在中央党校教书的时候，当时流传一个顺口溜：“小会解决大问题，大会解决小问题，不开会解决最重要的问题，开会解决次重要问题，文件解决小问题，批示解决大问题。”当时中央党校有很多顺口溜，讲组织运作当中的一些艺术。

一个人要做领导，沟通是第一位的能力，你的眼光、智慧、经验必须通过沟通才能赢得大家的理解和支持。沟通还有一个好处，在中国，沟通是给面子的过程，中国人之间的交往模式，面子有时候比内容、比里子更重要。所以，不断地沟通是互相尊重的表现，这样大家在心理上就比较舒服，开会就比较容易达成一致。千万不要把非常重大的议题未经沟通就直接拿到会上，否则这事 80% 会搁浅。

第三，在董事会里，文件的准备也很重要。参加一个活动，你给人的第一印象取决于外表；文件也是这样，一定要做得干干净净、漂漂亮亮。比如：PPT 做得好不好看？是用动漫来沟通还是写一篇文字？文件做得清晰、明了，就容易传达信息，拿在手上也觉得很舒服，这对董事会规范化和董事开会进入适当的心境很重要。

现在万通公司董事会每次都把文件印得非常清楚，尤其上市公司开董事会，还会配一张光碟。我参加别的公司的董事会时，发现有的文件字体大小不一样，财务报表没有装订，格式也很乱，有的甚至没书面文件，说是在电脑上看一看就行了。有的董事年龄大，喜欢看纸质的文件。在这种情况下，如果文件准备不好，就会让人感觉公司在治理上不严谨。我曾参加过一个公司的董事会，公司赚钱很多，文件准备得却很粗糙，也不规范，很难迅速找到会议议题相对应的内容，决议后边也没留出签字的地方。

文件准备好之后，该怎么送达呢？按照《公司法》，相关文件要在董事会开会前一周、有的要求是前10天送达，发邮件、纸质送达形式都可以，但一定要送达，一定要让董事会成员提前看，不然将来会形成法律上的纠纷。这是程序上的问题。记得在筹备一个董事会的时候，我们又想让董事会成员看，又不想让他们太挑剔，怎么算这个日子就很有学问。法律没有规定非得是相应工作日内送达，最好是他们收到文件后马上休了一个长假，没怎么顾上看，然后就来开会了，而我们的文件也按规定送达了。每次董事会秘书问我什么时候送这个文件，我总会说按照规定的时间掐到最后一天，因为太晚就会违规，太提前他们看了也会忘，大概在开会前7~10天送达最合适。

第四，董事会的会议记录要完整，因为将来打官司，会议记录是一个佐证。记录完了以后，要让大家当场签字。现在证监会、银监会对于一些银行的董事会都要录音。这些程序都很重要，尤其是在大家潜在看法分歧比较大的时候，这些细节就特别重要。这都是治理良好的董事会或股权又集中又分散而且有制约的董事会所必需的。

现在经常会听到人们说董事会的成本，那么董事会的成本由哪些方面构成呢？对此《公司法》有要求。第一是董事经费，就是给董事的钱。现在有执行董事、独立董事、独立执行董事、非独立执行董事、外部非独立董事、外部执行董事等，分得很细。这表明每个董事在公司里承担的工作职责不一样，比如我是执行董事，每天在这儿干活是有工资的，这是一部分成本。但其他董事也有一笔费用，就是我们通常讲的董事经费或车马费。这些钱用来买他的时间和智慧，他要承担相应的责任。这个费用支付标准在《公司法》里没有规定，给的技巧是根据董事会这些人的身份、责任来拿捏。比如要独立董事保持独立性，给钱数额应该是多少，有一个临界点，超过这个数字就变成行贿。比如给独立董事一年 20 万元、50 万元，他要是在乎这个钱，就老得支持我；你给得少，他可能就没积极性。董事保险在全球是一个险种，我们现在没给董事买过，实际上董事有履职保险，哪些免责，哪些不免责，将来在诉讼的时候是很讲究的。所以独立董事可能会说我承担责任，你又没买保险，车马费也不给，我每天来干什么？我们的独立董事有时候也会提到这些事情，那我们就会追加数额，但给独立董事的一定要少于其他董事。

到底给独立董事多少钱合适？证监会有一些规定，现在上市公司独立董事的薪酬普遍在 10 万元到 20 万元之间，多数是 10 万元左右。我们现在上市公司的独立董事就是一个月一万元。另外有些国企的人是不能拿的，我们就定得稍微低点，因为你给他，他回去又交了，没有起到个人补贴激励的作用；但如果不给，就变成歧视，也是不行的。

再有就是这个钱怎么给的问题。比如国企这部分，你让他报销票据，还是给他现金呢？如果给他现金，他回去就要上交。我们目前采取的方法是来自国企的实报实销，其他的给现金，税由公司代扣代缴。但还有一个问题，如果他经常不来开会，那就等于没有买到智慧、经验，董事会花了钱没有达到效果，这该怎么办？我们就把钱装在信封里，每次参会后，你就把它拿走；你若不来，我就把信封收回。因此，对董事有一个要求，叫勤勉、尽职、履行责任，这既是履职态度，也是发放的艺术。

我发现有些民营企业请我做董事，会给我一个卡，我也不知道里面是多少。我怕给多了是行贿，将来我说不清楚，于是会问他们其他人有没有，其他人是多少。我当董事长这么多年以来，对这些细节都很注意，所以不犯错误。我们发放的方法也很透明，不会弄一个卡塞给人家，让别人认为我们有可能在私下里多给钱。我们就是明着将信封放在那儿，让参会者可以堂而皇之地拿走；这些钱在预算里也会披露，这样才能表示公司在治理上是干净的。

如果执行董事很多，薪酬部分数额就会增大，董事会费用就会比较高。我和万通公司的许总都在董事会，如果我们俩在董事会里都有薪酬，那董事会的预算就会非常高。所以我在上市公司里是不领薪酬的，但还是会有 4 万元钱给我，这是董事经费。现在我的薪酬是在控股公司，2011 年算控股公司董事会的成本时，我提出来只领一元钱，不再领 100 多万元的薪酬，这样预算不增加。因为我还是股东，有些分红给我，我生活能维持。

另外是例行的预算，董事会要请秘书、司机、董事会证券事务代表、股权事务代表、其他辅助性工作人员等，有会议费、差旅费、公关费、文印费、固定资产费用、耗材、损耗，形成董事会的成本。我们的成本高低和治理水平有关，比如开会要选择地方，文件要做得漂亮，这些东西都会加大成本。但换来的是治理结构上的改善和公司董事会的有效运作，所以这部分成本是要花的。

还有一项成本叫特别预算，董事会会有一些特别事项，比如我们要上市，为上市需要花的钱叫特别预算。有时候跟某项诉讼或某项董事会的法律事务有关，我们要做尽职调查，也会产生费用。

为什么讲董事会成本呢？因为成本清楚了以后，有利于我们对经营团队进行考核。公司费用包括董事会的费用和日常经营管理的费用，要把它分开报告。董事会的成本是保证董事会有效治理和董事会决策的水平，经理层的费用是保持公司日常运营的开支。我们改成投资控股公司之后，投资者关系加强，新的网站要设立，这部分也算在了董事会特别预算里。

总之，董事会最重要的是提高决策能力，因为它是一个决策中心，要在不同的角色当中找到共同点来形成决策核心，保证决策的有效性，提高决策能力。董事会如果没有达到这样一个水平，不能发挥每个董事的专业经验和知识背景，决策能力不够，公司发展的水平就值得忧虑。我认为决策应该是既有制约又有协调，既能保证战略的明确性，又能够保证不同意见的充分表达和吸收。

董事会有两种决策方式，一种集权式的，一种分权式的，我们希望的模式是统分结合；我们可以有很多不同意见，但我们要求决策的方向是一致的，能够达成战略一致性。若按照百分制来评判，集权的决策模型经常可以做 90 分以上的伟大决策，但也经常做 60 分以下不及格的决策；这两件事容易抵消，短期内出现传奇，但长期看组织稳定性不好。统分结合的决策模式类似于我们讲的民主模式，大部分做 60~80 分的决策，很难做出 90 分的决策，但这种组织稳定性好，能延续下来，积小胜为大胜，最后形成连续正向积累的公司，到那时我们的优势才能发挥出来。这种决策模型、这样的董事会治理结果就是长而久、好而慢，最后发展成为一个卓越的公司。董事会治理的模式和决策能力，会形成它的决策风格、决策习惯，这些都决定了公司最后的成败。

05

董事长：角色演变与职责定位

好的董事长应当只做三件事：看别人看不见的地方，算别人算不清的账，做别人不做的事。

——冯仑

董事长是公司的一把手和公司团队的核心。我算是中国最资深的董事长之一，20多年来我只做过这一个职务，没做过任何总经理之类的职务。在《公司法》出台之前，我就担任董事长，一直到现在仍然是这个职位，因此对这个角色的扮演，我有一些自己的观察和体会。

从虚到实再到半虚半实

说到董事长，就要谈谈董事长在中国的演变过程。1993年《公司法》出台以前，董事长这个职务只是名誉性的角色。当时根据企业改革的规定，我们那时成立的公司不叫有限公司或股份公司，而是由两家以上的公司一起签个协议，组建一个新的实体，叫联营企业。联营企业里有董事会和董事长，但没有任何法规详细载明董事长是干什么的，而公司所有的权力核心都围绕着法人代表和总经理，法人代表这个职务也没具体规定做什么，经常是大家一起协商着办，换个词也可以叫博弈。

公司创办时，王功权任法人代表。1993年以前，有关公司的大小事情，外部有关部门都只找法人代表，如银行签字等。王功权在20世纪80年代末曾受到过不公正待遇，他被抓起来，后经查明没有问题后，又被释放了，这个过程大概有11个月。他出来以后，我介绍他去南德集团牟其中那里工作，牟其中看重他曾当过法人代表，认为他是一个人才，就让我俩分管公司西北和东南的业务。

牟其中有个特别的习惯，爱让公司新来的人坐在门口风最大的地方，就像监狱里新人一般睡在最差的地方、大哥睡在里边最暖和的地方一样。王功权刚去的时候也受到过这样的待遇，后来牟其中听说他当过法人代表，起初还不信，忙叫人事部门通知王功权把营业执照复印件拿来给他看了才相信。于是，王功权的桌子被挪到了远离门口有隔屏的好位置。可见在那时，法人代表很受重视；而董事长这个职务并不重要。

就万通来说，1993 年以前，我是执行董事长，其他几个人是总经理、副总经理，自然形成了一个团队。我们对角色的分配不是特别清楚，董事长没有法定地位，我开玩笑这叫“勇挑粪桶”，就是你自己主动去找事做，久而久之形成大家对你的尊敬。在这个阶段，我们是按梁山泊的方式形成领导团队，在法律上没有严格的约束。

1993 年出现的《公司法》，明确规定董事长必须是法人代表，我自然就成了法人代表，潘石屹也做过很短时间的法人代表。以后公司陆陆续续换届，董事会越来越规范，万通逐步从江湖体制转为公司制度，最主要的是董事会建立了，规范了，我也就顺着把法人代表和董事长做到了今天。董事长这个角色在法律上是第一责任人，需要代表公司去应诉、签字等。前几年《公司法》修订版说，董事长可以是法人，也可以不是。万通也做了一些处理，在公司系统内有很多跟我有关的董事会，有些我还是做董事长，但让别人做法人代表，兜了个圈子，像是否定之否定。

1993 年以前法人代表是实际控制人，1993 年以后那个老《公司法》中法人和董事长等同，但有时候并不一定是实际控制人，可能总经理是实际控制人。而几年前修订了的新《公司法》弱化了总经理和法人、自然人之间的重要性，强调了制度架构的稳定性。你只要有董事会，有正常的治理结构，谁当法人代表不重要。这样法人被弱化，公司治理结构被强化，在好的治理结构下，谁做法人都行。

从中国历史沿革来看，公司经历了董事长从很虚到很实、到现在半虚半实的过程。1993 年以前，你如果管资金，那我必须认识你，因为那时控制公司的是法人代表和出纳，法人代表管着章和签字权，出纳需要到银行办钱的事儿，我必须都认识。而现在起主导作用的是程序，该办就办，彼此不认识也可以。我发现以前自己跟钱特别近，每天都能感觉到钱在身边晃悠，现在却发现钱就像空气一样，你说它在就在，说不在就不在。我看到的是大家每天上班，工作程序让每人都经手事情的一部分，有什么事了就由董事会开会做决议，而签字动钱只是其中的一个环节，没有一个人能把所有事办完。

随着公司组织的发育、扩大、复杂化，每个人的角色都由原来的全能角色变成局部角色，这是现代组织发育很重要的特点。分工越来越细，但系统越来越紧密，在复杂的组织里，董事长变成组织当中的一个角色，而不是唯一的重心，这是一种进步。

董事长的法定权力其实很小。《公司法》规定董事长就做三件事：第一，当法人代表；第二，主持董事会，不过公司章程规定董事长不在时，副董事长也可以主持，副董事长不在时，董事也可以主持，而且董事长只是主持会议，并不能够决定事情；第三，签署公司的债券和有价证券。这三件事没什么实质性，后来又加了一件事，即总经理的产生由董事长提名，副总经理再由总经理提名，这个提名权很大，但也要经过董事会批准。当年万通上市公司更换管理团队时，就是走的这种程序。除了总经理授权这项，董事长没有任何行政管理权力，职责归结起来就是签字、主持会议、当法人代表、代表公司去打官司等。

虽然《公司法》给董事长规定的权力很弱，但实际操作的时候权力却很大，让人感觉公司都围绕着董事长转，如果他不签字，很多事就办不了。董事长形成了一个枢纽，比如对外签合同、发股票、募款摊派、捐助等；政府、证监会、银行也都需要找法人代表，因为他们认为法人代表说话能算数；证监会所有的上市材料、报汇材料都要求法人代表签字，对外应诉、送传票、打官司也是这样。有些地方银行做贷款，以前让法人代表现场签字就行，现在有些银行怕这个法人代表不是真的，还要求拍照或录像。外部的要求把法人代表变成第一责任人，所以董事长内化为公司无形的权力和管理中心，公司所有事都要跟董事长商量。

现在公司的治理结构要求董事会分成法定的固定会议和临时董事会，董事会研究钱和人的事，权力很大，包括公司经营计划、奖金分配、人员任用、资产重组、投资等。董事会的表决程序是简单多数，二分之一或三分之二同意即可。董事长往往代表大股东在推荐或提名董事上有主动权，这就确保了他对董事们的影响力。他对董事们的影响力越大，权力自然就越大，就像我不做万通地产的董事长了，但作为大股东，还是有董事的提名权，对董事会有实质性的影响力。如果董事跟控股股东的意见出现不一致，可以像西方解散议会一样，开临时股东大会解散董事会，另选一批董事。只要这个董事长有股东背景，就意味着我可以选择董事会成员。这样等于把董事会和董事长的权力重叠了，董事长拥有了管理整个公司的最终主动权。

总经理是董事会任命的管理团队中的主要角色，这个角色的产生有一套程序，董事长可以代表股东来决定董事会的组成，进而提名总经理，再由总经理提名其他高级管理人员，于是董事长的权力变得很实。

这是一个法律过程，但在实际运作过程中又分两类，一类是董事长为公司的创始人，比如我在万通做了20年，创办者在公司会有魅力递增的过程，社会心理学就是这么说的。由于年龄差距和独特的经历，每个公司创办人都会被大家涂上奇奇怪怪的色彩。潘石屹曾在微博上说“江湖大佬”的时代过去了，那是因为像任志强、潘石屹、我、王石等曾经被赋予了很多传奇色彩，并逐渐被美化，甚至神化。这些会让法定权力又加一层保护，最终形成心理优势。

过去有个很有影响的老干部，当时别人跟他提意见说：你怎么还不退休，占着茅坑不拉屎？他说：茅坑是老子挖的，拉不拉屎是我的权利！他这样说好像很不讲理，但公司创办人心里往往就是这么想的，尽管实际上是不对的，因为这会导致公司权力重心配置失衡的问题。在多数情况下，一般要等到这种创办人退休了以后，公司才能逐步进入更加理性的治理中去。回忆过往，万通集团里面所有的股东，只有我们这些创办人股东还活着，其余被抓起来的、流亡的、客死国外的都有，所以能活下来的确有点传奇。创办人作为董事长，他本身的传奇加上股权和法定的游戏空间，会让他的权力过大。

另外一类就是董事长是非创办人，是由股东委派的，他们会更按程序、规则来处理事情，但需要更多协调的时间，花费更大的精力，然后逐渐在工作当中形成他的威信。虽然这类董事长有法律赋予他的权力，但有时这种法律赋予他的权力并不确保他就真有力量，古代有些皇帝就是这样；而另一些人没有大职务，却有很大的权力，这来源于人们内心的认同，来源于这些人的经验、领导风格和人格魅力，比如很多宗教领袖或氏族长老，有时没有法定权力，但他说一句话，底下人就会奋不顾身地去执行。其实在公司里也是这样，一个领导者最好兼具法律给你的运作空间和自己的领导风格，然后让追随者对你有信心，使权力成为发展事业的动力和方向。

股东委派的董事长，如果不是创办人，最大的挑战就是怎样建立自己的领导风格，建立法律以外的影响力和在团队当中的核心地位。创业者的无形影响力经过多年自然形成，这是筛选竞争出来的，两者有很大的差别。不管怎样产生的董事长，只要你不是创办人，挑战就比创办人大。但不管怎样一个团体，创办人最终都会走掉，比如美国有 40 多任总统，华盛顿也就干了几年，但他通过制度传承，保证了国家有效运转和社会进步，而不是依靠某一个人的带动而发生传奇式的变化。所以要更多相信制度，而不是个人。

经验、逻辑和直觉

知道了董事长一职在中国的演变过程，那么我们该怎样做董事长呢？按照《公司法》规定，总经理可以管很多事情，那么董事长该做什么？很少做事或什么事都不做，就挂个名签个字吗？一般来说董事长并不愿意这样，也不放心；但如果什么都管，管得非常具体，让总经理没事做了，那也不行。所以董事长和总经理有一个权力边界，既然在治理结构里规定有这两个角色，那他们之间肯定存在差异，同时又有衔接。法律再怎么规定、文字写得再清楚，人和人之间打交道不可能完全按文字来，有些东西是靠默契。这就好比俩人过日子，你能全部写成条例按照条例过吗？但是相对来说，有约定划清楚权力范围比没约定要好。

我认为董事长要做的最重要的三件事情，就是“看别人看不见的地方，算别人算不清的账，做别人不做的事”，其他事情则可以由总经理去做。

什么叫看别人看不见的地方？在 MBA 课堂上把这叫作战略决策，就是做什么、怎么做、在哪儿做、和谁做、做多少。而对于战略决策，董事长有两个特别不同的发展方向，第一个是王石这样的，一直是洁身自好，有理想，有想法，很自律，很强调公司利益要大于个人利益。所谓公司利益就是股东利益，万科公司长远利益大于王石的利益，这个概念非常清楚。不过，万科的大股东是华润，华润是国企。如果华润是一个永久稳定的存在，那对万科的长远利益是没问题

看别人看不见的地方，算别人算不清的账，
做别人不做的事

的，但如果华润是一个变动的存在，那就可能影响万科的长远利益。从这个角度说，把万科的股份置于一个更稳定、更理性的股东管控之下，则对万科是有利的。怎样才能做到这一步？在这个问题上，柳传志同王石的做法不一样，王石一直坚信自己这个逻辑，所以他不成为股东，也不希望自己底下的人成为股东。但柳传志，差不多到了一个阶段之后，他做了件跟王石非常不一样的事情，他把自己变成了股东，他认为这是对公司负责。柳传志一直讲企业要有主人，他说企业如果没有主人，发展就不可能持续。

企业没有主人发展就不可能持续，那什么叫没有主人？没有主人有两个意思，一个是在跨国公司这种背景下，首席执行官实际凌驾于股东之上，相当于内部控制，公司等于没有主人。柳传志讲他们收购了 IBM（国际商业机器公司）的 PC（个人电脑）业务以后，实际上首席执行官是没主人的，他只对短期业绩负责，对长远利益不负责。另一个意思是可能有国企这样虚拟的产权所有者存在，实际上最后也等于没有主人。柳传志就把它变成了自己跟泛海集团的关系，泛海进入联想使柳传志本身成为公司的重要股东。柳传志旗下的两员大将：郭为先行成为公司的小股东，后来他又去融资，联想把自己在神州数码的股份全部卖给了他，郭为变成老板；杨元庆后来又增持股份，变成联想集团的个人大股东。

所以，在柳传志的逻辑里面，企业要有主人的含义是要变成股东，这个股东最好是明确到个人，这样的话企业就有主人了。这是柳传志的安排，也是董事长的工作，董事长要对企业的长远规划做出安排，柳传志是这个逻辑。而王石认为，创办者和他底下的人是不是股东不是问题，他认为只要有一个好的经理人团队，有一种正确的价值观和商业模式，企业就会持续健康地成长，不管谁是股东都可以持续发展。这就是两位董事长因看法不同，对自己下面和股东层面的人做出的不同安排。这是目前中国顶级的董事长在思考问题上的两个逻辑方向，但这两个逻辑方向都有一个共同点，就是作为董事长，你应该看别人看不见的地方、算别人算不清的账，做别人不做的事。

再比如，我们现在每天做的都是跟房地产有关的事情，那我们是要做住宅，还是做商用不动产呢？有一次在阿拉善，我和王石、胡葆森三人讨论到天亮，看法还是不一样，因为每个人所看见的未来世界不一样，做的选择也不一样。王石认为，万科应该只做住宅，别的都不做，现在万科就是这么做的；胡总说，他只在河南一个地方做住宅，因为要在全国做，那他的商业模式就跟万科的没差别了。这相当于大家都来拍电视连续剧，你拍青春偶像剧，他拍家庭伦理戏，都是情感戏，但还是不一样，都一样就不好卖了。我们三个人心里对未来中国的房地产有不一样的愿景，包括对自己公司和个人定位都有不同假定，而这些假定的形成主要基于对趋势、规律、机会和风险等看不见的地方的判断。

那么，怎么对看不见的地方进行判断？

第一，看未来的发展趋势，而趋势又是由背后的规律决定的。另外就是看机会、风险，还要看人才，你先看见了，你先做，最后大家就会认为你有先见之明。你先看到了这些东西，你就是领导者；不能先看到，你就是个跟随者；看错了、看反了，你就是失败者。我们提出要“察于未萌、投资未来”，“察于未萌”是前提。商鞅讲“智者察于未萌，愚者黯于成事”，聪明人在这事还没开始之前就都明白了，笨蛋等这事都过了还迷糊着。这就需要领导者在大量的不确定和风险当中去寻找、去过滤、去判断，每天面对海量信息，要有方法、要思考、要学习。自己要体验、观察、大量地跑，这样看到的才是最直接的东西，有助于获取第一手信息，比如我们想做美国的房地产，我10年里跑了50趟纽约；我们要做台湾市场，不到5年时间里我去了30趟台湾。就这样不停地跑动，不停地去感受，而且不放过各种常规的和非常规的方法去深入了解这些地方。我在每次出差时都会换不同的住处，几乎住遍了纽约所有独具特色的酒店。同样一笔差旅费，怎么花是一门学问，住过一家酒店和住过几十个酒店，人生经验会大不相同。所以在我们也做酒店时，从消费者体验来说，我能看到一般人没看到的东西。

说到酒店，在台湾有一种汽车旅馆，也叫情人旅馆。我曾带着公司的人一起去考察过，让他们看看车是怎么开到顶楼的。这种直接体验能让你把握最真实、重要的东西，同时配合资料研究。这种人生经验的不断积累，会让你具有一种感知能力，让你看到的跟别人眼里的东西不一样，这就相当于一个经验丰富的医生，他光看X光片就能看到我们看不到的东西。

有次出差途中，我在iPad（苹果平板电脑）里看了一部韩国电影《黄海》，拍得非常凶猛、血腥，但我觉得很真实，因为我经常去韩国，接触过电影里所描述的那些朝鲜人，所以经验和文艺有时候可以互动。我特别爱看小报、八卦杂志，如《南都娱乐周刊》《博客天下》等，可以让你了解很多奇怪的事情。看到报道击毙拉登的新闻，我想起自己去过拉登曾经的藏身之地、位于阿富汗和巴基斯坦交界处的托拉博拉，当时我就有很多感觉、经验的联想。

第二，根据逻辑分析能力做出判断。董事长要具有一些专业的逻辑能力，诸如经济学、法学、社会学，这些基本的逻辑判断、分析很重要，因为我们需要通过逻辑来整理大量的信息，最后从中发现一些规律性的东西，并由此来判断未来的趋势。我们在台湾做投资，对两岸关系问题就需要做出判断。我在读博士的时候，写的博士论文就是专门研究台湾的，我眼里就会有别人没有注意到的未来两岸关系的定位和发展趋势。

第三，完全靠感知，像通常讲女人的直觉一样，要能将很多本能和信息、经验、情感交织在一起。刚才所说的两个因素越丰富，感知的能力就越强。如果前两个都不具备，那感知能力就会很差，如同婴儿绝不会对失恋这种事有感觉，因为他从来没有过类似的生命体验。有时我在酒店大堂里等人，就会观察周围的人，猜想他们分别是什么样的社会角色，以前做什么、现在做什么，这很像在读小说，是挺有趣的心理体验。现在房地产政策、宏观经济政策出台，我会做出一些判断和决策，很多也是跟感知有关。改革近 40 年以来，我们的政策不断在摇摆、前进、后退，我累积所有经历过的事情，能够感知到现在的某些信号可能意味着什么。相对于很多年轻人来说，由于没有过去的经验，也没有机会专门研究这些事情，所以同样面对媒体传递出来的一个信息，我认为要接收的，他可能会感知不到，比如中国政策的大周期、小周期，在什么时候政策会朝偏左的方向倾斜，什么时候政策又会偏右，大概几年会有变化等，我有我的经验和看法，这有助于我在每个阶段都能做出对的决策。

要看到别人看不见的地方，无非就是这三条：经验、逻辑和直觉。通常看见是很容易的，但看明白、看穿、看透很难，很多事情常常需要从反面去看，所谓年轻人相信假的、老年人怀疑真的，其实就是这个道理。就好像你看见一个美人，觉得养眼，但很少会想到除了美丽，她还有烦人的一面。所以张爱玲讲，人生最大的遗憾就是漂亮女人拉屎也是臭的。她看到了另一面，不光是看见，还看穿了，把美人撕开了看，最后偶像的价值就往下掉，从墙上掉到地上。现在互联网世界最大的拆解能力，就是把所有偶像都摔到地上，还原真实。传统媒体是单向度媒体，就是我说你听，精英控制话语权，可以去欺骗、包装；现在互联网是扁平、多向度传播，每一个人既是媒体，也是受众、传播者，比如发微博。所以，纸里包不住火，伪装终将被撕去。

嫁给不同的人，命运绝对不同

我认为董事长最难做的一件事情是算别人算不清的账。你看见了别人看不见的地方，就要做决定，这就牵扯到了算不清的账，因为你是投资未来，而很多人只要现在。比如我需要500亿建立体城市，这叫投资未来，但我现在也可以用这个钱马上去买地、盖房，这叫现实。多数人会说后者赚多少钱能算清楚，这叫算得清楚的账；前者万一打水漂了怎么办？因此没人敢做决策，因为算不清账。

马云在10年前说让天下没有难做的生意，当时没人相信，今天都信了，现在房子、汽车什么的都能在网上卖。我说立体城市如何好，董事会、股东响应的人不多，因为大家都只算能算得清的账，而对那属于未来算不清的账没有概念和把握。但我心里对未来是清楚的，现在这个事情越来越靠谱，最近有风险投资跟进，公司的估值已经涨了10倍。这时，大家才慢慢觉得这事恐怕是真的了，要不然怎么有人投钱呢？于是跟随者就越来越多。

对于算别人算不清的账，咱们再来看王石和柳传志对于公司的发展安排。我一直强调世界上算不清未来有多少账，算不清有多少幸福，算不清什么时候死，这都是算不清的事情。再伟大的人都无法穷尽未来，人只能在哲学层面上穷尽未来，在现实生活中谁也做不到。就像柳传志的逻辑在他可以掌控的时候是对的，如果情况发生了改变，把股份给了一个不合适的人，那这种安排还不如王石的逻辑。但王石的逻辑是假定其他股东都很理性，觉得万科的团队不错，价值观和商业模式都挺好，放手让你操作，不动你。万一换了其他人来当董事长，他说现在的商业模式不对，万科还是做金融吧，这时候你也没办法，因为你没有任何抗拒能力。所以这两种发展安排在他们还能掌控局面时都是对的，除此之外都有可能不对。人不能穷尽未来，因为未来太久，是永远。

永远有多远？谁也说不清楚，而这正是历史的精彩之处，因为这样历史才有波折，才有起伏，人类才会去思考。如果一个人能安排以后穷尽未来，那历史就没意义了。所以很多安排都有假定成分在里面，这也是董事长的创造性空间，一个董事长的创造性空间就是其对未来的假定，然后据此做今天的安排。但无论你再怎么做，人算也不如天算，所以董事长的智慧极限也就在其生命极限上，没有一个董事长能把后面三代都安排完，现在的安排所依据的假定也是在一个非常有限的前提下才能付诸实施的。

算这些算不清的账，就是算现在和未来。多数人会算现在，实现未来理想的中间环节是不确定的，谁愿意算未来呢？神才是算未来的，所以神永远在我们头上；祖宗是算我们过去的，所以祖宗总被埋在地下。另外每个人心里头的未来也不一样，会有争议。因此董事长面临的挑战是如何说服董事会，拿一部分钱做未来的事情，更多的钱做现在的事，从而在现在和未来之间做好分配。比如我们在新加坡做研发中心、在公司做培训，这是做未来的事，跟眼下挣钱没有直接关系。公司领导人每天要算的很多事是在分配资源的时候，把多少分配给现在，多少分配给未来，而“未来”两个字是没有具体时间的，有时候是三五年，有时候是 10 年。比如对人的培养，什么时候见效呢？有的 20 年以后才见效。董事长在董事会里面，就是推动公司做未来的事情。马云说过：明天很美好，今天很残酷，后天更美好，但很多人看不到明天就死亡了。所以当一个领导者就是在今天、明天、后天，还有昨天之间，不断地过滤和做决定。哪些属于算不清的账呢？针对同样一件事，时间不同，对这件事的价值观选择就不同；这件事合不合理，若是根据价值观来筛选，而不在于这件事本身值多少钱，那这笔账的算法就不一样。比如同样 100 元钱，如果用作赃款我就不做，用作善款我可能会做，但也不能全做，全做公司就无法持续发展了，中间还得留点利润。公司在做决策时，赚不赚钱有时不是唯一标准，还有很多社会价值方面的考量。就如绿色环保这件事，即使少赚 5% 我也愿意做。价值观决定了公司是不是一个负责任、令人尊敬的公司，而做这样的公司常常是要花成本的。

同样一件事，究竟该跟谁做，也是很有讲究的，这很像女孩找老公，嫁给不同的人，命运绝对不同。很多人都不主张早恋，我小孩有约会时，我却很鼓励她，她觉得很奇怪。纵观人类历史，你会发现幸福跟恋爱的起始年龄没关系，历史上没有一个特定的规律说几岁开始谈恋爱就一定行。《红楼梦》里的林黛玉十三四岁就恋爱了，过去和现在也有很多女孩 20 多岁才恋爱，晚恋不一定就幸福，早恋也有幸福和不幸福的，这跟年龄没关系，但与女孩跟谁恋爱绝对有关系，我关心这个，不关心她什么时候开始恋爱。在孩子 18 岁以前我有监护人权利，只要求她在公开场合约会就行了。18 岁以后这些我都不再管。但她跟谁恋爱，能决定她一生会成为什么样的人，能过什么样的生活。如果她跟她的恋爱对象都很上进，比如俩人一起努力读书备考清华，那这个恋爱越早开始越好；如果她跟一个黑社会烂仔在一起，即使等到 25 岁开始恋爱也不行。公司也是一样，不在于做什么，而在于跟谁做。我们做新城国际项目时就有很多选择对象：私人的、国企的、外资的，还有专业机构、非专业机构，甚至还有来路不明的钱。早些年我们不懂，只要给我们钱，我们就叫人家爹，后来发现不行，给好钱才叫爹，给坏钱我们不要。

当初，我们选择跟香港置地合作做新城国际项目，按照合作方的要求，光中介费算下来就要付8 000万，包括结构顾问、机电顾问等。在北京所有做公寓、住宅项目的公司中没有一家花这么多钱的。当时很多人说我们是大股东，没必要花这么多钱，并担心对方会黑我们的钱。可我觉得，人家是超级大款，大老远跑这来，不可能是为了占我们这点便宜。我们公司的情况很像嫁到城里的农村姑娘，觉得城里什么都贵、城里人不会过日子，就像在乡下河沟里洗澡不花钱，城里热水要收钱；在乡下不需要抹化妆品，进城买瓶洗面奶都得很多钱。可如果不花这个钱，不改变原有的生活习惯，那这个姑娘就不能入乡随俗成为城里人，而永远是乡下人。所以我说，你要做城里人媳妇，这笔钱你就得花；既然要变成像人家一样的好公司，那我们就得付这个成本。现在我们感受到了好处：跟香港置地合作10年来，我们的观念完全改变了，变成了“城里人”。我们在北京CBD做Z3项目时，另一家合作伙伴也出现了这种问题，老觉得我们花钱多。我跟那老板说，你不想做城里人，那你就别花这钱，现在全世界最牛的建筑都花这钱，你不肯花，那你就做一个乡下的土包子吧。

在外部找合作伙伴时，找比自己强大的公司合作，是我们的首选。这样不仅可以迅速成为城里人，还能再成为城里的贵族。千万不能找比自己还差的合作伙伴，这和对方的规模大小无关，而是和它的价值观、做事方法、经验等有关，它可能会把我们往下拖。过去北京江湖女子有一句豪言壮语叫“吃大款、喝大款、傍大款、消灭大款，最终自己成为大款”，这里除了“消灭大款”不能做，其余都是对的。人一生就是要找这样的机会，最终让自己成为“大款”。

在合作中，跟谁做，选择什么样的价值观，什么时间做，这些考量使得每件事情都可以有无限多的组合，这是困扰董事长做决策最多也是最难的一点。在上海做商用不动产，我们有10个亿，那这个项目应该跟谁合作呢？如果没有好的合作伙伴，我们会选择不做。曾经有机会跟香港置地一起投标项目，我就毫不犹豫地决定做。香港置地成立一百多年了，信用绝对好，它赚的钱都是干干净净的，和这样的公司合作，我们当然要做！选择一个新的合作伙伴，除了对方专业上要很强之外，我还希望这些专业能转化成万通未来的优势。决策的顺序永远是未来和现在要平衡，好和坏要取好，优和差要取优。这样钱的作用才可以放大到无限。

我们在做立体城市规划时，想请国外一家很牛的机构做顾问，我们花钱请他们，但他们不做。他们说没来过中国，对这里的人和做事习惯不了解。但之前他们跟香港置地是长期合作伙伴，有次见面时他们顺便提及：在中国内地有家叫万通的公司想和我们合作，这家公司你们了解吗？香港置地说这是家好公司，结果他们马上给我们打电话，同意合作。所以，过去的一个决策会影响后边很多事情。如果当时你碰上一个坏人，他不仅让你做不了城里人，还可能偷税漏税、行贿乱搞、拖你下水。各种决策的累积成就了企业的现况，现在我们不欠钱，没有官司，因为一开始我们就决定跟好人在一起，近朱者赤，我们也变成了好人。董事长的工作，就是算这类算不清的账，算现在和未来，算是非与善恶，算合作伙伴的优劣，在这个框架内决定用这些钱做什么。

做别人不做的事

在董事长的工作中，还必须做别人不做的事，比如我们一直在做培训，因为我们想让万通理想丰满。万通从1991年刚创办时就开始做培训了，企业创办初期，在写完《披荆斩棘，共赴未来》之后，我们6个人刚赚到第一笔钱，就开始内部培训。那时我们平均年龄还不到30岁，这算是青年干部培训，这种培训一直坚持到今天。万通很早就有了历史陈列馆，跟员工做沟通训练时使用。我们一直说要做好人，说到大家最后形成了心理定式和行为习惯，以至于做坏事会有心理障碍，这就是20多年坚持培训的结果。

董事长不仅要带好公司，还要培养公司气质，让公司成为一个优质公司。我们知道，家教和气质有关，说一个孩子气质好，其实不是看婴儿，而是看成人以后。可气质从何而来？都是从婴儿时就开始培养的！我有个同学，从孩子生下来就开始锻炼他的独立性，把小孩扔在地上，让他自己找东西吃，说这是练本能，结果这孩子后来挺能干的。气质是从小开始，每天按同一个方法调教后累积起来的。董事长做未来，就要培养公司的气质，像养孩子一样，先养后教，在教中养，在养中教，等到公司这个孩子长大成人，举手投足间就有了教养，变成了气质。

培养公司的气质，就意味着董事长要做未来，那什么叫做未来呢？所谓的做未来，就是把一个简单的工作反复做，不厌其烦地做，不停地讲。总经理不能天天这么做，他要管当年财务业绩；董事长的职责则是要建立一些在未来可能成功的机会，像我们做立体城市、台湾和纽约开发业务等，这些都是在做未来。

对于董事长来说，他要去做前瞻性的工作，要做战略性决策。董事会给你权力，你可以提名总经理，有组阁的权力，也就是用人的权力。董事长必须团结董事会其他成员一起做好这项工作，比如架构董事会，选谁来做独立董事、董事会成员配比、董事会成员的年龄构成、董事会成员的专业知识背景的组合等，以及选择合适的总经理、把控专业团队的更替等。建立一整套制度，进行绩效管理，保证执行和考核，这些都是董事长要做的工作。

除此之外，董事长另一个很重要的职责就是承担责任，不能做了决策不承担责任。古代晁错就犯了一个最大的错误，他撩起很多事让皇上决策，最后他不承担责任跑了。历史上很多人物都这样，敢做决定，不敢扛事儿。大哥就是扛事儿的，你敢拿刀砍人，你就得有胆量去承担砍人的后果。承担责任这件事不复杂，但需要勇气和牺牲精神，因为有些决策是有风险的。以前万通在最困难的时候，让一个经理去做一件事，他不敢做，最后托病要跑，我感觉他一半是吓病了，一半是装病，我就跑去看他，见面时什么话也没说，放下一张字条我就走了。纸条上写的是，所有这些事都是我强迫他做的，我愿意承担一切法律责任。后来他就把这件事做了，我们到今天还是好朋友。

还有一次，公司有个离职的同事犯了事，人家要来抓人，需要赔付将近 4 000 万元的债务。我想了半天，觉得一旦被抓，他这辈子可能就完了。鉴于他跟公司有点关系，我决定扛下来，于是我就签了字，结果人家没抓这个人。这笔账前几年才还完。这个人后来还小有成就，弄的公司也上市了。总之一句话，董事长要做别人不做的事情，主要包括四件事：做未来、做决策、用人、承担责任。

从科级干部到大国总统

对于董事长，《公司法》没有规定任期要求，在董事会人员中只对独立董事有 6 年、两届的任期限制。董事长只要有大股东支持，从理论上来说可以干到死。现在如果有股东背景的董事长不干了，绝大部分是出于自愿，因为没有人能强迫他卸任，这是一个游戏规则。但董事长不可能干到永远，毕竟会有生老病死或类似于收购、兼并等事情发生。

那么，创始股东以外的董事长用什么方法来产生呢？

按照过去的做法，董事长的产生有两种方式，一种是股东之间协商，在股权差不多的情况下，协商、博弈是唯一的方法。但通过简单协商产生的董事长，往往很难做到能力、毅力、责任、价值观都正好胜任，而是因为谁权力大、影响力大，就选谁。这种方式选上来的董事长若成为首席执行官式的人物，会给公司的未来发展带来很多不利因素。我们看到很多打架的民营公司，在董事长这个职位上来回换，就是相互掰手腕的结果，而这样选上来的人通常不可能有运作公司的实际权力，还给公司造成了很大波动。

此外还有一种情况，就是由绝对大股东指派，比如家族企业指派自己儿子当董事长。这种选法也有很大的不确定性，选出来的董事长也不一定称职。国有企业的大股东更荒唐，选择董事长很多是安慰、福利性质的，比如国资委[①]安排个局级干部去当董事长，这样就不能保证选拔的人有能力对资产负责、并具有企业家素质和领导能力。还有的做法是通过董事长以外的方式来控制公司，比如派总经理控制财权，再派财务总监把董事长架空，这样把公司的治理结构完全抛弃了，靠人与人之间的控制来运作公司，会使公司越来越不规范，以致于成为某些大股东手里的玩物，最后多数公司会垮掉。

董事长这个角色被虚化、弱化和扭曲化，必然会导致公司没有办法运行。无论怎样，现有的法律框架都没有很好的制度基础可以确保理性地产生董事长，这是目前公司治理中的一个缺憾。

对于如何产生董事长，我们面临这样几个选择。第一种人选人，也是最简单的方法，无论是大股东、国资委，还是家族企业，大多数都采用这种做法。第二种叫机制选人。第三种是价值观选人。人选人这件事不靠谱，绝对成功不了，因为没有绝对的安全性。中国 5 000 年历史中选皇帝都是人选人，都是老子选儿子，重点只在于选哪个儿子而已，最终发现只有不到 10% 是靠谱的，5 000 年历史中只有 500 年是好皇帝在治理国家，其他的全是烂皇帝。那 10% 靠谱的皇帝，其中大部分还不是正常选出来的，而是杀出来的。好皇帝里有一种是开国太祖，靠造反出来的，比如刘邦就不是秦始皇选出来的；还有一

① 指国务院国有资产监督管理委员会。

种是王朝到中间出现衰落、危机，几个兄弟之间杀出来的，比如李世民、雍正。好皇帝都难以通过人选人的方式产生，公司就更难了。

此外，还有一种方法是人选人加机制选人，比如竞选。美国总统选举是人选人，但几亿人都有投票权，自下而上选，再加上竞争，最后一个人胜出。奥巴马在当总统之前，虽然是参议员，但最多算科级调研员，是社区的工作人员。他没有经过各种各样的培训，但后来在总统这个岗位上竟然还做了两个非常狠的决定：击毙索马里海盗和拉登。他怎么能刚过 40 岁就从科级小干部变成世界第一经济大国的总统呢？在美国体制下，演员也好，作风不正派的人也好，小干部也好，都能当总统。美国的历任总统中，只有尼克松、福特等极少数人之前当过副总统，其他人当总统之前多数连科级干部都不是。这是人选人加机制选人的结果，哪怕这个人选有瑕疵，但由于国家治理系统非常有效，他也能做出很好的决策。

由于奥巴马是黑人，有人质疑他的上几代人有可能是穆斯林，但在反对恐怖主义和维护美国价值观上，他一点儿都不含糊。在美国当总统，不管什么样的人，在价值观上都没人敢妥协。他们的竞选机制，就像运动会一样，人人都可以进场吆喝，各种组合分别对垒，从小组赛到决赛，最后总会有一个胜出，输的人还不记仇，当年竞选总统时呼声很高的希拉里现在就成了奥巴马幕僚中很重要的一员。有一天张朝阳跟我讲，美国就是用一年半的总统大选，让一个普通人变成领袖。奥巴马演讲很厉害，他要从科级干部水平讲到总统水准，要暴露在那么多挑剔的媒体面前，个人所有的历史要被人检查，家里有多少钱要被人看，领导能力要被人挑剔，经过这样严酷的一年半的选举，最后从科级干部锤炼成有领导国家能力的人，并在其他专业系统的有效运作下，很快在一整套有效的组织制度中行使他的职责。

至于用价值观选人，宗教就是典型的代表，你对教义掌握得最好，每天身体力行、以身作则，最后众望所归，大家就会选你。

通过以上比较，我觉得未来董事长的产生，不应该通过人选人的方式，而应该通过机制来遴选，再加上价值观的过滤。因此，要设计出一套好的继任者计划及继任制度，使董事长成为一个领导者，而不是一个管理者。领导者和管理者最大的分别，就是领导者总是站在船的最前面，他要看未来、把舵、做决策和承担风险，而管理者是根据已有的决策，把日常的细微事情执行到位。领导者最重要的是做脖子以上的事情，就是公司战略、价值观、用人以及建立治理结构的制度，最后承担责任，而管理者做脖子以下的事情，包括产品生产、劳动者管理、营销、财务控制、绩效等。

做脖子以上的事，最需要的是前瞻力、决策力、承担责任的能力，这是对董事长的品质要求、能力要求，如果这些东西做不好，那你就不是一个称职的领导者。万通目前最大的考验是，要想变成永续经营的优秀企业，就必须尽快建立起筛选董事长的良好机制，这是让公司未来一代代健康发展下去的决定性因素。

06

房地产：让空间更有价值

只爱一点点，不爱那么多。

——李敖

房地产这个行业存在了很多年，但真正成为一个产业，是在欧洲工业革命以后，伴随着现代市场经济不断发展而兴起的。之前的房子不是商品房，都是自己建、自己住，不管是朝廷还是民间，很少交易买卖房屋。

近几百年，房地产跟其他东西一样被商品化以后，开始有了现代的房产生意和买卖，“二战”以后特别明显，其发展过程大体有两个规律。

规律 1：三段式发展

房地产业的发展大体上可以分为三个阶段，每个阶段有着各自不同的表现。

第一阶段，是在人均 GDP[①] 达到 8 000 美元以前，这时市场上所谓的房地产问题都是住宅问题。这个阶段是从人均 GDP 不到 1 000 美元时开始的，然后往上爬到 8 000 美元。这期间大家讨论的住房问题全都与住宅有关，包括阶级分化、社会矛盾、社会心理冲突等。

在从 18 世纪 60 年代开始的英国工业革命中，曾出现过大量“羊

① GDP：英文 Gross Domestic Product 的缩写，指国内生产总值，即一个国家（国界范围内）所有常驻单位在一定时期内生产的所有最终产品和劳务的市场价值。

吃人”的事件，农民失去土地，工业化使人（即农民工）拥向城市，于是就出现了拥挤、脏乱、房子不够住、工人阶级特别困难等状况。在随后的德国工业革命中，也出现了城市住房拥挤现象。那时恩格斯写过一本书叫《论住宅问题》，讲的就是这个阶段由住宅区分形成的阶级差别。

“二战”以后经济恢复，美国和欧洲所有的老兵回到家乡，这时又出现住宅危机，开始大建住宅，经济从人均GDP1 000多美元上升到四五千美元时，出现了房荒。那时美国长岛出现了一家房地产公司，当时纽约和美国东岸一半以上的住宅都是这家公司做的，它只做住宅，盖房速度特别快，建的房子不是豪华奢侈型的，而是相当于现在的保障房。美国纽约曾经叫卖过一栋住宅，价格高达8 000万美元，而那时的房子一套也就几万到十几万美元。

亚洲地区经济快速增长以后，在新加坡等国家以及中国台湾和香港等地区，都先后有一个阶段因城市化和人口聚集带来了住房的挑战，它们大都采取了不同的政策。比如新加坡采取组屋政策，政府管一部分，另一部分交给市场，完全自由买卖，开发商自己决定房子大小、价格等。欧美解决住宅问题也是沿着这个思路，只不过保障的多少不同而已。像德国保障60%~80%，大部分人都是租房，不鼓励市场交易，但允许长租。美国是彻底自由化、市场化，住宅几乎都是市场交易，保障部分占得很少。我们现在去纽约的曼哈顿，沿着东边的哈德逊河边，会看到很多20世纪六七十年代建的类似于经济适用房的住宅。那时美国经济正处于战后恢复进入快跑状态的阶段，人均GDP接近8 000美元。

中国最近十几年，每天都在讲房地产，我们的市场三分之二都是住宅，2010 年房地产 52 000 亿人民币的市场，住宅卖了 46 000 亿，所以中国的房地产问题还是住宅问题。

这个问题的复杂性在于它的背景，经济快速成长，城市膨胀，人们从原来传统的居住地区大量涌向城市，并变成了失地农民、城市边缘人口、新的弱势群体。城市里原来的人，一些人有了钱，开始买更大的房子，另一些人用房子作为财富的标志，开始炫耀。这样的事在印度发生过，曾经有个富人一下子建了 20 层楼，把他们家族全安排在里边，引起了公众的批评。

住宅问题一方面是满足基本需求，另一方面和阶层分化以及整个社会消费观念的改变相伴相随，这样引发的矛盾就会特别多，慢慢演化为道德问题、社会心理问题，以及政府职能怎么定位的问题。

中国人均住房面积从改革开放之初的 1.9 平方米发展到现在的 30 平方米，已经接近日本，但我们仍然忧心大家买不起房。这个话题放在行业的大规律中来看，要等人均 CDP 提高到 8 000 美元时才能解决，因为那时人们所有的温饱、基本生活需求等问题都已解决。当 GDP 处于这个水平时，欧洲的人均住房面积接近 45~50 平方米，美国更多。在全世界，所有人均 GDP 达到 8 000 美元的地区，人均住房面积都可以达到 35~40 平方米。现在中国大陆人均 GDP 超过 1 万美元的城市已经有 10 个以上，如果再发展 10 年，县城人均 GDP 将由 4 000 美元上升至 6 000~7 000 美元，省会城市则会超过 8 000 美元，那时住宅问题这个社会话题就要退位了。

现在大陆的房地产公司，其实都是住宅公司。从 2010 年以来，媒体话题开始转向讨论商用不动产，偶尔还会提及工业不动产或投资性、金融性的房地产。这就意味着市场发展快要进入第二个阶段，即商用不动产的黄金时代。也许 10 年，甚至 5 年以后，大家议论得最多的就是商用不动产公司了。

今天，住宅公司在美国已不是主角，唯一的例外是几年前因为要保障低收入人群的住房问题而过分放贷引起了次贷危机，大家才把房地产当中的住宅问题又拎出来说。而其原因是住宅房地产没办法成长，于是一些金融机构就让不够条件的客户不必首付就先入住，然后将房子不断估值，估值以后再给客户现金，让他们去买东西、大量消费，最终引发了整个次贷危机。所以，次贷危机实际上是过度消费住宅引起的，美国最大的住宅公司因为要扩大生意，只好想尽各种办法，包括不动产金融的所谓创新，来刺激大家消费住宅。

了解了这一点，我们就知道，人均 GDP 达到 8 000 美元时，住宅开发的脚步就会放慢甚至停下来，很多住宅公司将会面临很大挑战。2008 年万通开始提出来要做转型商用不动产、房地产投资、工业地产的准备，就跟这个研究有关。

第二个阶段，是人均 GDP 从 8 000 美元到 25 000 美元。我们根据研究结果做出这样的预测：从人均 GDP 8 000 美元到 15 000 美元，以及从 15 000 美元到 25 000 美元，都会是商用不动产的活跃期。为什么分成两段呢？因为在人均 GDP 8 000 美元到 15 000 美元这个时期，商用不动产里社区性商业是最火的。所谓社区性商业，就是围绕着一个社区所开发的商铺和购物中心，主要为周边居住的人服务，满足由居住派生出的需求。比如新鸿基，它在早期转型的时候，全都是做住宅外加社区性商业。万达做的也是这样的商用不动产，它们都是围绕着社区、居住来发展，而不是在 CBD 里建巨大的酒店、写字楼。这时个别情况下也可以做酒店和写字楼，但做这些项目的风险要大于社区性商业。

当人均 GDP 继续向 25 000 美元发展时，就应该转向 CBD 核心区的投资性商用不动产、商用物业，这将更加高档。这部分在每个国家其实都不多，因为人均 GDP 达到 25 000 美元的城市在全球也没有太多，比如东京、巴黎、柏林、纽约等，这些地方是大型商用不动产特别发达的地区，如纽约曼哈顿人均 GDP 达到 60 000 美元，而整个美国人均 GDP 达到 40 000 美元。所以，美国目前的主角是商用不动产。纽约大的地产公司很少做住宅，只做一小部分极高端的，剩下的全是做大型写字楼、酒店、公共设施。我们逐步由商用不动产取代住宅，再由社区性商业过渡到 CBD 商用物业，这是一个规律。这个变化直接影响到我们在投资决策上的选择，比如我们现在做万通中心，都是选人均 GDP 8 000 美元以上的地方，我们在那里做一些社区性商业，也做一些 CBD 的大项目。比如杭州的项目就是社区性商业，这是要卖掉的。在北京的 Z3 项目，位于 CBD 核心地区，我们会长期持有。

第三个阶段，是人均 GDP 达到 25 000 美元以后。到了这个阶段，房地产应该怎么做？此时房地产公司的最大空间，就是商用不动产和金融配合，逐步形成金融引导、支持高端的商用不动产长期持有和在此基础上形成的金融产品交易。

举个例子，假定我们在 CBD 核心区有很好的写字楼，出租得又非常稳定，这个时候投资就有价值，因为租金很稳定。那么我们就可以去做REITs[①]，把不动产用信托的方法上市，或用抵押贷款证券化的方法把它卖掉，使这种不动产以金融产品的形式流动起来。这种产品在金融市场特别受欢迎。美国房地产公司曾经出现时一单390亿美元的交易，共170栋写字楼的信托一次性地卖给了黑石公司，创造了地球上有史以来最大的金融性房地产交易。当时，这家房地产公司住宅交易的市值最多才120亿美元，而商用不动产市值则达到了250亿美元。

在一个成熟的市场中，随着经济发展水平的逐渐提高，主角在变，公司的估值、资产的价值、投资的方式通通都在变。从估值方面来看，资本市场上对纯粹住宅开发公司的PE（市盈率）一般在5~7倍，纯商用不动产的PE一般在10~15倍。因为纯商用不动产有长期的现金流，未来收入稳定，资产增值、溢价，包括用财务会计的方法都会导致商用不动产公司的估值要高于纯粹住宅开发公司。而金融性流动资金聚集规模大，投资的规模可以把若干资产、若干个写字楼、若干个购物中心打包一起交易，所以它的价值量、公司规模、投资规模又大于一般商用不动产的某个公司。这给我们未来的投资指明了方向。

在这三个不同阶段，房地产公司竞争的着力点是不一样的。住宅公司竞争的是规模、成本、速度。首先规模要足够大，另外成本要降低，速度要加快，跟制造业是一样的。住宅公司就是一个制造公司，与郭台铭雇人做代工赚的钱是一样性质的。

住宅业强调周转、成本、规模，商用不动产强调服务、运营能

---

① 房地产投资信托基金。

力。在空间里你怎么给人提供服务，这跟规模有关系，但不绝对依赖拥有的物业数量。假定每平方米租金回报率是 20%，我只有 10 万平方米，另一家公司每平方米租金回报率是 2%，他有 100 万平方米，那么在市场上估值，我的 10 万平方米有可能比它的 100 万平方米估值还要高，估值的根据是租金回报率，所以商用不动产公司经营的重点会逐步转到运营和经营上，而不是简单地拼规模。举个例子，北京的嘉里中心、国贸共有 100 万平方米，租金是目前北京市最高的，物业品质、位置也是最好的。一个二线城市有 1000 万平方米还不如这 100 万平方米，因为它租金回报率低，且不具有投资价值，所以估值上不来。

金融性不动产的核心在于金融产品的创造和财务安排的能力，比如美国山姆[①]的地产公司，为什么它能够有本事卖掉那么多写字楼？就是因为它创造了 REITs 这种形式。通过这个方式它做得很大，然后不断收购别人的不动产。它的模式是一边建一边收购，收购完之后把这个写字楼经营到一个水准，每年再卖几栋、收几栋，所以 REITs 的回报就很好。卖也是有技巧的，价钱要根据资本市场的周期。剩下出租的那部分，如果有不好的可以抵消掉，这样不停地扩张 REITs，它的规模就比别人发展得更快。所以金融性房地产最重要的核心能力是产品设计，包括资产的管理能力，以及未来的流动性和在资本市场上的机会把握。它已经跟建房子这件事越来越遥远，如果你站在金融性

---

① 1968 年，山姆 · 泽尔（Sam Zell）和罗伯特 · 卢里（Robert Lurie）共同成立公司。

房地产的角度来看，建房子就成了价值链最底层的力气活儿。

竞争重点的变化带来了每一个公司创造价值的能力和毛利水平的变化，从成熟的市场来看，住宅的毛利是低的，在美国商用不动产的回报率长期都在 16% 以上，金融性不动产的回报率又高于商用不动产。对于普通人来说，这非常好理解，比如城市化了，我们会需要空间，需要安稳地住下来，生孩子过日子；等把这个事解决了，你还得花钱买点东西改善生活，经常购置消费品，给小孩买奶粉、婴儿车、衣服等。即便经济困难，你一年也得换两身衣服，而现在大家几乎每个季节都要购置五六套衣服，这个时候就需要购物中心。你有了汽车，就需要加油站，有了加油站，购物中心就越建越大，越建越远。等这些需求都满足，如果你还有钱，就开始研究投资，然后你要开始创业，创业就得找办公楼，或开个餐馆，或增加厂房，消费需求越来越旺盛。如果到这个时候你还有钱，你就会买保险。于是社保的钱、退休基金的钱越来越多，一二十年以后，养老的钱要找很稳定的收租性物业，转过来又推动了商用物业的投资与持有。

再往下发展，最终钱多到一定时候全都变成了金融产品，存银行、买基金、买股票等，于是金融性房地产就开始多了起来，多到一定程度也可能成为泡沫。

一个经济体的成长大体需要 30~50 年，然后可以维持人均 GDP 在 25 000~30 000 美元这个水准。这时 GDP 越来越隐性，就像人刚富起来的时候你能看见他穿身好衣服、买辆车、置套房。到了一定时候，这人又回归简朴，穿简单的衣服，房子也不奢侈，低调奢华。那 GDP 都跑哪儿去了呢？你进到屋里就能看见，墙上挂幅价值几百万元的画，或者在海外买了东西，又或者买了股票，GDP 虽然看不见了，但都得用房子装进去。你会发现那时银行保险箱生意很火，你把画放到博物馆里，博物馆也开始火。就像大家突然发现日本有 50 多座核电站，这些核电站也是 GDP，占了日本用电量的 30%。这些核电站周围的工厂、厂房都需要不动产去服务。所以随着经济不断增长，GDP 会逐渐由看得见转向看不见，由一个地区转向全球，然后在不同的状态下不动产跟随着去做一些服务。在服务当中，我们才能看到究竟这个行业在哪儿发展、投资。

总之，房地产行业的发展规律就是随着人均 GDP 的增长，投资重点依次由住宅向商用不动产和金融不动产递进，价值链也相应由低端建筑业、土地整理业向中端的商用物业运营与服务及高端的金融服务业演进。按照这个逻辑，我们就知道该干什么。就像一个人的生命历程，我们知道一个人从婴儿、少年、青年、中年、老年到死亡，每一阶段要做什么事情。所以，我们事先做了准备，在未来的发展中，一个阶段做一个阶段的事。

规律 2：从下游到上游的演进

在房地产市场中，随着人均 GDP 的变化，房地产商业模式总体看是朝着两个方向发展，具体来说有三种模式。

第一个方向是往价值链下游发展，房地产业变成建筑业和土地开发业，房地产公司变成代建公司、建筑公司、土地整理公司等。第二个方向是往价值链上游发展，房地产公司转入服务业和金融业。万通目前的选择就是往上游发展，以能力导向、品牌导向、品质导向、服务导向为目标。如果我们往下游发展，一定是以规模导向、成本导向、速度导向为指引，做到土地行业，就会变成关系导向。万通现在还处于中间，开始了往上的过程，并成为一种趋势。这相当于一个人，你往下堕落，进入江湖，这是一套活法，也挺有意思，吃喝嫖赌抽、坑蒙拐骗偷、懒馋占奸猾，什么都可以干。你要往上做，就得襟怀坦荡、理想丰满，还得刻苦忍耐、努力学习、乐于助人、关怀他人，这又是一套活法。总之，你不能乱，你不能干这个又干那个。做男人或做女人，不同角色各有规定动作，自选动作不能太多。企业也是一样，要搞清楚我们只能走哪条路。

在房地产公司的三种发展模式中，第一种是最初级的，叫地主加工头模式，这种模式处在往下游发展这个方向上。在中国，如果你仔细了解一些房地产公司的历史，会发现这种类型的相当多，以前都是施工单位，比如合生创展、珠江实业等。它们是从广东农村做施工开始发展起来的。碧桂园也是施工单位，北方地区出来的一些民间英雄也是。为什么说他们是“地主”呢？因为他们把地看得特别重，认为有地就能赚钱。比如碧桂园圈的地是最多的。为什么是工头？因为施工能力特别强，建筑过程中会省材料、省成本，工程管理比较好，成本控制得也比较好，但如果走到另一个极端就会变成偷工减料。市场上就曾经出现过这样的事，有些公司用的钢筋都比别人细一点，能拔掉一根就拔掉一根，比如一根柱子用20根钢筋，它绑的时候拿掉一根。有一个大客户告诉我，他在北京买了套房，打通楼板一看吓坏了，柱子里用的不是钢筋，是竹签，这楼还能住吗？这种模式还创造了“纵向一体化”的做法。它买地是通过自己家人或公司关联的途径，水泥、门窗是自己家采购的，设计也是自己家人担纲的，施工更是自己家操办，卖楼的是自己家，最后管这房子的也是自己家，自己家的关联企业在中间每一层都吃掉一道利润。这种商业模式像是从毛巾里拧水，拧出一点儿算一点儿。

这就是规模成本的竞争，所以这种模式的企业地越买越多，施工过程中关联交易越来越多，成本控制越来越严格，同时也越来越过分，最后形成这些企业的基本文化和做事特征。相对于其他企业，它们有时也具有竞争力，那是在地区人均GDP刚刚过一两千美元的时候，房荒、住房饥渴爆发的时期，但往后就不好说，这是通常的规律。

第二种模式叫厂长加资本家模式，这种模式也处在往下游发展的方向上，刚才所说的那些公司如果再努力一点，理性一点，就会提升和演化成这种模式，在中国最典型的就是万科。它比前面那种地主加工头的模式更理性、更负责任，买地和制造过程更专业化。它不是用简单手工作坊的工头方式思维，而是采取工厂化思维，就是把住宅当成一个工业化产品，加以标准化，提高它的质量，合理控制成本，扩大规模。

在全球其他地方也有过这样的历史。有一次我和王石去看日本的住宅，当地人让我们一定要去丰田，在我们印象中丰田是做汽车的，他们说丰田房屋是日本最大的住宅公司，因为它收购了几家住宅公司。我们去后有两件事情让我们印象深刻，第一就是丰田房屋的梦住宅。当时在博览会上讲的是未来住宅，包括所有未来社会生活的理想，丰田做得非常好。另外我们去看了住宅工厂，发现他们建房子跟做汽车一样，丰田房屋的人认为汽车是移动的房屋，房屋是固定的汽车，房子有两室一厅，汽车也是两室一厅，前边驾驶员室相当于厨房，后边两排座位相当于客厅，后备箱，相当于卧室；汽车里面有空调、冰箱、音乐、天窗，什么都有，只不过是可移动的罢了。他们按照这个思路来做住宅，像分解汽车一样分解住宅，比如汽车有车架、轮胎、车窗、玻璃、轿身几大件，整个住宅也是分为基础部分、墙体部分、屋顶部分、门窗部分、厨卫部分；流水线上做窗户非常简单，标准的木头被输送到流水线上，到终点出来就成了标准尺寸的窗框，跟做汽车一样；橱柜也是这样操作。这就是极致的工厂化。

万科提出住宅产业化之时已经请了日本专家，帮助万科用工业化的方法做住宅。所以现在万科的阳台，整体看越来越像日本的，做得很精细；墙体都一样，灯柱也都差不多；外挂的阳台，找了水泥厂整体浇铸，做得很精致，比农民工慢慢砌的好很多。

我们当时曾去考察过万科的松山湖基地，就是住宅产业化的实验基地。他们每天都在做屋顶、墙体实验。2011 年万科住宅产业化的产品有 200 万平方米，这个数字每年都在增加。万科用工厂化方式解决了第一个模式不能解决的品质、服务质量和速度问题。这种厂长加资本家的模式比非产业化的模式要节省 3 个月时间，周转效率提高了，在速度上就获得了竞争优势。

厂长加资本家模式目前带来的矛盾就是它的成本比非住宅产业化公司大概多 200~400 元每平方米，它在节能环保方面既有正向促进，同时也有成本压力。它在木材的使用损耗上要减少很多。现在绿色和平组织天天在中国盯着万科，因为它是全球最大的住宅公司，工地上用的木材最多，其中有相当多的木材来自非洲。住宅产业化以后，用钢模取代木模，用竹子取代木头，这样就可以大大节能。快速建住宅的过程要追求速度，而你越做得精细、低碳、节能、环保，时间上花得也就越长，而工厂化方式在规模上会有优势，另外质量上也不错，这是竞争优势。现在很多地方政府要快速建保障房，它们就找万科代建。

另外这种公司快速成长必须依赖于资本市场快速融资。所以，万科发展最快的这几年也在资本市场上大量融资，没有这些大量融资，就没有办法支持快速成长。快速融资又要求你的治理结构、人才、价值观、品牌要足够好，并能遵守资本市场上所有的游戏规则，成为资本市场上的品牌。这才能够双轮驱动这个模式快速成长，抵消初级模式带来的负面影响。

第三种模式，我们称之为导演加制片模式，这种模式处在往上游发展的方向上。近几年我发现看电影的人多了，2010 年电影市场的票房超过 100 亿元，2011 年我们有 6 000 多块银幕，每年还会增加上千块。

中国一年生产 400 多部电影，我们进电影院认真去看的不超过 10 部，因为我们在选导演，选冯小刚、张艺谋、姜文的电影看。冯小刚讲过一句话：把人蒙进电影院是件挺不容易的事。最不容易的是导演，明星并不重要，有很多电影都是明星拍的，我们也没看。电影市场上这么多导演，有的导演不差钱，比如张艺谋，你想拿钱投资他极不容易。有个朋友告诉我，说在《金陵十三钗》里能投 10% 差不多谈好了，但后来人家根本不要你的钱，因为你只要投进去就能赚。冯小刚也是，大家说《非诚勿扰 2》这儿不好那儿不好，那还卖了 5 个亿的票房呢！电影市场最终是跟着导演走的。

导演起的作用，第一是故事，第二是制作过程，第三是市场营销。制作过程包括明星的选择、服装道具，以及拍摄进度、时间等，都是很专业的活儿。导演的品牌就意味着票房，比如说张艺谋拍《山楂树之恋》，票房再不乐观也有将近 2 亿。要是我们拍，可能 200 万票房都没有。《千里走单骑》是很简单的文艺片，也有 1 亿票房。所以导演的水准决定了票房的高低，票房就是它的市场份额。

我们做“中国中心”这个项目时，在纽约找当地的合作伙伴，政府、中介给我们找了七八家，它们可以分成三类。一类是传统的房地产商，跟中国现在的私人房地产商一样，就是家族有钱，做活很好，也很慢，人家用了三代人和 100 年历史证明它们的信用。第二类钱很多，做事情快，这些人就是我之前说的 REITs，他们要不断分红、分现金出去，这些公司对于速度要求挺高，规模很大，财务精准，但专业性稍差，活儿比较粗糙。第三类并不出什么钱，叫收费开发商。我发现美国很多事跟中国完全相反，在美国有些人不出钱就能当大哥，而在中国有钱才是大哥；在中国大陆，地产商拿钱到处求人拿地、求人买房，而美国这些人自己出很少的钱，但是水平很高。我开始研究他们，越看越觉得这些大哥像电影导演，有一块地，谁都不敢做了，找他们最合适，这相当于我有一个电影剧本，自己不敢拍，首先想到的是找冯小刚，就这么简单。

纽约只要出来一块地，大家首先想到的就是找这些大哥。假定有 100 亩地，有 5 个开发商想做，那就有 5 种现金流量、5 种产品形态、5 种建筑形式、5 种利润率，可能会产生从 15%~80% 不等的回报率。在不充分竞争的情况下，比如在中国，通常谁都会做，都是自己干。在纽约则不一样，地产商通常在拿到好位置的土地后不会自己随便干，他们得找个好导演，找个好开发商。假如他自己做能有 15% 的利润，一个好开发商做则可能有 70% 的利润，也有的能做到 80%，但可能会做得太悬、太有创意。怕万一有风险，地产商就找能做 70% 的，让对方出一点钱，10% 或 5% 都可，地产商再加 20% 给开发商作为鼓励，否则他不干。最后假如开发商出 10%，再加上地产商给他 20%，最终开发商拿走 30%，地产商还能赚 40%，比自己干只赚 15% 依旧合适得多。

纽约少数顶尖的地产商就变成了这类收费开发商。收费开发商后边跟着钱，比如瑞雷特公司。瑞雷特做的经典案例是时代华纳中心，在曼哈顿中央公园边上。它才出了 5% 的钱，却分走了 45% 的利润，出钱的人也就赚 50% 左右。一家叫阿波罗 (Apollo) 的金融公司跟着瑞雷特，瑞雷特到哪儿它都跟着，就像今天王中军要傍着冯小刚一样。我们跟瑞雷特打过交道，发现它做生意确实狠，眼光确实独特。我也到过它的老板家，去看他们开会。它比别人多赚 20%、30%，回报率从来没低过 30%。纽约形成的这样一种地产商，他们在商用不动产领域里最受尊敬。投资电视节目《门徒》的唐纳德·特朗普也是收费开发商。这些人就像导演一样，最顶尖的不动产公司创造性远大于建筑能力，它的职责是去编这个故事，然后再请人把它做出来。

中国有没有这样的地产商呢？也有，但不多。最典型的是成都的邓鸿，“九寨天堂”就是他的作品。在那样一个偏远的地方，他把藏羌文化放在室内，跟室外互动，给人特别的体验，同时还能赚钱。他用的其实都是别人给的钱，但没有他，这块地就赚不着钱。你找三流、四流的开发商，最后可能也就是建成了一个洗头房、烂酒店，过两天就没了。还有一个典型是张艺谋，他是最好的商用不动产导演加制片模式的实行者。他创作了广西阳朔的《印象·刘三姐》。这个旅游地产如果按当地政府的规划和当地开发商的想法，可能就是弄条街，有餐馆、洗头的、捏脚的、做火锅的，再卖点旅游纪念品，晚上夜总会、按摩，也就到头了。张艺谋去了，给他们做了《印象·刘三姐》，一晚上最贵的票卖上千元钱，每年2.5亿的营业额，带动了很多人去。然后有人开始盖五星级酒店，比当年按传统方式做水准要高出一大截，收入也要高得多。自然山水变成了资本。一个创意、一个故事，使这块土地和空间发生了价值变化，而这个品牌使得很多人去追随。邓鸿在做完九寨天堂以后又做了成都的新国展，旁边建了个大剧院，还有一个120万平方米的室内综合体，有冲浪、写字楼，可居住，极具想象力。他就像导演一样，所以政府低价给他地，银行给他钱，然后他赚很多钱。他是学美术的，在美国待过，用的是一个艺术家的思维方式。

在这个过程中谁赚最多的钱呢？回报率最高的是导演。从拍电影角度来说，很多剧本不是导演自己写的，钱也不是导演出的，最后出名的却是导演。导演挣三部分钱：第一是权益金，即百分之几的干股，这是斯皮尔伯格发明的；第二是很高的制片费；第三是票房分账，即票房超过多少还得给他分成。他唯一的风险就是品牌。其他人都赚一部分，比如院线只赚很小一部分，外加卖爆米花的收入；编剧拿一个剧本钱，演员赚个劳务费，投资人还有一个版权，再做一些衍生品的开发，做主题公园还得再投资。

我们在美国做的“中国中心”坐落在自由塔高层，这个自由塔的业主也是用招标方式再招一个收费开发商。当楼房已经盖到 70 多层时，业主觉得不踏实，认为还得找一个好导演，把这个楼再重新包装一次，等于电影都拍一半了，说不行，我们不能做导演，我们不是干这个的。后来谁中标了呢？德斯家族。纽约与新泽西港务局和德斯都欢迎我们加入收费开发商的团队，因为中国客人会越来越多。业主每年给收费开发商钱，收费开发商也投一点点钱，整个建筑 30 多亿美元，他投入 1 亿美元，表示愿意共担一部分风险；业主每年支付一大笔管理费，最后这幢摩天大楼才能有效地运转起来。

收费开发商一接手就改剧本，出于安全考虑，先把顶楼餐厅砍了，然后把观光平台做好。这对我们是好消息，因为“中国中心”有餐厅，这样整个 25 万平方米、500 多米高的大厦里，就我们一家有餐厅。业主算过账，这样一来，减少了餐厅的风险和投资，观光平台又增加了收入，最后还是赚的。“中国中心”的生意好了，租金稳定，他也很乐意。

万通始终在强调手艺要好，若是手艺不好，就不会有人请。所以我们说一定要做“三好学生”：眼光好、手艺好、心眼好，这三条就是导演的基本品质和核心竞争力，只有这样，那些有地的人才会来找你。

空间价值的创造比地段更重要

说到空间价值，我要先说说形势法则。所谓形势法则，就是讲一件事情到底是什么。举个例子，什么叫窗帘？有人说把这块布挂起来就叫窗帘，也有人说百叶窗是窗帘，但如果用形势法则来理解，窗帘就是调节光线和空气的一个工具。房地产也一样，我们回到形势法则，房地产做的是空间生意，而不是平面生意；它是做有经济价值的空间，四堵墙加个顶，这就是我们经营的空间，我们要考虑如何让这个空间值钱。正是人们在这个特定空间里从事的活动方式和经济收入（现金流）不同，才让它的价值不一样。户外空间如被日本核辐射污染了的太平洋，这个空间是无边界无限制的，没有经济价值。我们要做的空间生意是在稀缺性的条件下，用人为的方式制造出一个空间并让它有价值，它越稀缺我们就越有独立定价的能力。我们在纽约做“中国中心”，这一空间就非常稀缺，我们就有定价的主动权。当时很多人跟我们讲，你要做“中国中心”，纽约那么多地方都可以选，为什么非要到自由塔？我说我要做一个唯一性空间，一个具有自然垄断条件的空间，也就是一个最有价值的空间。

万通的使命，是创造有价值的空间，具体说就是：第一，我们要做空间生意；第二，我们要让空间有价值。我觉得其他一些地产公司的某些标识和广告语跟房地产没有太大关系，比如创造生活，或者以人为本，这用在任何公司都可以；这种情形在消费品、医药、保健类企业中更为明显。而创造有价值的空间，既说明了我们的行业属性，也说明了我们经营的是什么东西，以及朝什么方向走才会使公司更有价值。

我认为地段的重要性次于空间的创造性。政府给我一块地，无论在哪儿我都有能力让它赚钱，因为我可以制造出一个独特的体验空间使它有价值。比如九寨天堂，要从成都搭乘飞机然后开车才能抵达，它周边都是荒地，但它以藏羌文化为主题制造了一个特别梦幻的酒店，你进去以后分不清楚是室内室外，它把风情街修在室内，大玻璃一打开又像是户外；在室内你能感觉到森林里的空气、鸟鸣等，也能体验到逛街的乐趣，这就是独特的空间体验。正因如此，人们纷至沓来，不火都不行。

所以，我认为在空间方面的创造能力其实比地段的选择更重要，因此我们做地产生意的就应把精力集中在创造性上，而不是每天去找地。

地不是不重要，但如果我们好不容易找到一块地，却不在空间价值的创造上下功夫，那么就会导致地是肉价钱，房子却成了豆腐价。我们不是建筑业，建筑业只负责把房子建起来，而房地产是让空间具有稀缺性和创造独特价值，把这两个角色的区别厘清了，将有助于我们在地段的选择和创造性这两件事情上保持平衡。

我们在北京 CBD 拿下了 Z3 地块，大家说这个地段非常好。但周边要建 18 栋 200 米以上的楼，地段相同，我们应该比什么？那就是比空间的创造性。我们要让大家在万通这个写字楼里享受独特的体验和服务。房地产的本质是空间竞争，而空间竞争的根本在于如何让空间更有经济价值。

刚才谈的是空间价值，现在我们说说土地。对于土地，我们究竟应该买多少呢？是不是越多越好？有的地产公司土地储备了 1 000 万、2 000 万平方米，大家都说地多厉害，其实牛的根本不是地，而是指由地所取得的可建造的空间面积，是空间，不是土地。

有的公司爱夸耀自己拥有的土地亩数多，那这个公司还只处在小学生水平，平面大了你责任就大，比如你的 100 亩地上只允许你盖 10 平方米，你要这 100 亩非累死不可。所以，实际上大家还是应该比空间。所谓“土地储备”应该改一个词，叫“空间储备”。这个想法上的一点改变，可能会使公司创造出数十亿乃至超过百亿的价值。假定我们在廊坊有 1 万亩地，是一级开发，这 1 万亩是平面概念，1 万亩的建筑指标是 500 万平方米，而买 1 万亩地照现在的市场价格要 150~200 亿元，这才能换来 500 万平方米所对应的建筑空间。但若做立体城市，我们只需要买 1 500 亩地，就可以有 600 万平方米的建筑空间，买地用钱超不过 50 亿元。所以前一种思维是用平面做地，后一种思维是把这个空间的指标做大，用科学创新的方法，用研发来推动我们获得这样一个空间。如果你不是去创造立体城市，政府都不可能给你这个指标。我们换了一种思维，把所有的精力集中在空间上，而不从平面上去想问题，就创造了100亿元价值，这100亿元可以由投资者、客户和当地政府等各方面来分享。公司要推动创新和研发，最重要的是能够回到房地产的本来意义上做生意。有这一点点改变（创新），我们的眼光就可能会超过很多专业的分析师、财经记者和同行。

由此引申出另一个观念变化，即土地是无限的，而不是有限的。如果你是做平面生意，你会觉得这边盖房子把土地用完了，那边就不能再建，那土地资源很快就没有了；但要从空间上来看，我们往上盖就可以了。现在建500米以下的建筑是常规技术，已经很容易实现，所以哪儿要是没地了，当地政府就应该提高容积率，这样大家就又有地方待了。天津滨海新区2 200多平方千米，按照规划，毛容积率是在1以下，净容积率也都不到2。北京市现在规划下的建筑，容积率算下来不到1。你只要往上盖，实际上永远都是有地的。

1929年纽约都在嚷嚷没地了，大家都很紧张。那个时候房子只能盖到3层楼高，当时都是木石结构的，墙还特别厚。大家疯狂地圈地，地价昂贵。电影《泰坦尼克号》里，有个把太太放救生艇上、自己选择死亡的绅士就是纽约的大地产商，华尔道夫酒店边上到处都是他们家的地。

随着涌进来的人越来越多，房子越来越紧张，土地便愈发珍贵，人们一筹莫展。正在这时，金融危机来了，大家都在寻找出路，其中一个方向就是用什么办法把房子向上发展，把地腾出来。令人欣喜的是，有三项技术发明将这一梦想实现了：第一就是钢结构的兴起，大家知道钢结构的高度可以超越通常的限制，现在全世界超高建筑都是钢结构，所以它改变了历史；第二用玻璃解决建筑的自重问题，玻璃轻得多，所以楼建高了倒不了；第三是电梯有了大幅度的改进，可以把人输送到上面任何一个点。钢结构、玻璃和电梯让纽约进入到摩天大楼时代，从此城市往高层空间发展，地又多了出来。1949 年纽约到处是摩天大楼，特别是曼哈顿中城大楼林立，人口密度陡增，一平方千米容纳人数超过 10 万。

如果我们能够不断地往天上发展，那就意味着土地是无限的。现在无论哪个城市，任何一个理性的领导，如果说地没了，那只说明你规划没做好；只要你对房地产的理解回到空间上来，那地就永远都有。

土地是无限的，但又是受约束的；土地是由价格决定的，它既是无限的，但在一个时点上又是绝对的。价格不动，土地就逐渐稀缺，变成有限；价格逐渐上扬，土地就因空间价值上扬、加高和拆改的动力加大而变成无限。比如这个地方盖房了，就不能刚盖完马上再拆，这就成了有限；这件事情如何能打破呢？只能靠价格。土地是经济要素，只要空间的价格在改变，土地的价格在改变，就有了拆迁的经济利益和合理性，于是就会有人来拆迁，这就意味着土地供应会不断增加。拆迁以后创造出新的更高价格的空间，从这个角度来说，土地确实又是无限的。

现在建筑技术不断进步，土地的要素价格不断提升，让土地成为无限。建筑技术的进步使现在盖到 1 000 米也不难，土地价格随着人口的增加、经济的发展不断在变，所以拆迁动力总是有的，特别是在老城区，我们盖的任何一座房子，在前面都被人盖过好几次。万通中心、万通广场的土地在之前就都是有人盖过房的。一个城市土地是无限的，我说的是城市，因为只有城市土地才能变成经济资源，如果是戈壁滩，那土地就不是经济资源，因为没人在那儿制造有价值的空间。

如何让钱对我们低头

在公司层面上，土地储备策略体现了从两个方向发展公司的能力。第一个方向是用钱傻买地的能力，比如说拿到 1 万亩地，因此拥有 500 万平方米的建筑空间指标。第二个方向，就是公司提高创造有价值空间的能力，包括建筑设计、绿色环保的能力，让空间更舒服和更有价值。天津生态新城的新新家园，它就可以给人带来健康和舒适度，我们在这个空间还营运着餐厅、酒吧、电影院等，满足人们各种各样的需要。这样公司就变成了类似电影行业的导演加制片模式，别人有地有钱都来找我们，因为这样一个空间在他们手上可能租金是 5 元钱，万通出手就能做到 10 元钱，他给万通 3 元钱执行费之后还能赚 7 元钱。之前在北京 CBD 整个投标的 12 个地块中，我们投了 11 个，各项评分我们有三个第一、四个第二，在这次参加投标的所有民营、国有企业里，在专业领域，也就是创造空间的能力上，我们明显是领先的。有了这个第一，那些有钱的大机构在第二轮时就会来找我们，冲着这个名次，他们会很愿意给我们出钱，占点小股，然后再请我们来管，因为他们相信我们有能力把这个空间做好。钱跟钱相比的时候，钱多的就厉害，比如说我有 100 万元，你有 5 万元，那我肯定是大爷心态；但钱在手艺人面前永远是要低头的，因为手艺人的东西需要用钱才能买到；但手艺跟艺术再一比，手艺也相形见绌，必须低头。手艺是工匠练出来的，而艺术这件事有赖于创造力。有天晚上我参加奥迪艺术与设计大奖赛，开场是谭盾的音乐——水摇滚和弦乐四重奏，你多有钱都得对谭盾肃然起敬。因此，我发现钱有时候也很谦虚，关键是站在它面前的东西要比它更值得尊敬、更难得到。钱在一代人手里就可以赚出来，一个手艺历经三代都不一定能学好，而艺术这件事很特别，二十几代人里都未必能出一个艺术家，因为正因为它需要很多特别的创造力，所以钱才会对艺术趋之若鹜。

作为一个房地产企业，我们逐步在创造有价值的空间上下功夫，然后逐步让钱对我们表示敬意。我们用手艺换得跟投资者一起做新作品的权利，我们用创新的方法、很少的代价去获得权利，比如说立体城市。我们做这个标的的同时，也带来整个房地产行业竞争能力、土地策略等一系列变化，最终会改变行业规则，把房地产变成微软一样的生意，创造无限大的价值。

房地产的下游是建筑业，相当于制造业；中游是服务业，相当于手艺活；上游是金融业，相当于艺术。建筑业的功能就是我们想好了一个空间的创意，让它帮助我们实现，相当于艺术家设计了一个作品，然后请电焊工帮他做出来，电焊工赚的钱跟艺术家比差远了。然而我们现在很多地产公司每天忙的事都是建筑业的事，万通目前也有这样的倾向，如水电气热这些事都要管。这就好比给政府代建。我们的努力目标是不做电焊工，我们要做艺术家，要把空间研究透、规划好，把运营做好。如果我们朝这个方向努力，房地产生意就能被做成服务业、金融业。也就是说，我们有两种选择，一种选择是制造空间，另一种选择是运营和创造空间。

不过，我们在转型时期还是会做类似建筑业的工作，但做的是高端代工。有的建筑公司做最简单的民宅，有的建筑公司做酒店、超高建筑，那后者赚的钱会比前者多。所以我们要保持高端，做差异化的产品。2011 年 4 月份我们发布“万通台北 2011”的度假公寓项目地，该项目在阳明山上，下有温泉，边上有高尔夫球场，出门可以上山，去看淡水河，看琼瑶小说中描绘的淡水夕阳。正是这种浪漫的氛围会让有购买力的客户动心。这个项目的创造性在哪里呢？

第一，我们不需要买地，当地合作方出地，我们出钱，我们用市场和专业能力换得在这个地方制造空间的权利。第二，按照大陆客人的需要，把这个空间加以重新设计。我们先后组织了 100 多个客户去那里看，在大陆做了 6 次市场调查，把这个空间的目标客户需求搞清楚，对它的价值做了重新规划和提升。第三，我们发现两岸制度差别造成了这个产品的稀缺性和价值点：它是永久性产权，这对大陆客户非常重要；另外大陆有可能实行的房产遗产税至少要收一半左右，而台湾的遗产税不超过 10%，所以你要想留给子孙房产，台湾的房子比大陆更能保值，更值得收入囊中。第四，在台北你可以待一周不乏味，它有很好的历史、文化底蕴，以及饮食和健康医疗体系。在三亚，即使和亲密爱人在一起，你待三天也会烦的，因为除了空气、阳光和海水，这个城市没有其他内容吸引你待下去；台北则让你看千遍也不厌倦，因为你可以随时体验台北不同文化下的精致生活。第五，它的医疗保障体系比较好，把老人安置在那里比在大陆安心，那儿的救援、医疗等整个照顾体系非常好，也不用担心语言不通。最后，那边的房价比三亚还低。我们发掘了这么多跟空间有关的要素，创造了这样一个产品，客户反应非常热烈。此外，这个项目是完全市场化的，不需要预售许可证，我们想什么时候开工、想什么时候卖、卖什么价格都可以自己决定。

房地产行业的本质是学会找一个空间，把这个空间的经济价值挖掘出来，这样才能创造它的价值并使之最大化。我们可以在住宅行业继续做，但是要做高端住宅，这不是要跟政府的政策对着干，而是要寻找、创造新的价值空间。比如在三亚、台北，我们做出特别好的养生住宅，或者就是投资品，在高端市场坚持细分，数量不必多，这样我们仍然能找到很好的生存空间，而且边际利润会更大。

另外一个选择就是要做成服务业和金融业，这就更需要注重引领能力。商业不动产的引领能力就是要提高每平方米的租金回报率，通过改善服务来提高和增强市场融资的竞争力和招租的能力，比如我们现在的万通中心、服务公寓在北京一直保持着出租率和租金第一名。正因为我们有这样的服务能力，别人做服务公寓、写字楼时就会来找我们。我们要把房地产做成服务业，这实际上是一个观念上的改变，也是公司未来的一个重点发展方向。

眼观六路，耳听四方

在当下的社会生活中，住宅是最被关注的话题。实际上现在社会各界都在发声，各有不同的立场，各有各自的道理，但到底谁正确或谁正确的概率高一点呢？原始社会你可以赖账，因为没凭据，现在随时都可以录音，上网一搜索，谁对谁错马上就一清二楚。

那么，现在具体有哪几种人在讲话呢？第一是买房人，抱怨价格高、质量差，价高的买不起，质次的买了闹心。但买了房的人多数不抱怨价高，因为这是公共汽车原理，上了车的人都不希望别人再上来。买了房的人通常都是抱怨质次，但不抱怨价高，因为只要一算账就会发现，谁对我最好呢？不是老婆，也不是老公，对我最好的是房子，涨了一倍！而这一倍又带来了很多新的憧憬。

第二是政府，政府始终要讲公平，总是说既要保障大多数人基本住房的权利，又要保持市场的健康稳定发展，希望保持社会的基本公平秩序和公平的道德取向。政府讲的都是永远正确的话，但做起来总是会或多或少偏离一些。

第三是经济学家，经济学家在讲灾难、危机，总是说要出事，没有一个经济学家说现在什么都好，否则他们就失去了存在的意义。自由的经济学家都是在讲问题，比如谢国忠，还有我社科院金融所的师兄。后来我发现经济学家如果不讲危机，基本上就没成就，而且会失业。因为没有问题，怎么能表现你有方法、有见解呢？我曾参加过一次原来同事的聚会，我工作的最后一个公家单位是国务院下属的体制改革研究机构，我说：“你们当年预见的所有危机都没发生，今天又开始预见新危机，这纯粹是在吓唬我们。我是生意人，如果我没做准备，危机真来的时候，我就死了，而如果你们预测的那个危机没来，我可能就错过了发展机会。”只有我自己预测危机，而如果这个危机真的来了，这时候我才心理平衡，才会觉得这个代价承担得起。历史上，经济学家几乎都在研究危机问题，然后据此来提供解决方案。他们跟算命先生一样，不加时间、地点、情节，所以永远都是正确的。社会心理学有一种自我印证的心理机制，算命先生为什么有市场？因为每个人听后都会将自己的情况对号入座，老给自己找理由来证明算命先生是对的。

第四是商人，商人讲的是机会，因为没有机会，他就得关门。别人办丧事他就卖棺材，总得有活干。商人永远是在看未来、看希望，这是我们做生意唯一的自信。如果每天在这儿也跟经济学家一样，预测未来不行了就把公司关了，那企业还怎么发展？企业发展恰好相反，别人都说不好时，我们会想着怎么找到一种方法，让自己找到空间，活到未来，最后让大家承认我们今天的决策是对的，跟着我们走。

这四种声音我们天天都能听到，作为政府的决策者，要善于倾听、择其善者而从之。政府要管事，但要管得适度。第一，政府要管保障房，不要管商品房，应该让市场去调节商品房的供需与价格。比如说别墅，这是一个商品房市场问题，肯定不属于保障问题，那你就让他卖，多少价钱都别管。而我们目前是全管。保障房应该限购，新加坡也是这样做的；但商品房市场你也用这办法管，好比男人生病到妇科去抓药，肯定是不行的。

第二，政府要管品质，不要管价格。全世界住宅市场上政府管的最重要的是品质，而不是去行政定价。我们在台湾开发的那个项目2013年底才做完。在大陆住宅18个月得搞定，如果是高层，那就更得快了。台湾这个项目怎么可以这么慢呢？因为，在台湾我们什么时候卖，政府不管，但政府管控品质，你不干够这个时间，它会认为你的品质做得不到位，因为它已精确计算了每道工序需要多长时间，对你的品质监督非常严格。所以，政府管品质是非常重要的，是为了确保大家的居住安全。至于价格，你有能力，你就享受这品质；你没能力，你就租房。

据我了解，美国也是这样，地基验收一道，墙体验收一道，屋顶验收一道，里边电线、电器部分再验收一道，每一道都有一个验收的节点，不是说把房子全盖好了才验收。这样施工进度可能会拖延，但品质确实会好，对大家生命和财产安全以及未来的价值保障都很好。有一次碰到一个美国住宅开发商，我问他什么时候能卖，他说什么时间都行，政府不管，随时可以卖。但没人买说明他不行，客户买了觉得后悔，那就打官司。台湾现在也一样，而且市场会发展出建筑经纪公司，在客户和开发商之间有一个商业化的公司来管钱，他管错了要承担连带责任，相当于评级公司一样，都是市场化了的游戏规则。

品质意味着什么？很多人突然发现买的房不隔音，楼上楼下的声音全能听见，像听实况转播似的。这就是政府定的标准太低，有的还是20世纪80年代的标准。这个标准对于开发商来说成本便宜，如果标准提高，成本就要增加。而我们的政府几十年来一直没提升这个标准，该管的事没管。

第三要管公平，而不应该去做损害公平的事情。在现行政策下出现的不公平有三种。首先是在买房人和未买房人之间制造了不公平，因为政府管制的结果是让买房人的资产大幅缩水。你说为多数人谋利益，但其实买了房的人是多数，没买房的人是少数。没有买房的人里，政府对年轻的和年老的又如何做到公平？年轻人还有未来，你现在反而宠他，就对那些年老的、几乎没有了未来的人不公平。这些问题都应兼顾。其次是私权力部门和公权力部门之间的公平。社会上有一些很有趣的现象，每当抓到一个贪官，你就会发现这个贪官后边有女人，但女人还是没有他的房子多。比如李刚有 5 套房，江苏那被双规的财政厅副厅长张美芳有 7 套房。反腐倡廉偶尔揪出来的贪官怎么有那么多套房？他们的公权力显然多于普通人，这就是公平问题，透视出了体制上的寻租优势。

《新世纪周刊》曾经做过一个研究，北京 2010 年前后 3 年里所有的保障房 60% 落入了公权力部门，而不是落入真正需要的人手里。参加第一轮摇号的还是老百姓，到第二轮就变成了内部分房。公务员系统肯定不是低收入阶层，这么多人想考进去，肯定不是奔着低收入去的，至少是中收入，还有可能成为高收入。至于怎样成为高收入，有合法和不合法两种途径。现在中收入的人有保障系统，单位天天给他们盖房，国务院机关管理局就有住宅中心，每年他们在内部分房；上海有一个局长更夸张，弄了 30 多套房。

而且，现在大型国企只把利润的 15% 上缴财政，剩下的钱在内部循环，变成了团购。比如某个权力部门看到一块地不错，它们单位有200个职工，于是就找一家开发商去招标，招完以后按市场价7折全部团购，内部员工分完以后按市场价再卖掉。政府要怎么去处理这个公平呢？

还有，道德上的公平与不公平该怎么处理？我们讲历史唯物主义，发现道德有历史性，比如500年前贞操就是天大的事，这方面出问题的女人要被沉塘。现在微博上有人说“性是纯洁的，不要用爱情来玷污它”，还出现了木子美等，她们不但没有受到批判，反而因为语言或行为另类而名声大噪，并拥有庞大的粉丝团。因此，当讲道德公平时，你首先应该告诉我是什么时代的道德，而不能只是抽象地讲。道德公平要被放在一个特定的历史背景下，机会均等意味着起点公平，平均分配讲的是终点公平。政府讲道德公平也应该讲明是什么时代的道德。我更倾向于机会均等，运动员起跑以后速度有快有慢，但起点上的机会均等必须要保证。而我们现在是讲结果公平，也就是终点上的公平，大家直接将现有的东西均分了，那这样谁还愿意奋斗呢？

道德公平是取机会均等还是结果公平，这个要掂量好，否则讲公平正义没有基础。公平正义是需要很多制度支持的。比如我买套房，到底产权是不是我的，70年以后有可能被收走吗？如果这东西是我的，谁也拿不走，那我就会感觉到公平。政府做得不好我可以批评，不至于因言获罪，那我才觉得有正义。在道德公平这个问题上，政府应该管得具体些，而不应该变成一种讨巧和文过饰非。

眼下，针对中国社会每件事都有四种观点：极左、极右、中左、中右，有的人还活在毛泽东时代，有的人则活在未来时代，这中间差了 100 年。你根据哪个道德标准治理这个国家，这个要想清楚。还不清楚的时候只是笼统地提出一个道德号召，实际上是无力的和没有方向感的。

住宅问题：青春痘还是疾病?

现在中国的房地产问题，到底有多严重？究竟是疾病，还是青春痘？这两个问题的性质不一样。女孩青春期时脸上会长痘痘，但这究竟是不是病，医生都没有统一的意见。面对以上情况，聪明的家长只做两件事，安慰和等待，等到孩子年过 20，脸上自然又光洁如玉，因为这是一个成长必经的过程；如果你把它当成病，到处求医问药，有可能会整得小姑娘内分泌越来越乱，最后保不准还会落下坑或疤痕，留下遗憾。

今天中国的房地产问题，就面临着这样两种选择。而对这个问题的不同看法，社会上有一些争论。

中国房地产目前面临的问题是什么？今天所谓的房地产问题，其实就是住宅问题。在发展中国家，特别是新兴工业化国家和快速城市化的地区，住宅一直都是问题。我年轻时看过恩格斯于 1887 年出版的《论住宅问题》，其中有一篇就提到工业革命初期英国工人阶级的住宅问题。中国台湾在 20 世纪 80 年代末发生的无壳蜗牛运动也跟住宅有关。委内瑞拉前总统查韦斯曾经让军队开进了高尔夫球场，把富人的高尔夫球场改成经济适用房。而波及全球的美国次贷问题也是住宅问题。

在人均 GDP 达到 8 000 美元之前，住宅问题是所有新兴工业化国家和经济起飞、快速城市化的国家与地区普遍存在的问题，这个问题急不得，但又不能不急。所谓急不得就是人均 GDP 没到 8 000 美元这个阶段，这事解决不了；不急不行是因为大家都在吵。

既然这样，要熬到什么时候才能解决这个问题？我们看中国的住宅，从北京、上海、西安、杭州一直到邯郸、保定，大家会觉得这个问题的重要程度是不一样的。北京、上海几乎是在饱和状态下，首次置业占的比重已经很低，改善性置业是最主要的。而二三线城市刚刚开始首次置业浪潮。所以住宅问题是跟人均 GDP 水平有关的，它是随着这些区域经济水平的变化而变化的。

站在领导者的角度来说，今天我们判断房地产住宅问题首先要判断它是青春痘还是疾病，如果是青春痘那就多加安慰，全世界没有一个市场经济国家的政府能保障人们 35 岁以前都买得起房。

医学理论中有两个词最难搞清楚：中医用得最多的一个词叫“上火”，那么火在哪儿呢？不知道。西医里面最让人犯晕的一个词叫“内分泌”，内分泌失调这个事很复杂，你要去调，但具体怎么调，医生也没法说清楚。西医通常会给病人开些药，让病人边吃边检查然后调整处方。中医会开出完全不一样的中药方子，也有不用药的，说针灸或拔罐就能解决问题。人在青春期和更年期内分泌问题都多，这就好像我们经济社会的转型期，系统最容易出问题。这也意味着所有问题都不是只有一个答案，因为你要转，从旧轨道转到新轨道，有的人用旧的标准，有的人用新的标准，很难众口一词。

今天中国的住宅问题就面临着这样两种选择，站在行业的立场来看，这些都是青春痘的问题，长大了自然就会好；但政府、媒体更多时候会认定这是病，需要去医院治疗。

买不起房的因素有四个。最初认为主要来源于开发商，说黑心的开发商把房价炒高了，于是政府和媒体合力对开发商进行道德批判。除了舆论批评，政府还通过限制开发贷款、限制土地来源、增设土地增值税等措施限制开发商发展。调控几年后发现，地方政府也得对住宅问题负责任，于是最近三两年，大家又都在批评地方政府，说当地领导不负责任，不好好建保障房，不关注民生。地方政府不愿意了，说我手里又没钱，保障民生应该是中央政府的职责！中央政府意识到这件事自己最有责任，于是决定拿 350 亿出来支持做保障房，又要管住租金不让它涨，同时还鼓励年轻人租房。这样六七年转了一圈，到底是什么因素导致上火的呢？原来这是大家集体造成的自我上火，每个人都有责任，开发商、地方政府、投机买房人、不该买或买不起房的年轻人、中央政府都有责任，住宅问题成了一部众说纷纭的韩剧，很纠结也很感人，每一点拿出来都挺有道理，婆婆也挺好，媳妇也挺好，但又都委屈，都抹眼泪。

这样一来，本来是青春痘的问题，由于处理方式不对，结果真有可能变成内分泌失调，最后把这个病一直拖到青春期之后，青年、中年仍受影响，它留下的后遗症就是去市场化。

本来住宅问题分为两部分，一部分是保障性的，一部分是商品房。保障性的管吃饱，但不管吃好，就好比开夏利和富康；商品房管吃好吃爽，相当于开奔驰、宝马。在拥有奔驰、宝马之前，应该赶紧先整个夏利，让大家有一个基本的代步工具，然后各走各道，互不影响，等条件具备了再鼓励大家自行购置更多或更好的车辆。但我们没有从一开始就做这项工作，而是怪房地产商、市场，用体制、文件来管市场，让市场变成政府的下级，领导把市场当下级管，开个会就发布一些政策下来让市场听话。

我们没有区分开市场、准市场和非市场，比如说保障房在新加坡有一部分就是非市场，叫公租、廉租，还有一部分是准市场（组屋的高端部分），另外一部分是完全市场。我们是把市场逼回到非市场的道路上，这种情况下推出的调控措施的效果往往适得其反。

政府对土地成本和房价反向调控。土地价格越拧越死，土地供应越来越紧缺，这么贵的地，占掉整个项目 60% 的成本，而你又让房价降低，这怎么可能。

政府把地价越调越高，却又希望房价越来越低，没有办法，只能是去市场化，就是你买了地之后：第一，不拥有完全产权，只有 70 年的使用权，相当于交 70 年租金；第二，两年内不开发要收回。除此，政府还要定价，一房一价，而且还要限购等。如果是市场经济，既然我已经租了 50 年或 70 年，那么我多长时间开发应该权利在我，但中国不允许企业独立平等地和政府去讨论这个问题。这就像我曾讲过的一个笑话，有兄弟俩，哥哥让弟弟去拿一个东西，弟弟到哥哥家一进屋就看见嫂子在洗澡，随即愣在了那里。嫂子说了句话：“你对得起你哥吗？”弟弟转过身去。嫂子说：“你对得起自己吗？”意思是说，既然你都看见了又不有所作为，憋着自己难受。他一看，不行，得赶紧走。这时，嫂子又说："你对得起我吗？"也就是说这个弟弟怎么都不对，开始看了不该看的，对不起哥哥；愣在那里转过身自己难受，对不起自己；真走了嫂子已经性起，又对不起嫂子。这个笑话很贴切地描述了大家进退维谷的局面。现在很多中小地产公司，往前做对不起一些政策；待在那里不动自己难受，对不起自己；完全不做了对不起客户，因为市场还有需求。

弟弟与嫂子的笑话，让我想起了另外一个比喻，是有关囤地、捂盘的。囤地、捂盘这事，就相当于娶媳妇时被指定第一年必须生孩子，只要不生孩子就算捂妻、囤性，政府就要收回结婚证，不再能生。人性是不可以这样来管理的。而作为企业的理性决策，70 年中我有权根据市场变化来决定开工时间，不能要求我在市场不好的情况下必须两年内开工。虽然市场好不好我也不一定知道，但你只要一发文件，市场就肯定不会好。所以，这里面已经不是市场经济的基本理念在支配企业行为了。

房价也是这样的，政府提供公共服务就可以了，保障房你可以自己定价，但你不能来管我商品房的价格。北京商品房涨价幅度、打折尺度政府都要管，企业就没办法根据清晰、明确和长远的市场预期决定怎么做生意。比如我们买地时，市场说有 10 个客户都可以来买房；等政府把地卖给了我们，同时告诉我们只有一半人可以买，剩下的谁买就抓谁。先把地高价卖给我们，同时还把客户赶走，这等于谋财害命啊！

调控到现在，政府一直没有走严格分轨的制度。把商品的归商品、保障的归保障，管住保障房、放开商品房，这就是新加坡的成功模式；但我们却是让市场陪着保障玩，让市场解决保障问题。这就好比让一个男人到妇科医院去替女人生孩子，这是两个跨着界没法办的事儿。你要让市场替保障那部分解决问题，市场会说不，因为无论你房价降到多少，还是会有人买不起。保障问题本是政府的责任，不应该转移视线，怪罪市场，把所有人都拖进来，使政策越来越去市场化。

市场经济其实非常简单，产权要素要自由流动、自由定价、自由竞争、自担风险、自我分享利益。但现在的住宅政策却和这些基本规律越来越背离，结果就像搅一锅粥，越搅越稠，越搅越搅不动，厨师自己搅得过瘾，因为他能锻炼肌肉，但粥锅里面的东西越来越难分清、越来越无解。

保障房一边倒政策也会带来新的不公平。首先，保障的范围模糊化在随着公部门的权力寻租而不断扩大。关于保障的范围现在有三种提法。住房和城乡建设部保障司提出来最需要保障的只有 5% 的家庭，这是他们统计的。中央政府提出城市人口的 20% 要由政府纳入保障。在上海、重庆还有一些地方政府提出要保 70%。到底保多少现在弄不清，这就会有中间地带，把不该保障的人纳入了保障。

公务员在中国到底是低收入、中收入还是高收入阶层？高收入阶层肯定不是，除非贪官。但是我相信 99% 的中国人都认为把公务员纳入低收入阶层不对，所以他们怎么也算是中收入阶层，多数还偏上一点。那么，公务员为什么全都变相被纳入了保障范畴呢？因为中央机关内部全部在推行保障房。所以，这就带来了公权力与私权力之间不公平的问题。

目前，如果这种公权力得不到约束，我们保障房的大部分利益就会流向公部门，最后会在公平的名义下制造出更多的不公平。公务员缺不缺房？举两个例子，一个河北的李刚就有 5 套房；江苏的某个财政厅副厅长有 7 套房，这都是贪官。你说这是偶然的，但这些人多数至少还可以有两套房。刚大学毕业的公务员抱怨说买不了房，但刚毕业你干什么都应该买不了房啊！所以应该说，35 岁以下的公务员和社会上的其他从业人员相比，他们薪资的总体保障要比一般人好，他们更有权力，住房问题更容易解决。国企赚的钱很大一部分不上缴财政，全在内部转成了福利。审计署审计出来的所有国企最大的错误都是拿国有资产发福利，这叫什么公平呢？

管制必定造成短缺，短缺会造成黑市加特权。现在土地管制越来越严，土地指标就出现了黑市。这就像在北京买车，一实行摇号管制，黑市就应运而生，因为你一管制就有人能特批。住宅问题用管制的方法解决，接近于平均分配的方法，必然会导致短缺和特权。这件事情历史已经做过结论了。1949 年，我们城镇人口的人均住房面积是 1.8 平方米。1949 年以后一直采取政府分配住房的办法，即所谓公平分配。中国改革开放从 1979 年开始，1999 年住房商品化以后，现在城镇人均住房面积已经到了 30 平方米，接近日本。但这人均 30 平方米的获得，不是靠管制和政府包分配来解决的，而是靠竞争和商品房供应来解决的。假定一个年轻人一出学校，政府就把住房分配给他，那政府会说，既然你住了我的保障房，那么我就对你有要求，你必须乖乖听话，还必须放弃自由，你不能自由迁徙，也别想去异地创业。买了商品房的人是自由的，想挪个地方折腾，可以把房卖了拔腿走路，但若买了保障房，按照规定你几年内不能动。你贷款买商品房是为银行服务，买保障房则要对政府听命一生，你不能随时从河南到上海、从天津到北京去创业，因为保障房不让卖，想到北京买房又不可能，你没有现成的 5 年纳税记录。最后，年轻人的外出流动创业就没了动力。

市场经济当中最重要的要素流动是人的流动，美国创办谷歌和脸书的企业家全是 25~35 岁的年轻人，就是因为可以自由选择、自主择业，想住哪儿住哪儿，想干什么干什么。而我们不适当地扩大保障面积，会导致劳动力要素流动停滞，然后整个市场经济竞争活力就会弱化、中国的经济发展必将减缓。我曾看到过报道，公务员考试时经常上千人蜂拥着争考一个职位，就都是这些政策引导的。如果年轻人都往那里钻，不再有人去创业，未来中国可能连阿里巴巴、百度都没有了，因为年轻人的创业激情、创业活力、市场经济当中的活力因素都被抑制了。

不爱那么多，只爱一点点

现在还有一个问题，就是未来我们的人口和家庭结构发生变化以后，现在的政策将难以应对。现在的独生子女非常值得同情，上面的

不爱那么多，只爱一点点

老人太多，至少有 6 个：祖父母辈有 2 个（其实可能远远不止），父母辈有 4 个，两个人扛 6 个人的幸福，再加上小两口自己，然后再加上孩子。上面的人到了 70 岁左右，平均每天至少有一个人在医院。30 岁以后的独生子女，很重要的一件事情就是去医院或火葬场，但这两件事都办完了，他们可能会得到两套房子，或者还有祖父母的房子。现在这些政策如果是长期的，最后大家会说，我们不要保障，我们家房子足够了，小两口有三套房，卖一套可以养活自己，还可以出租一套，自己住一套。不幸的是，那个时候房子的租金会少很多，第一需要租房的人少了，第二房子多了不值钱，相对于未来可能的贬值，现在的保障房就成了贵的房子，也就是说，很可能到 15 年、20 年以后，今天的保障房成了高价房，那个时候社会又开始纠结。所以还不如把它变成双轨制，保障到一个应保的范围，不是尽量多地保，而是尽量多地不保。

要让市场自己去选择，因为自我选择和别人选择差距非常大。如果你的对象是父母帮你找的，你过得不幸福一定怨父母；但如果你自己和人私奔，过得再不幸你也不会找父母抱怨。同样的道理，如果现在这房是我在市场上买的，将来我再卖出去，亏了我也认。但如果现在不让我买市场上的房，你给我一个保障承诺，过 10 年保障房变成了高价房，那我还得生气。应当尽可能多地让人自由选择，让市场来决定，这样政府未来面对的社会矛盾才会越来越少。

这就像海南当年有将近两万家房地产公司，后来全破产了，但没有一家公司到政府门口要饭吃，因为那都是你自己选择的。所以对政府来说，你想要未来社会的矛盾冲突能够有序合理地解决，最好就是减少管制和过度干预市场。

政府和企业的边界，相当于谈恋爱，核心问题是多少爱等于幸福。这个东西很难拿捏，经常是爱过了，变成爱死他（她）了。这样不是把一个英雄男人（或好女人）窒息了，就是把一个男人（或女人）给逼走了，然后爱又转化为恨，中间就有很多纠结。凡是后来因爱产生矛盾的，多数都是因为开始爱得太多。爱得少些，男女之间矛盾反而不会那么大。家长爱孩子也是这样的，老母亲看到天气变化了，马上连夜打电话，叮嘱孩子加衣服，最后你会发现这些爱是她的需要，不一定是孩子的需要。所以我们的政府也好，领导也好，很多政策和关怀只是政府的需要，不是人们和市场的需要。就像政府怕我们不交房，把我们的钱管起来。美国政府从来不管这事，真的出现诈骗了，市场会想办法，于是就有了评级公司、建筑经纪公司等市场机构来管。

李敖在监狱里写过一首诗叫《只爱一点点》，说“不爱那么多，只爱一点点，别人的爱情像海深，我的爱情浅”。政府跟企业、社会要保持一个适当的距离，这样才能保持市场和社会的活力，同时减少政府未来的压力。

现在政府做的最重要的事情就是去市场化，在房地产领域已经是非市场化为主导，通行的是非市场化规则。资本金全球最高，买地要一次性付款，不能贷款。房价政府来定，卖了房钱由建委管着。买地时价格由政府是，买完地政府把一半客户赶走，名曰限购。税要先收，房子却只有 70 年使用权。这已经不再是市场经济，这些政策是非市场化的，等于政府让市场来帮它解决自己没解决好的保障性住房问题。

目前在住宅领域，全世界共有三种做法。

第一，住宅公共政策。这是一种极端市场化的美国方法，所有一切都靠市场来解决，包括穷人的事。比如说你很穷，买不起房，市场化怎么解决？第一，离开这个地方；第二，供过于求，房价下降；第三，因为土地是私有的，有些人在自家私有土地上盖上房子出租。市场能解决这些问题。

第二，以德国为主的欧洲政策。在美国的政策下住宅市场无限大，所以全球最大的住宅公司一直在美国，几年前变成了万科。德国和欧洲同美国正好相反，认为住房就是公共福利，不应该进入市场总是被买来卖去。德国处理住房问题有两种方法：第一，少买房，能租就租；第二，买了房尽量别再交易。德国大概 50% 的人都租房子住，因为买一套房麻烦，卖的时候也麻烦，又不升值。因此，德国没有大住宅公司，虽然德国经济总量一直是世界第二或第三。德国的住房政策就是这样的，所以在德国人们一般不怎么讨论住宅问题，并且也没有引起过大的社会问题。

第三，新加坡采取的折中政策，百分之七八十保障，百分之二三十完全市场化，但这是两条道，各走各道，一条道叫私人房地产，另一条道叫政府房地产。政府房地产管保障；私人房地产则可以随便你做豪宅。新加坡采取的也是土地私有制，但不存在招拍挂①，没那么多复杂的政策，两条道各自发展互不影响。

---

① 指我国土地使用权的出让方式有四种：招标、拍卖、挂牌和协议，按国家规定，经营性用地必须通过上述方式向社会公开出让，统称为“招拍挂”。

我国目前很有意思，从 1999 年到 2006 年大概类似美国的政策，什么都让市场解决，取消所有福利分房，政府啥都不管，统统丢给市场。过段时间出现了一些问题，其实这些问题我一直觉得就像姑娘脸上的青春痘，忍耐一段时间就会过去。到 2006 年时政府忍耐不住，又开始改变政策，改成类似于新加坡的政策，希望市场解决一部分，政府解决一部分。这么发展了 5 年，发现还是解决不了问题，结果从 2010 年到 2011 年又有点像要变成德国的意思，索性不存在市场问题，都保障。如果这种政策一直执行下去，中国不可能再有大的住宅公司，现在住宅公司都会变成政府的代建公司，相当于帮政府盖房子的代工厂。

中国住房政策的演变大概就是这样的，我们由美国化政策变成新加坡式政策，最后又变成了德国式政策，此后都消停了，这部分不作为产业，也不作为商品市场，总之能解决住房问题就行。这样一来房地产企业的生存空间就会减少，就不会有特别大的住宅公司出现。政府如果把住房问题交给市场，地产企业就可以发展；政府如果不把住房问题交给市场，而是作为公共福利政策的一部分，当然就不需要有大型住宅公司的出现。所以随着中国逐渐改为类似德国式的住房政策，我相信大部分住宅类房地产公司都面临着转型或退出的问题。

此外，我们在市场上还碰到一个有关中国文化的问题，中国是以家族为单位而不是以个人为单位来理财的，如果家族里有一个人特别有能力，那么这个人就会给全家人都买房；而西方人是独立个性文化，就是如果姐姐买不起房，弟弟再有钱也不会管的。在中国不行，你有钱了，你要不给兄弟买，老太太就不干了，兄弟之间就没法见面了。不光是兄弟之间要买，兄弟的孩子你还得买。我们就有一个这样的企业家客户。他对我说，我在你这儿都买6套房了：我自己买了一套，给父母买了一套，后来又给丈母娘买了套，再后来孩子大了，又给孩子买了一套，因为还有兄弟，老太太说给兄弟也买一套吧，我觉得我的房子小，我又换了一套，加起来共6套。所以，中国住宅问题不是完全靠政府来保障的，实际上民间家族自我保障的功能也挺强大，有时候很难说统计数字是准确的。你根据统计数据判断这些人是买不起房的，但实际上他们可能都买了。合理的保障房政策应当能有效面对未来的老龄化社会和中国文化传统带来的一系列挑战。

现在政策出得很零乱、频繁，有很多原因，其一是政策制定的成本很低。保障政策是公共政策，而公共政策因为涉及民众的很多利益，本身应该有一个比较长期的讨论、利益群体的博弈，来加大政策制定的成本。应当建立事先博弈的机制，这样政策的实施才能有效。而现在制定政策的过程非常简单，就是写个文件，发个通知，而且有开头没结尾，文件都有自什么日期起实施，但从来不知道是什么时候结束。后边的政策跟前面的政策打架也没人管，反正一直出，不断出，更关键的是对政策出了以后造成的失误和无效还不能批评。这样的政策就容易变成大量制造的廉价游戏。事先不博弈，事后博弈，结果“实施细则”或“司法解释”必然是上有政策下有对策愈演愈烈，政府效力不断递减，政府威信和信誉越来越差。

我们要改进保障房这样公共政策的制定过程，让它更加科学理性，让不同利益群体有合理的博弈空间，政策制定错了以后要有纠错机制，这样民生问题才能比较顺畅合理地落实。

住宅公司的黄金率

在物理学中，有一种黄金分割，但凡有物体要被切割时，总有一个最理想的分割比例，叫黄金分割率。那住宅公司的黄金率是什么？我对所有销售额超过 100 亿元的住宅公司 2007—2011 年的报表做了研究，要找出其中的黄金率。

对于住宅公司来说，销售额是净资产的 2~3 倍比较合适。所有好的住宅公司都是在这个范围内。万科 490 亿净资产的时候，销售额是 1 080 亿，后者是前者的两倍多。我们住宅资产在 20 亿左右的时候，销售额 43 亿，后者也是前者的两倍多，都是这样。我们为什么规模小？我们上市时间太短，此间只融了一次资，如果再给我们 3 年时间，我们能融到 100 亿元，那两倍就是 200 亿。好一点儿赚 3 倍，坏一点儿不到两倍，不到两倍算不及格，但完成从两倍到 3 倍的跨越是要有条件的。

需要什么条件呢？净负债率不能超过 100%。净负债率是总负债减现金和现金等价物作为分子，分母是净资产。这个比例就是强调你的硬风险、非流动性，债务减去现金就是硬的债务，对应你的净资产，如果超过 100%，那净资产不够还硬债务的，当下财务风险就非常大，应该停下来。总资产负债率是把现金裹在一起，有时候弄不清。

净负债率超过 100%，有可能拉大你的营业额，可以接近 3 倍，但有可能出现危机，突然一下心肌梗死。万科的净负债率 27%，是好公司；我们 11%，杠杆用得不够，但也做到两倍多，那就是正常，个子小点，但有可能未来了不起。你要做到 3 倍的话，还有一种可能，那就是净现金流是负，你收不回来钱也卖。万科净现金流有 100 亿，是标准的好公司。我们净现金流 2010 年是 12 亿，净负债率 11%，也是好公司，虽然体量小，但也很健康。有些到 3 倍的公司，净现金流多数都是负的，净负债率超过 100%，比如你有 200 亿净资产，卖 400 亿是正常的，但你卖到 600 亿，那就是靠高负债率、净现金流为负来支撑，也就是靠高风险支持。

住宅公司的黄金率就这三个指标：销售额是净资产的两三倍，净负债率不要超过 50%，还可以提高一点，另外要保持现金流为正。龙湖、恒大在 2010 年前，规模并不大，但为什么一跃而起，这是投资者经常问我的问题，我也很疑惑。后来我仔细看了他们的报表才发现，这是公司的生命周期和决策背景造成的。

这两家公司在快速成长的阶段是处于它的青春期，公司刚好成立十四五年。在青春期有什么特征呢？就是敢冒风险，敢做风险决策，以大为导向。我们也有过这样的时候，比如 1991 年创办公司到 1995 年期间，全面扩张，什么都干。我们做过汽车叫“三口乐”，就是三口之家用的车，有点像吉利，还拉到保利大厦展览过；此外，典当行也做过，什么怪生意都做过。因为那时的我们就好像青春期刚赚钱，敢做风险决策。

而我们在几年前就提出来要持续健康稳定地发展，要求低风险、中速度、高回报的决策。恒大上市时它的净负债率是 780%，如果在资本市场小阳春的时机中没上市，这个公司就没了。但它上市以后，做了正确的决策，没再扩张，赶紧还债，于是形成了现在的营业额，它也是两倍多，净负债率是 40%，就好比青春期做了高风险决策，决策完以后长大成人，后边的事做对了，就不再继续高负债。

还有绿城，上市前负债率将近 200%，上市后负债率一直维持在 130% 左右。今天它的营业额也是净资产的两倍多，但高负债运行，赌性一直很大。龙湖女老板比恒大赌性小一点，但上市前也是高风险，因为要快速成长，上市以前负债率 230%；上市成功以后把债还了，现在净负债率在 40% 左右，走上了成熟健康的发展道路。

净资产怎么增加？一个是自我积累，一个是外延扩张，即并购、再融资。市场好时再融资，市场不好时也许做并购，这就是策略。掌握住宅公司的黄金率，实际就掌握了对住宅公司领导的主动权。

投资者曾经问为什么我不做董事长了，当时公司董事会在更换，以前的地产公司董事会董事长、副董事长、监事长都换了。这是因为我认为公司状况非常安全，我非常有自信，而且对未来我们已经都规划清楚了，所以才敢调整。一般来说，创办人总担心公司离不开自己，其实不是这样。我们最重要的是对规律的把握。作为控股公司，我们对下边的上市公司给的指标很清楚，只要做到两倍半即五六十亿就可以了，不要求太高，净负债率还在 50% 以下，现金流为正。企业就好比一个人，你要保持健康还是牛气，这两件事情要分清楚。年轻要牛气，老了要健康；我们在年轻的时候也牛气过了，该折腾的事也折腾了，现在是中年，对健康关注远多于对牛气的关注。但企业还必须不断创新，通过创新使万通进入新的境界，创造新的业绩。

在住宅领域里有一个逆向淘汰机制，是由市场和制度监管环境造成的。这是很可悲的事。正向淘汰机制是优胜劣汰，那逆向淘汰机制就是劣胜优汰。

首先，项目公司比总公司赚钱多，多项目公司不如单项目公司赚钱。比如我们有一块地赚了 5 000 万，用两年时间把事情做完，规规矩矩上税，剩下的钱你还要买地。这时地的价格已经翻了一番，你的钱不够，然后又得再借钱去买一块更大的地，做第二个、第三个项目，公司就在往下走。就如曾经曝出来的棕榈泉，做一个棕榈泉项目本来已经赚钱了，但接下来还要做好几个项目，结果全是负债，因为地价涨得不比房价慢。

其次，好公司不如坏公司赚钱多。地产行业好公司为什么赚钱少呢？因为缴税高。我们历年都是这样，A 股房地产公司都是股东拿的不如政府拿的多，股东分一元钱，政府拿一元四角到一元六角的税。坏公司不结算，很多私人公司也不结算，就这么耗着，楼烂尾了没法结算，税钱不缴，或中间做手脚使账务不透明，自然比好公司赚钱多。

再者，上市公司不如非上市公司赚钱。除了税以外，上市公司的维持成本也很高，比如投资者关系、培训基地、公关、品牌等，因为你要做一个永续发展的公司，有很多基础的东西要做。整个系统的组织结构庞大、管理成本高。

显然，这是一种逆向淘汰机制，在整个住宅领域里，国内几万家公司中，少数公司是非常好的，多数公司是中间的，少量公司确实做得不好，这样才形成了社会上整体的观感，暴利、偷税漏税、腐败粘连比较多。互联网公司其实赚钱比我们多很多，报表显示网游公司毛利能够达到 80%~90%，他们赚这么多钱还没人骂，反而因为是高技术而备受推崇，我们赚这点钱最后却被指责为黑心开发商，这跟淘汰机制有关。互联网是正向淘汰机制，首先钱是自己和风险投资的，另外财务透明，垄断起来比较困难。所以今天大家批评的百度和腾讯，实际上也是市场竞争出来的，不是说一上来谁就给它权力，它们也没有拿特许牌照，都是创业者闯出来的，这说明它们是有市场能力和符合市场需要的。

中国电信一上来就从政府拿到牌照，而且可以双向收费，那赚钱的方式和速度肯定是不一样的。互联网鼓励企业家的创新能力，企业可以通过创新得到超额利润。而住宅公司长期以来的反向淘汰机制，令社会看不见企业家的贡献，看不到企业家在推动社会进步方面所起的作用，不给企业家创新能力定价。互联网是相反的，每个企业家的能力在资本市场上是有定价的。逆向淘汰机制使社会对于地产商和住宅公司的道德评价扭曲了，与其对社会的贡献不对称。这个不对称和互联网的不对称正好是相反的，互联网公司做的好人好事可能没这么多，但得到的评价更高；获得的毛利比我们多，但没人注意。在公益慈善方面地产公司做得最多，虽然我们的毛利还没人家高。就这样，房地产公司赚钱又少，干活又多，捐钱又多，最后得到的评价反而更低，这真是历史的误会。

商用不动产的美国模式

在国内，操作商用不动产的模式大概有两类。一类我称之为过渡模式，最具代表性的是王健林模式和 SOHO[①] 模式。它建成以后，采用以售带租的方式，售是最重要的，比如说万达广场，销售大量住宅和一部分店铺，留下来的这部分出租。

目前中国大部分所谓商用不动产就是这种模式，它们以商用不动产的名义去要项目，实际上是在做住宅。这样的好处是现金压力比较小，现金周转比较快，但都有一个共同的问题，那就是在商用物业上的专业性不够。这种模式的租金回报率普遍偏低，因为它的出发点是整个项目的财务平衡，最终理想也就是在这一堆住宅中间盖个购物中心，从而把“商用物业”这名目做实，所以不会从商用不动产方面去考虑。如果他拿到的项目是只有购物中心，没有任何住宅，那就会有更多专业性方面的要求和考虑。国外有很多专门做购物中心的管理机构、投资机构和基金，就非常专业。

我觉得形成这种过渡模式有以下几个原因：第一，从香港的经验看，商用不动产的开发者大多是从传统住宅公司转过来的，一开始就做专业的商用不动产有现金压力，做社区性商业比较稳当，而且通过拿住宅项目，可以逐步积累商用不动产的物业。第二，我们的政府规划都是小而全，就是你要做社区就必须配套，像万科就做过这样的过

① 英文 Smart Office，Home Office 的缩写，指家居办公。

渡模式，大概有 20%~30% 的地需要做社区商业。政府的规划管理是只要拿一片地，就必须有百分之多少的配套，这导致很多住宅公司不得不去做这种所谓的商用不动产。比如世纪金源是要做住宅的，但规划里要求有配套，你得有酒店、写字楼，还得有卖场，所以就成了一个很大的购物中心。第三，由于咱们的土地制度比较特殊，最近两年拿住宅土地的手续越来越复杂，但拿商用地就容易得多。比如，在广州建亚运场馆，政府会给优惠；再比如，政府需要有一个代表城市形象的超高建筑，通常会承诺开发商盖住宅的附加条件。这成为很多公司多拿地的理由。这样做商用不动产，骨子里是住宅，只是把它稍微做点变形，商用成为实际上的附属。

不过，有一个例外是 SOHO，在 CBD 里叫商住两用，做住宅和办公室混用的产品，现在又主要在卖商铺。我曾经听潘石屹说起他的策略，他画了三个圆圈。第一个圆圈是中国最发达的地方，比如北京、上海。第二个圆圈是 CBD，是最发达城市里最发达的地方。第三个圆圈画的是 CBD 商用不动产。他采用的模式是快销、直接商用。另一类是经典模式。过渡性模式在中国目前特定情况下行之有效，但我认为这种模式会受到很大挑战，特别是在一线城市。在人均 GDP 达到 15 000~20 000 美元之后，经典模式或者我们讲的美国模式会成为主导，这种标准的商用不动产模式在中国会有更持久的竞争性空间。

万通跳过了过渡模式，现在做的绝大部分是商用不动产，比如万通中心、纽约“中国中心”，都是按照经典模式或美国模式来做的。我们从一开始就是要出租的，考虑到最终的使用者，以租养建，靠租户给我们租约和租金来带动开发。美国模式概括成四句话就是“中期持有、能力导向、资本权益为核心、收入多样化”。

第一是中期持有。中期持有的“中”是什么意思呢？很多人做房地产长期持有不卖。中期是多长时间？7~9年。从商用不动产来看它价值最大化的时间有一个点，在这个点租金回报率达到最高，也是资本市场的高点，这两个高点吻合的时候，不动产证券化即变现是赚钱最多的机会。这个时间一般短的5~7年，长一点7~9年，总能碰到一次这样的机会。碰到机会你就可以卖了，这就叫中期持有。

一般的楼，你在养租（比如开业）时，建10万平方米的写字楼需要3年，全租出去需要一年半到两年，5年后租金开始正常，然后换一轮租约。中国平均一两年租约就可以换，在美国要更长，一般5~7年。比较好的租客，租约就比较长，比较稳定。一轮完了之后，我们其实在等待看股票是不是好，如果有一个好的PE，定个价就把它卖了。这样赚的钱要比散售赚得更多。由于没有散售，我们不用缴很多税，在整个过程中，物业的估值这几年一直在涨，未来如果租金回报好，我们财务可以用估值法来计算。如果这样的物业多，你直接把它上市了，也可能还是你的。在资本市场上通过上市来融资，一部分可以变现。中期持有就是要拿捏这样一个点，通过证券化来处理这部分资产。

另外一个条件是你需要足够多的商业不动产，美国最大的REITs之父山姆·泽尔有170多栋写字楼，他的做法是每年卖3栋，再新收购两栋，然后再把它租满，就这么来回赚钱，回报一直很好；最后170栋卖给黑石公司套现390亿美元。我到它的芝加哥总部看过，公司的 CEO 带我看他们的写字楼，整体的配置、管理、营运非常专业。而 3 年前，中国没有一栋写字楼达到国际化标准，当时国贸三期还正在建。跨国公司往往需要同声传译系统跟全世界的合作伙伴开会，有些则连这些都达不到。

按照万通目前的规划，比如说现在有 6 个万通中心，以后每年再增加两个，逐步就可以滚动起来；可能做到十几个以后，每年在资本市场上卖一个，然后又收进来一个。这既不是不卖，也不是散售，我们叫中期持有。

第二叫能力导向。做商用不动产跟做住宅开发的思维方向不一样。住宅是规模导向，比如说开工多少面积，卖出去多少套，竞争的是规模成本和周转速度。但商用不动产应该培养能力，特别是导演加制片的能力，即给你一个空间，你来研究怎么把业态组合得正好，物业的品质也做得正好。这就像过去宋玉写过的一篇《登徒子好色赋》，说美人“增之一分则太长，减之一分则太短；著粉则太白，施朱则太赤”，就是美得正好。如果我们现在用开发性思维来做，不是用能力导向来做，浪费的面积就会非常大。如一些房子过道太宽不合适，走道太窄又影响人的心情。

还有，购物中心规模多大最好，在不同城市肯定是不一样的，里面放的东西也是不一样的。在中国，购物中心里第一是超市，第二是美食街，这些地方人是最多的。而日本购物中心最多是卖服务的，比如卖宠物、卖旅游、卖保险等，卖服装的其次，超市面积也没那么大。我们的经济水平决定必需品占最多。日本高级商场里面给狗做趾甲、描眉毛、做服装的占了一大部分，因为日本人均 GDP 比我们高。

我们根据收入来摆业态。比如谭鱼头很难开在 CBD 核心地方，但高档粤菜、西餐、日餐可以。你必须选对了品牌，相当于拍电影用新人有风险，赌的是老板选演员的能力。

我们在天津有个万通中心，它除了写字楼还可以放医疗中心，因此有了跟 GE（美国通用电气公司）合资的高级医疗健康体检中心，光这一个机构就用掉了 1 万平方米。另外还有英语培训、瘦身、牙医、眼科等。在新加坡，甚至外科手术都可以在写字楼里做。纽约从 1946 年以后第一阶段全是纯写字楼，不赚钱，后来单一功能没有竞争性，逐步出现了多种功能混合的建筑综合体，可以娱乐、观光等，楼体还可以变成媒体卖广告。

中国回报率最高的商用不动产是八宝山告别厅，它一般只有 30 平方米，哭一场收费 2 000 元钱，大概 45 分钟一场，一年差不多可以收入 700 万。设施非常简单：铁床、标准化花圈、通到火化炉的传送带。管理的事也很简单，最好管得差一点，透点儿风，冬天更冷，路有点儿不平，来的人不小心绊一跤，哭得更悲切。所以有时候这个空间具有唯一性，最终要创造出差别性体验，这才有价值。

第三是以资本权益为核心。商业不动产里强调的是我投的钱回报有多少，而不是强调这个物业是不是我的，这是美国模式的一个主要特点。在美国，长期以来，收费开发商投资商用不动产的回报率都在 26% 以上，他们中间会加很多夹层的融资，然后带动杠杆，最后回报率很高。而物业到底是谁的，自己拥有多少，他们并不在意。比如瑞雷特，在位于曼哈顿的时代华纳中心项目上出了 5% 的钱，但这个物业不是他们的，最后他们赚了 45% 的利润。他们从来不讲我有多少面积可以出租，而只讲回报率。有多少可出租面积这件事只有基金公司讲，因为它是管理者，要证明它的管理能力。投资性的公司只讲回报率。因为你有能力，别人的资金回报做到 5%，你能做到 20%，高出的这 15 个百分点就是你融资的空间，融资的空间又会带来杠杆。收费开发商就像张艺谋、冯小刚这种导演，能力特别强，中间无论谁借给他钱，哪怕利息加多些，他都能承受，因为他赚得更多。

大约十几年前，美国洛克菲勒集团要在上海做个大项目（现在叫外滩源），跟我们谈财务融资。他们来了三个人，一个懂房地产营运的人，一个律师，一个建筑师，营运相当于编剧本的，建筑师是制片人，律师告诉你怎么融资。最后他们说他们出 300 万美元，回报率是 500%，这过程会有很多钱进来，包括我们的，他们最终会退出。这个项目后来没有做成，中间有很多原因，但这个财务模式给了我们很大刺激：它拿着这个项目全世界找钱，是怎么规划这件事、怎么谈判的？怎么用很少的钱获得很大的回报？就像张艺谋，他不出钱，电影版权也不是他的，但他赚项目中最多的钱。所以算账要算我们的资本权益回报，跟这个物业最终拥有多少面积没关系。

第四是收入多样化。导演收三笔钱，第一笔钱叫权益金，就是干股；第二笔钱是制片费，相当于房地产项目管理费；第三笔钱是票房分账。像张艺谋这样的导演，拍电影肯定不赔钱，所以才有人给他投资。钱是懒馋占奸猾的东西，拥有钱的人都又懒又馋还要占便宜，还想跑得快。资本的属性就是这样，第一是想不劳而获，有钱就不想干活了；第二是馋，老想赚钱，看什么赚钱就想做什么；第三是想占便宜，想比别人多赚钱；第四他跑得快，一有风险就想撤。要吸引这些钱过来你必须是反过来的，第一要勤奋；第二得心态平和，赚手艺活儿的钱，不牟取暴利；第三让别人先退，我们最后退出。你能做到这些，就能融到资了。你有跟钱的属性相反的美德，钱才会委身于你，投资者还愿意多付你钱，因为他们懒，所以你还会拿到资产管理费，如果能变现的话，他还愿意给你点奖金，这就是收益多样化。

那么收多少钱呢？在美国，好的收费开发商能收到五笔钱。第一是项目管理费，一般为 3%~5%，如果说是 10 亿美元的项目，这笔收入就很大，相当于制片费。第二是正常的物业管理的钱。第三是财富管理。物业管理和财富管理不一样，前者是简单的价值形态的管理，后者是增值收入，比如未来资产处置，这是财富管理的后端。把它卖掉还会给你奖励，日常的招租业绩好了也会给你奖励，你可以赚各种各样的钱。我们现在跟别人合作一些物业项目，开发和管理分设成两个公司，物业我们不是百分之百拥有，但管理公司我们是大股东。你得是能人又是好人，必须满足这两个条件，别人才愿意把钱给你。

关于商用不动产和财务安排，美国模式的逻辑和方法非常简单，就是由私人的钱加私募的钱做前面三个环节，然后用公募的钱做最后一到两个环节。比如拿到地，我出一部分钱，私募基金出一部分钱，基金退出要一到两年，你把它变成在建工程，在建工程基金又把前面买了。在建工程变成可以出租的物业，孵化一两年，把租金回报调到最好，然后在公开市场上公募，这个是按照它的 PE 算的，价格（利润）空间大，正因为有这个空间，前面的私募基金才能退出。

现在用这种方法做得最好的是新加坡的凯德。它用土地基金先做，卖给在建工程基金，在建工程基金再卖给孵化基金，然后拿到一个物业先来招租，等到物业非常成熟了，大概是 3~5 年，然后进入公开市场，再退出，所有前面的基金逐一退出变现。公开市场上的 PE 足够支持前面这种退出，这是财务安排的理想模式，在美国、新加坡等国家以及中国香港等地区都是这样的。在过渡模式下，自己拿一部分钱，从头做到尾，靠贷款死扛，那就没法做了。

美国一家大公司做商用不动产非常有经验，现在洛克菲勒中心百分之百是他们家族的，这个物业是他们收购的。他们一开始是用家族的钱加私募基金做，然后上市，用私人的钱收购上市公司和洛克菲勒中心的股权，然后慢慢全部收购，最后再退市，就变成了他们家族的。另外他们同时管着 7 个基金，跟凯德一样，凯德是纵向基金加横向基金大概十五六个。铁狮门公司也一样，往往用他的基金跟他私人的钱配合，私人出一部分，基金出一部分，先去买地，然后在建工程融资，融完资以后前面买地的钱就退出来了，在建工程一直建到可以出租，这个时候完整的物业可以抵押，再拿出钱来把在建工程基金退出来，或卖给基金。然后开始养，等两年以后租金好了再上市。

在美国长期做商用不动产，你的自有资金占 50%~15% 都可以。银行和基金选择你，是因为你是有能力的导演。超常的能力会创造超额的回报空间，然后用超额的回报空间带动私人和私募的钱，最后公开退出市场。

商用不动产有许多专业门槛，所以更加类型化、专业化，有做酒店的，有做购物中心、写字楼的，比如日本的永旺现在是亚洲做购物中心最好的。它们后边的钱也同样各具专业性。如果你回报率特别低，但回报时间长，也不怕，有寿险公司跟着你，寿险公司的钱是市场上最便宜的钱，它就要求安全、时间长。商用不动产回报率由高到低的顺序是购物中心、写字楼，最后是酒店、公寓。购物中心会找到私募股权投资，因为这是非常狠毒的钱，追求高回报，因而可以忍受相对的高风险。

“钱”这个东西，说起来只有一个字，仔细看却极其复杂，但也是各走各道。跟人一样，同样是一个简单的“人”字，细分起来有男人、女人，老人、小孩，好人、坏人。钱也这样，你能把不同类型的钱搞清楚，把自己的能力表现出来，后面不同的钱自然就跟了过来。

就像我们做观光医疗，这是一种业态。我们做中国第一家观光医疗，钱从哪儿出？我会去了解全世界跟这件事有关的钱一共有多少种，在亚洲活跃的有多少种，我们直接找他们开会，这事就成了。在互联网时代，最大的好处就是搜索成本大大降低，创新的能力越来越强。

在商用不动产里，还会有一些另类的物业，它们更赚钱，更有唯一性，比如前面提到的八宝山告别厅。另外我在迪拜看赛马，碰上洛杉矶奥运会的组织者之一尤伯罗斯，他曾经把体育的物业和体育运动结合起来，把体育场的看台做成酒店和餐厅。假定这儿每次都有好的比赛，餐厅得卖多少钱？酒店阳台一打开，躺床上都能看比赛，这房间卖多少钱？这是另类不动产当中的一种创造。赛马场那儿有一个主要的看台，后边有很多包厢，国王有时都在那儿观看。边上有一家酒店，这家酒店特别容易出租，整个建筑做成了一只鹰的感觉，因为在沙漠里鹰是勇敢的象征。

现在有很多特别的物业空间，比如植物工厂，在建筑里种水果、蔬菜，它以后既不是写字楼，也不是娱乐场所，也不是庄稼地，它成为一个另类的商用不动产，计算回报的方式将会改变。这些研究会扩大我们的思维，我们可能会在某一个常规业态里加些新东西。比如中国每个城市都有体育场，但不怎么赚钱。它只是个看台，啥也没有，可是如果你把这个看台跟酒店、餐厅等其他设施混合在一起，它可能就赚钱了。现在西班牙马德里皇马主场的体育场就是这么设计的，它包厢也能卖，广告也能卖，光物业就能赚钱。

我曾看过一栋很有意思的半截子楼，以前放在那儿没人管，最后有位艺术家把它改造成一个“文革”的断壁残垣，在里边开了一间酒吧，生意很火。它也是另类不动产，艺术家会带来特别的元素，使这个空间具有吸引力和价值。所以我觉得做商用不动产最大的一个挑战，就是你知识面、精力、阅历，你的观察要极其丰富、敏感，这样碰到一个空间时，你就会知道怎么规划它，怎么讲故事和放什么东西进去才能让它赚钱。

07

立体城市：城市化疾病的药方

吃软饭，戴绿帽，挣硬钱。

——冯仑

关于立体城市，我们已经听到了很多传说，许多媒体报道中都讲到过，小说《同城热恋》里有故事描写，还有未来的网游立体城市等。如果以前她像是墙上的美人，那么迟早我们要把她请下来，让她成为炕上能生孩子的媳妇。

遥远的故事

立体城市的概念来源于一个非常有趣的故事。2008 年，有个朋友告诉我说：有位神人有本天书要给你看，一般人看不懂，写书这人认为只有你能看懂。我拿来一看，是一本很厚的白皮书，叫《中国梦》，内容极其复杂，里面写到解决中国经济问题的几大梦想。其中一个梦想是建超高密度的巨构建筑，灵感来自日本曾经做过的空中城市、迪拜的金字塔。中国要拉动内需，就要建很多这样的大家伙，如果在北京建上 12 个，让北京人住进去，剩下的就全是绿地，这是他的一个梦想。还有一个梦想是种电，不是发电，而是像种庄稼一样种电，这事我现在还没弄明白。看完这书以后，我发现它在讲一种大交换理论，用的是一种新的语言体系。后来朋友说作者想见我，并且悄悄告诉了我作者的名字。后来，朋友带我见了这个人。在交谈中，我说这就叫立体城市，因为你讲的无非就是把城市摞起来。他说这个提法好。名字是我提的，思路是他在书里写的。

我问他为什么找到我呢？他说他研究了中国的地产商，认为我是有理想的，不光赚眼前的钱，还能够看到钱以外的地方；另外这复杂的理论，只有我能看懂。我当然谢谢他的夸奖，接下来他问我能不能去实施，并给我描述实施的方法以及资本市场的运作方式，复杂程度超出所有人的想象。我说这件事情要落地，就要组建一个公司，要按我的想法来做，用万通的资源来推动初期的工作。于是我找到郝杰斌，组建了公司，开始了立体城市的追梦之旅。

3 年过去后，我在哥本哈根第一次对外讲，然后在中国反复讲，在实践当中不断去研究。我们不断面对各方面的质疑，但并不着急，因为我有经验，讲一件有意思的新事，不讲上两三年是没人会相信的。这就像谈恋爱，你追她，一开始她会有抵触，但你坚持追上几年，突然不追了，她可能会觉得她自己错了，反而会回来找你。

我们在纽约做“中国中心”就是这样，2003 年我刚开始去折腾的时候，没有人觉得这事靠谱儿。我在纽约见到靳羽西[①]时，她也认为这不可能。她说：“在美国被拉登强拆的地方盖一座最高的楼，然后里面有‘中国中心’，这让美国人精神上、价值观上受不了，我是华裔我都受不了。”她建议我改个名字，或换个地方。我说我不换地方，我只想在这儿做。后来，“中国中心”多次主持“中美商业领袖圆桌会议”，每次这些商业巨头包括市长布隆伯格都会讲“中国中心”，特别是谈到金融危机以后纽约的发展和中美关系时都少不了这

---

① 美籍华人，羽西化妆品公司副总裁，世界著名电视节目主持人、制作人、畅销书作家、慈善活动家，在美国主持《看东方》电视节目，获得过“杰出妇女奖”“终生成就奖”。

一话题，他们对我们高度肯定。除了纽约合作组织以外，不少著名投资机构都对我们的项目表现出高度热情，希望能参与。

我已经讲了几年立体城市的故事，现在我只要讲一遍，别人就认为可行。一开始讲十遍别人都认为不行，如今只要我们在一个城市落地，不需要多讲，别人都来找你，这就是创新在市场上必然的经历。我们已经走过了构想、萌芽阶段，并经过社会检验，接受过各方面的质疑，并做了大量调整，现在大家都能听得懂了。这个过程在公司内部也是一样，当我刚开始说的时候，我的团队都认为完全不可思议，在背后说董事长疯了，但现在大家已不再这么认为了。创新者要有理想，正因为有理想，你才能坚持到底并获得认可。

没有边界的城市

我们现在正做立体城市，那做立体城市的理论依据是什么？背景当然是城市化发展非常快的中国，但使命感主要来自中国目前城市化的错误模式所导致的几大痼疾，即高污染，高能耗，交通混乱、拥堵、功能紊乱，以及生活费用高昂，地价房价高升，幸福感严重受挫。中国城市化最流行的一种做法就是把现有城市扯大，即所谓拉大城市框架，每个书记、市长都念这个经，仿佛城市一大就自然城市化了。我前一段时间回老家西安，发现小时候家长不让去的野地，甚至是我姐姐作为知识青年插队的农村，现在都成了主城区。其他城市也一样，动辄重新规划新区，少则几百平方千米，多则上千甚至数千平方千米。

这里有两个故事，是关于这个“大”的，一个是真实的，一个是手机上的笑话。真实的故事是，2010 年上半年，我帮滨州一个房地产公司看项目，中午吃完饭以后，我急着回北京。他们不让走，说再聊会儿，我说一定得回北京吃晚饭。副市长说不用着急，这儿就是北京的二十二环。虽是调侃，但也说明现在城市摊大饼式的发展模式已经让城市和城市之间的界限很难分清楚。甚至各地都出现了怪现象：西安和咸阳两个城市中间有很多空地，现在提出来“西咸一体化”；河南的郑州跟开封现在也一起了，叫“郑汴一体化”……你会发现好多城市的省会城市和周边都实行一体化，也许有一天都一体化到华盛顿、纽约去了。手机上的笑话是，有个老板对小姐说，明天在北京八环给你买别墅。那小姐挺高兴，上了出租车问司机八环在哪儿。司机一听就跟她开玩笑，说十环在河北，十六环在河南，你说八环在哪儿！

这两个故事，说明了现在中国城市发展采用的是摊大饼的模式。摊大饼使城市发展到这么大，带来了许多难以克服的新问题。

第一，交通拥堵，大家买的房子离办公地越来越远，上班越来越辛苦。北京的拥堵分地上和地下，地下坐地铁的人开玩笑说都把人挤成相片了，或者说再挤就要生孩子了；地上拥堵也越来越严重，以致于北京现在把“治堵”当成了首要工作。有人说，北京不叫首都叫“首堵”，意思是天下最堵的地方。

前段时间电视里播了一个故事，是讲北京住房问题的。两个年轻人在同一家公司工作，一个人买了房，一个人没买房，两个人比较幸福指数。没买房子的原来认为买房子的挺幸福，说，你买了房娶了媳妇，而我下班没地方去，只好在公司附近溜达，早早睡觉。买房的说，我比你惨，6点下班9点到家，吃了饭连生孩子的干劲都没有了，第二天早上5点多又开始往公司跑，每天就是来回在路上奔波，到现在连小孩都没有。所以他说，我还不如不买房，在公司边上租个宿舍，虽然娶不成媳妇，可有大把时间，想干啥，想去哪儿，都挺方便，每天还能多睡俩小时。有个年轻人说，他谈了个女朋友，那女孩每天下班回来9点就睡觉，说路上太累，每天睡觉时都没力气拥抱，背对着他睡，像上了年纪的女人。这就是交通拥堵给人们带来的生活状态。

我在北京有专车司机，每天要花至少4个小时在路上。我原来在西三环住，每天赶到东三环上班，一天来回3小时；中间如果只出去一趟，来回怎么也得1小时。这4小时若是在海南，足够从海口到三亚一个来回了。最近发现大家老得快，其实跟这个有关，太摧残人了。早上9点开会，7点就得起来，拥堵给人带来的焦虑可想而知。有人说现在出租车司机都带着大的饮料瓶，瓶口很大，碰到堵得实在不行了，内急时就请瓶子帮忙，这都是真实的事儿。现在患前列腺疾病去医院的人越来越多，各种心理疾病、生理疾病都出现了，这都是城市病。

第二，环境污染。政府不可能永远都像办奥运会期间那样来管蓝天，北京的空气一天比一天糟糕，空气质量之差已经成为外交事件，美国大使馆不断反映空气太差，说是用仪器测试连最低容忍值都测不到，不知道糟到了什么程度。我们针锋相对，说根据《国际法》，美国大使馆这个地方属于美国领土，你测不出来那是美国空气不好。

空气污染和城市压力带来很多疾病，体检结果显示，不管女性、男性，得特殊疾病的人越来越多。癌症现在也是越来越多。环境污染已经使得北京成了最不适宜居住的地方，很多人觉得在北京是在冒着生命危险赚钱。更可怕的是城市人的生殖能力在减弱，威胁到中华民族的血脉。有资料显示，改革开放 30 年来女性胸围增加了两厘米以上，但男性精子的活力却下降了 50%。

第三个问题是功能规划不合理，造成了城市生活的不方便。现在几乎每个省会城市都有两个 CBD，而人均 GDP 大多都不超过 1 万美元。纽约人均 GDP 达到 6 万美元，一个城市也就有一个 CBD。东京人均 GDP 达到 5 万美元，也只有一个 CBD。全世界很多比我们发达的国家的城市都只有一个 CBD，可我们都是两个以上，比如沈阳有 3 个，在西安现有两个，准备建第三个。上海已经有 3 个了，嘉定还要搞一个 CBD。每个小地区还有小 CBD，城市资源越来越分散。北京现在有 3 个 CBD：中关村、金融街、国贸。

另外，居住地和就业地是完全分开的，比如你在东边上班，可能在北边住，上班一个地方、睡觉一个地方、娱乐一个地方、看病一个地方、谈恋爱一个地方，每天奔来奔去，全都是乱的。不像过去我们在农村，在一个村里就把事都办了，你可能会在老村口约会，在麦垛上偷情，回到家里养猪、下地干活，不用出村，全都能解决。打补丁式的一味拉大城市框架，必然导致城市功能紊乱，生活与就业、娱乐、医疗、教育的分离又必然加剧这种紊乱。

之所以会形成这种规划上的毛病，最重要的原因就是公权力不受制约。每一任领导都是靠卖地解决财政收入，然后拿这个钱再解决城市发展中的问题，所以一个新市长来了在东边卖；东边地卖完了以后，下一个书记来了，又说向西发展；再下一个书记又说向北部挺进。最后这个城市摊得越来越大，地都卖完了，只好再讲别的故事。在决定创办新城或功能区这件事上，当地书记定了就能办，人大、政协、专家、媒体都不能干预，公权力几乎不受制约，干对干错反正也没人管，而且还能被提拔。所以公权力没有制约、预算没有约束，必然导致城市无限扩张。

在美国为什么没有出现这种现象呢？为什么纽约经历了几百年，只出现了一个 30 平方千米的 CBD（曼哈顿）呢？首先，市长想随便征地是行不通的，因为地都在私人手里，你得花钱跟人家买，人家可以不卖。第二，你如果扩得太大，把主城区的房价拉下来了也不行。因为增加一个新城，土地供应就增加，稀释了整个市场，主城区房价就会下来，这样就会有人反对你，媒体骂你，最后选举时不投你票，你就得下台，所以他不敢这么做。另外预算这部分是要由议会批的，不是市长可以随便定的。

在纽约有件事给我的印象特别深刻，有一年纽约州州长因为召妓被捅出来而下台，按照法定程序，他的职位由副州长继任。这个新州长眼睛弱视，几乎接近于盲人，人们都叫他瞎州长。但这个人很了不起，哈佛毕业，非常聪明，眼睛虽然看不见，但别的能力比如触觉、听觉、思维都特别强。我有次在纽约听新州长在早餐会上给商界领导人做演讲，他一进来大家都站起来鼓掌，非常尊敬他。在演讲开始之前，我猜想他会讲什么呢？是不是也讲堂而皇之的大道理呢？结果他上来一小时只讲了一件事，就是预算。他说，我上台两个星期，把以前所有的预算都看了一遍，认为有几个预算应该调整，希望你们支持。因为议员选举都要靠这些商界大佬的支持，所以他必须说服他们，然后由他们再去影响议员修改预算，这样他才能有钱做他想做的事。他讲某条路多少米，是不是应该短一点，可以省出多少钱来等。而我们的预算，书记、市长自己定，把钱花完了再编预算，把不疼不痒的内容挂到网上，然后再琢磨跟人大怎么说，形式上应付一下。

第四，城市化带来的巨大困难是生活费用越来越高，人们心里越来越郁闷，幸福感越来越低，房子多了、钱包瘪了，屋子大了、幸福没了。所以现在大家又开始讨论幸福问题，开始比哪个地方的人们更幸福。我觉得成都人的幸福感一直比较高，因为那里的人比较会管理自己的欲望，比如喜欢喝个跟头酒、打打小麻将、吃点麻辣烫、谈场小恋爱，很愉快很满足。很多成都人把谈恋爱叫小恋爱，全中国只有成都这么洒脱，很多地方都把恋爱当生命大事办。媒体曾经报道说，东北某城市有一男子和老婆及岳父家感情、事业纠缠不清，因为要开店，岳父不借钱，跟老婆闹冲突，最后杀了 10 口人。北京郊区有一家因拆迁补偿，突然有了钱，家人各自见钱乱心，亲情不再，有一男遂起杀心，将一门杀尽，酿成人伦惨剧。总之，现在的城市化进程使人们生存越来越困难，带来了很多不幸福感，所以全社会又开始讲绿色 GDP、幸福指数，试图在城市发展跟人们幸福生活之间找平衡。

我们作为有社会责任感的民营企业，应该去面对并积极寻找一些解决方法。我们思考的逻辑和市民想的其实是一样的，首先关心户型、小区绿化、周边配套，然后是社区和社区之间的关系，最后必然关注城市体系和发展模式。对房地产公司来说，5 年以前户型是大事，现在的大事是社区和周边的关系；户型也重要，但没有以前那么重要，消费者不断把视野从室内的体验、生活扩大到城市之间不同功能区的互动，以及自己的方便程度、城市的合理性等。

摊大饼，还是摞小饼

要解决当下城市化进程中的这几大疾病，我们得换一个药方。原来是摊大饼模式，就是平面城市，北京目前按城区规划，容积率不到 1，三环以外空地还很多，基础设施、成本开支都很大。我们现在想反其道而行之，把饼缩小并重叠起来，往高垒。这样一来，城市就有了几个新特征：第一，它是立体的，不是平面的；第二，密度肯定加大，高密度或中密度，容积率超过 1，接近 10；第三，里边的空间布局比原来复杂几十倍，原来是平面布局，比如购物中心在这儿，周边是写字楼、商业、学校，现在我们把它们压缩到一起并拔高，系统会更复杂；第四，管理更具集约性。我们知道以前的老收音机是电子管的，很大；后来发展成晶体管，就是半导体；现在是高级的集成电路，一个指甲盖大小的物件里什么都能装下。我们的思路就是把城市由电子管变成晶体管，变小一点、高一点、密一点，但功能更好。

在地球上密度最大的地方，一平方千米能装 100 万人，这就是现在南非贫民窟里的现实。那只有三四层高的破旧屋子里，人们面对

摊大饼还是摞小饼

面、背贴背生活；如果那里人和人抱在一起睡，那么那些地方的人还可以再增加 10 万。那儿的监狱里边人口密度更大。这都是贫困带来的超高密度。而地球上有一个叫芝加哥的地方，一平方千米最多盖了 1 200 万平方米的建筑。我们的任务是要在人和建筑之间找到合理的数字。同样的人口数量，区区 100 万平方米是一个令人痛苦的数字，而 1 200 万平方米则又可能会令人窒息。究竟在一平方千米的面积上盖多少房子，装多少人，有多少人就业，如何组织交通，才能做到节能环保和可持续发展，并且可以让人很舒服，比目前摊大饼的模式更好呢？

经过大量比对研究，我们认为比较好的尺度是一平方千米可以建 600 万平方米的地上建筑加 30 万平方米的地下建筑。600 万平方米比芝加哥少一半，显然舒服很多；装 10 万人口，毛容积率是 6，比通常的稍高一点，净容积率做到 8.2，比北京国贸一带 CBD 地区要低，那里的平均容积率超过了 11。600 万平方米分给 10 万人用，其中 340 万平方米的住宅给 10 万人晚上睡觉用，平均每人 34 平米，这比我们现在城市人均 28 平米要大，并且已经高于日本的平均值了；比北京的望京、国贸甚至美国的曼哈顿都要舒服得多。

北京大望京地区在 17 平方千米的土地上建了 700 万平方米的建筑，用了 20 年时间，装了 25 万人。而我们开工 5 年就能做好，因为我们研究了很多快速建筑的方法。如果我们也装进 25 万人，最多需要两平方千米，节省了大量土地，但舒适度比望京要高，因为望京没什么好医院、好学校和农业。我们实际投资建设的第一个立体城市，所有指标都须先于世界最理想的低碳城市（阿布扎比的马斯达尔城）和中国的生态城市（天津中新生态新城），比如现在地球上有个跟我们规划中的立体城市类似的地方，可以佐证我们的想法是可行的。它在日本的大丸有地区，1.2 平方千米建了 700 万平方米建筑，看着很舒服。它的地下三层是打通的，中间可以跑汽车，容积率是 10。它是旧城改造出的立体城市，不是新建的。另一个准立体城市位于韩国首尔的龙山火车站附近，在 800 亩土地上建 380 万平方米的建筑，由一位法国设计师设计，380 万平方米全都连成一片，上下左右都连通，非常不错。首尔有 1 200 多万人，密度非常大，他们认为做这样的项目很合理。

所以，在地球上建立立体城市并非无先例可循，只要人口密度够大，房价够高，交通够困难，城市经济发展到人均 GDP 超过 1 万美元，立体城市就更加显示出它的合理性、经济性和便捷性。

我们往回倒 100 年去看城市是怎样由平面变为立体的。在西方为什么纽约、曼哈顿没有变成摊大饼呢？曼哈顿已经建了几百年，可才只建了 30 平方千米，只倒腾中城和下城，上城基本上没有什么东西。最重要的原因是土地私有制度的约束，竞争效率的要求。另外，公权力太小，不可能有长官意志，随意改规划，拉大城市框架。

在中国，我们看办公楼大小和归谁所有，就知道那个城市的市场化程度。政府的楼越牛，那个地方市场经济就越不发达。如果这个城市最高的楼是商业机构，那这个地方商业气氛就好。比如上海陆家嘴，不是政府楼最高，高的都是环球金融中心等。你到贵州看，贵阳最气派的楼是人民政府、法院的。在纽约，政府的楼还是 100 年前市议会的小圆楼，没有警卫，市长坐中间，跟拳击台一样，周围围着其他工作人员。市长布隆伯格是美国最大的财经资讯公司彭博社的老板，身为亿万富翁，他却说小圆桌办公的方式信息传播最快，他一喊别人就能听见，效率高。

另一个原因是技术革命带来的，纽约在1929年时土地没了，所有人都着急圈地。那时最神气的是地产公司。纽约当时地紧张是因为盖房太多太快，那时房子是用石头和木头建的。石头能建多高？比如教堂比较高，有洋葱顶、圆顶、尖顶，但没法住人，只能是钟楼上藏个敲钟人，一般都在三层以下。1929年金融危机出现了一个机会。钢铁大王要卖钢铁，于是想能不能用钢来建房子。有人就开始研发，后来证明成功了，一下就可以建很高。只要地基结构做好，这房子就不会倒，而且可以往上延伸。但石头垒到10层就垒不上去了，金字塔是斜着才能垒那么高的。石头的自重非常大，吊起来很难，会砸死人的。后来有人研究用轻的材料比如玻璃代替石头。还有就是人怎么上去呢？这样电梯就出来了。总之，钢结构、玻璃加电梯，开启了摩天大楼时代。从1932年开始，大家比赛建高楼，有了空间、面积，就可以出租、赚钱。1946年帝国大厦建完，成为当时纽约最高的建筑，结束了纽约疯狂盖摩天大楼的时代。这使原来的地一下多了出来，纽约变成了立体城市，现在一平方千米有800万到1 000万平方米的建筑。

今天恰好我们面前又出现了机会，仿佛当年曼哈顿摩天大楼时代的机遇，只不过今天叫立体城市。我们就是要用新技术、新发明把若干摩天大楼梳理好，布局合理，让它们功能上互通互联，而且低碳环保。现在土地不够了，城市病出来了，但钢结构更进步了，甚至出现了轻钢，500米以下是常规技术，最高的楼1 100米，在拉登老家沙特阿拉伯的吉达，现在又有1 200米的了。我曾经到迪拜塔去体验了一下，它的高速电梯 800 米只用 60 秒，没感觉就上去了。纳米技术使材料自重大大降低。信息革命带来互联网，可以点对点地控制。如果过去立体城市装 10 万人，你满楼道吆喝都可能找不着人。现在很简单，发个短信打个电话，还有摄像头、中央控制，巨大的建筑体系里可以实现有序管理。如果现在建 1 800 米高可能会有挑战，但立体城市最高点才 450 米，其余的平均高度是 120 米。现在最大的占地 120 万平方米的单体建筑在成都已经落成，我们比它略多一点，但没有超出现在的技术能力范围。

我们规划的立体城市，在一平方千米范围内建的 600 万平方米建筑是这样分配的：65% 是建筑，35% 是绿地。其中 340 万平方米是住宅，其余是商业、学校、医疗等，包括 60 万平方米的医院、30 万平方米的商业、10 万平方米的立体农业、106 万平方米的写字楼，还有一部分是知识工厂。在知识工厂有三大产业保证同城生活、就业，就是医疗健康产业、立体农业、互联网的知识工厂。

医疗健康产业是我们进一步城市化当中最短缺的产业，而且是不会被淘汰的永远的朝阳产业。比如我做一个服装厂，过两年厂子可能被淘汰了，厂房就得换别的，但医院可以 100 年不倒。我们安排 60 万平方米做 4 个医院，这叫医疗城，有专科医院、综合医院，还有普通的平民医院。

立体农业是第二产业，在日本叫植物工厂。在房间里生产水果、蔬菜甚至粮食，这在日本已经很多了。如果房间里住人，要 3 米高，但如果种草莓 1 米高就够了，可以做 3 层，所以 100 平方米的室内面积可以当作 300 平方米的农田。植物白天有阳光的时候生长，晚上睡觉不长，我们把它放在室内，白天用自然光，晚上用人造光源，让它24小时长，面积增加了3倍，时间光照增加了两倍，所以产量、经济效益大了很多（增加8~15倍）。当然投资也要增加，是普通农业的3~5倍，这就是立体农业。10万平方米建筑空间种植的西红柿够10万人食用，植物工厂解决了立体城市所需的水果和蔬菜。

我们曾经专门到日本去考察全世界很成熟的植物工厂，发现以后在冰箱里都可以种西红柿。现在植物工厂有的是货柜式的，有的是冰箱式的，在欧洲不仅是植物，连养殖业、畜牧业都可以。你看餐馆不就是在屋里养鱼、养虾？在荷兰有在楼里养猪的，它的技术能够让猪的粪便不臭，而且可以集中起来做成沼气发电。养猪是大玻璃房，晚上看猪像是行为艺术，上面养猪，中间杀猪，在一楼就可以开餐馆吃火腿肠。我们跟刘永好合作，他说他现在养猪都养在五层楼上。

第三个产业是跟互联网相关的知识工厂，比如阿里巴巴的淘宝社区，包括现在的物流、一些创业的公司等。这三大产业能容纳55%的人就业。10万人里假定7万人是劳动人口，那么有5万多人是在这里就业的，这5万多人出门就能上班，想吃西红柿打个电话马上就可以直接配送到户。外来的人口、流动的人口我们也测算过，比如老人一个星期出去一趟，小孩可能两个星期出去一趟，我们经过计算来设计交通容量，白天可以装15~20万人，晚上大概可以装10万人。

居住、就业、娱乐、教育、医疗有效地整合在一起，它们之间的距离是多少呢？步行距离最远是1 000米，通常都在600米，而且全都可以用自行车、电瓶车等各种现代的环保节能工具往来。大家再也不用一天4个多小时在路上折腾，你每天多出4个小时可以谈恋爱，去为建立和谐社会做贡献，从而也避免了吵架。另外你也亲近了自然，还有大量时间学习。

买得起、住得惯的城市

立体城市能够彻底解决减少碳排放的问题。现在立体城市整体能源系统的设计是水、电、气三联供。这分布式能源有一个中央工厂，比如水厂、电厂，经过传输系统到达各个端口使用，就地解决、就地循环，比传统的城市能耗降低 35%。此外，立体城市的绿化容积率比传统城市要高一倍，35% 是公共用地，另外还有楼间的垂直绿化、屋顶绿化、植物工厂，等等。

人们在立体城市中的生活消费会大大降低，比如不用开车上下班，房价也降了下来。精装修的房子每平方米售价在一万元钱以内，在很多大城市这个价钱是很便宜的。我们会在立体城市里做公租房、廉租房、保障房，也会做商品房和少量很贵的房，但总体平均价不会高于这个数。在这样一个比传统城市便利的地方，花费却会少很多。

它的管理系统也会大大改进，城市管理模式发生了变化。现在是街道、居委会、开发区和政府分割式管理，条条块块，彼此没有关联；立体城市则尽可能借助技术将这些不同功能放到一个整体系统里加以管理，比如说刷一下门禁就能进来，不用门卫，尽可能少用不确定的人来管，更多地使用信息技术。在立体城市，我们会推广应用云计算系统，万通已经跟一个宽带基地讨论好了，建立云立方这样一个大盒子，这样各家电脑都不用主机，直接用一个显示器就行，所有知识、信息全给你储存到那儿。立体城市让城市更便利，让生活更幸福，让空气更好，让花更香、叶更绿，这就是我们给大家展示的中密度的立体城市。

立体城市要落地，需要选址。我们有三个条件：第一必须在轨道交通附近，这样能够快速解决立体城市的出行问题。第二要节约土地，我们是追求理想、顺便赚钱，因此会同时给城市带来非常大的经济效益，各地政府也应该以成本价来鼓励这种创新。第三是大小合理，我们的标准是 1 拖 1，就是一平方千米空地加 1 平方千米建筑，建筑周围的 1 平方千米做都市农业，来配合空气环保，这样也更漂亮。

我们的研发基地设在新加坡。新加坡是全球高密度城市，它本身也是立体城市，所以很有经验，政府非常支持。我们和新加坡国立大学一起建立研发中心，持续推动立体城市的研究，用研究来推动我们讲的“吃软饭、戴绿帽、挣硬钱”的理论，这种研究就是“吃软饭”。

我们还整合了全球其他一些研究力量，目前已经建立了一支国际团队，包括芝加哥、纽约、东京、首尔、伦敦等全球的专家。因为立体城市这个项目，我深刻体会到“吃软饭”的重要性，并整合全球智慧来解决中国问题，让梦想照进现实。

我们在做一个全球的竞赛，由新加坡国立大学牵头，邀请全球十大最重要的建筑院校包括麻省理工学院、哈佛建筑学院、中国同济大学和清华大学等教育机构的研究生来共同研究立体城市。我们请他们针对不同地形特点进行设计：有的在丘陵，有的在海边，有的在沙漠，有的在老城区，有的在新城区，在这些不同的地方建一平方千米的立体城市，怎么做才最合适。这个竞赛是在 2011 年 7 月份向全球发布的。竞赛结束之后，我们下一个目标是把立体城市进一步深入，变成可复制的样板，变成适合 5 万人、10 万人、20 万人居住的不同规模的标准套餐，由各城市的领导来选，你想要哪个，我就给你做哪个，快速复制。这样做起来，中国的城市化将会掀起一次城市革命，彻底改变摊大饼的做法，用摞小饼的方式发展，使中国的城市变得更好、更美丽。万通自身没有这么多钱，但我们在追求理想、顺便赚钱的时候让大家一起参与建设并赚钱，我们会用我们的专业知识、技术以及一部分直接投资来推动这场巨大的城市革命。

另外，我们还在推动网络科技和立体城市的结合。我们现在跟巨人公司讨论合作开发一款网游，让大家每天下班空闲的时候去立体城市里玩，在玩的过程中，你会得到像 Q 币（腾讯推出的一款虚拟货币）一样的万通币，这些币可以在立体城市当中流通，也许能买房打折或抵交你的服务费。为了把网游的想象力开发出来，我们在组织网络作家写书，先出了一本叫《同城热恋》的小说，这是都市言情版，讲在立体城市里怎么谈恋爱；接下来要出战争版、灾难版、惊悚版、科幻版等各种版本，然后再组织人在这个基础上开发网游。这样，在还没有买这个房，还没有进入立体城市时，你就已经熟悉了立体城市里的所有游戏规则，在手机、平板电脑上先有了体验。我们会把这件事和更多年轻人结合起来，因为立体城市是未来，而青年人将拥有未来。这就是我们的梦想，也希望大家在这个梦想中能感受到幸福。

08

中国中心：把梦想变成现实

梦想首先得说出来，才能最终做出来。

——冯仑

从 2003 年一直到现在，万通在纽约做“中国中心”这件事已经成为中美经贸关系中一个标志性事件，它对于万通的历史发展也具有重要影响。“中国中心”在做什么？今后它可能发展成什么样子？我想从头讲讲它的故事。

虽死犹生

我们从 2003 年开始介入这件事情，一直到 2009 年才正式签约。“9 · 11”事件中，本 · 拉登把世贸强行“拆迁”了，无形中创造了新的房地产项目机会，美国人想在这里重建新的世贸中心。

万通和土地方、业务方、合作伙伴进行了长达 6 年的前期谈判，中间有许多曲折，我在《野蛮生长》里也说到过。经过锲而不舍的推动，2009 年金融危机期间，在很多人认为这件事不可能成功的时候，我们竟然在纽约签约了，这令很多人觉得非常奇怪。

全球金融危机给了我们转机，特别是雷曼倒台这件事。在全球危机的大背景下，美国需要信心，纽约更需要信心，这就需要发生一件让大家充满希望的事情。于是我们迅速完成了谈判、签约。

在做生意的过程中，我看惯了不断发生着的喜事、丧事，发现人类历史上充满惊奇。当别人办喜事的时候，你可能在办丧事，而别人办的丧事，却有可能变成你的喜事。我们在签约这件喜事的过程中，一直能感受到雷曼事件给当时美国经济带来的悲观、消沉、无助的气氛。同时我发现美国处理公司遗体的能力特别强。

雷曼是美国一家拥有 100 多年历史的大公司，美国处理它却仅花了一个星期时间，然后雷曼就被大家忘记了。雷曼原来的总部大厦我去过很多次，很气派，可一星期后就被换了牌子，再看不到雷曼的任何痕迹。我当时觉得美国人心肠真硬，他们对这家全球知名公司嘲弄、打击后马上毁尸灭迹，还贴出那张著名的照片：一个戴眼镜的大哥抱着箱子出来。今天再到纽约，好像雷曼在地球上从来没存在过一样。这就是美国体制，让人心生敬畏，因为它创新能力太强，从不恋旧，永远在看未来。

回想以前从海南回来的时候，中国发生了很多金融机构重组的事件，像广东粤海、北京中农信等，它们都死得很纠结、很漫长；而美国这类机构基本上都是猝死，但其实是很快乐的。曾经有一个记者问我：你最希望怎么样死去？我说我希望猝死，因为这个过程没痛苦、没预感、没恐惧。李敖也说过最希望在高潮中死去（俗称马上风）或心脏病突发，前者就是指在做爱的时候突然死掉，这也是一种猝死。

欧美历史上有很多大公司都是猝死，比如德累斯顿、贝尔斯顿、王安电脑公司、AT&T（美国电话电报公司），还有一些风行一时的互联网公司等，所以当雷曼死了的时候，没有人抚尸痛哭，因为已经成了习惯。雷曼死得快，但新生公司也出现得快，很快又出现了一批好公司，像脸书、谷歌等，而像新闻集团默多克这样的老公司仍然在创新，如拍《阿凡达》这种大片。纽约追寻娱乐潮流的 Lady Gaga 大红大紫，过去的大哥大姐几乎没人再提。纽约人想问题非常利索，死了就是死了。

我碰到主办签约的美国律师，他说他肢解公司尸体很开心，因为终于吃到了一块肥肉，价值 5 000 万美元。原来律师承担了雷曼一部分资产清盘的工作，可以获取律师费 5 000 万。这就好像在纽约停留了很多秃鹫，等你一死，所有的律师、投行、会计师就把尸体吃干净。这个市场化处理公司尸体的过程太快了。

雷曼倒闭后，有几个雷曼的人到我们美国万通应聘。以前他们曾经代表雷曼跟我们谈项目，因为雷曼承诺成为“中国中心”的投资合作伙伴，结果后来他们成了我们公司员工。他们认为这很正常，离开雷曼就要很快去找新的工作机会。雷曼中还有人去了古根海姆家族管不动产，立即又做了一个基金，然后代表这个基金和我们谈新的合作，彼此就像刚开始一样，心里没有任何纠结。美国的商业精神让人感到非常有朝气、有希望，这样一种商业力量，它怎么会垮呢?

万通美国公司的负责人告诉我，美国政府为了鼓励市民用新能源，让他们家改造房顶，并且可以退税。刚说完才两个月，他们就收到了新能源补贴的支票。美国的市场效率快得惊人，整个经济的运转就是这样。

中国经济是靠从上到下的强大外力来推，内部产生动力的机制远不如美国。民营企业是有动力的，更多的国企其实没动力，或者说有动力，但方向远离市场。美国人的作风非常务实、直接，如果在全球找生意伙伴，我喜欢跟美国人做生意，他们很进取，永远面对现实，从来不抱幻想，置之死地而后生，拥有超级竞争的精神。

梦想首先得说出来，才能最终做出来

在签约的时候，纽约一个副市长讲，在纽约只要出现以哪个国家来命名的什么中心，通常就预示着一个新时代的开始。最早英国人来纽约建了一个“英国中心”，就在洛克菲勒中心对面，一栋2 000平方米的小楼里，有一块基石上写着“英国中心”。后来美国人强大了，在全球建美国中心，现在北京、上海都有美国中心，叫“美洲俱乐部”。之后日本人强大了，在全球建“日本中心”，在纽约最典型的就是洛克菲勒中心被日本人收购，成了“日本中心”。德国人强大了，开始在全球建“德国中心”。他说今天中国人来到纽约要建“中国中心”，那将是中国时代的开始。根据国家中心在纽约交替出现的故事，可以写出这100年来世界的经济史。

我曾经碰到一个在伦敦政经学院读书的中国小孩，他说常常会因为自己的中国身份而纠结。他说在北京奥运会之后，全世界突然发现中国很牛，做事很猛，而且做得很好，都在表扬。他作为中国人也感到自豪。可后来发现批评中国的也很多，因为中国的制造业大规模进入欧美市场，使这些地区的就业受到冲击，另外贸易逆差、币值等问题都引发了对中国的批评。他们老师经常让他来谈中国，他不知道该怎么讲，也不知道是好还是坏，所以陷入了自我身份的认同困境。

到底是用西方价值观还是按照中国教育的口径来评判自己的国家？按照以前在中国接受的教育，当然是要往好里说。可是在国外课堂上要不断面对老师、同学们根据课程学到的理论和分析方法提出的各种新问题，致使他对中国原先的了解、定位变得模糊。他必须学习理性地去思考、研究，看中国在全球究竟扮演着什么样的角色，是被欢迎还是排斥、拒绝？或者是欲拒还迎、欲迎还拒？

“中国中心”在纽约落户以后，实际也有过他这样的心路历程。有一个阶段大家非常欢迎，纽约市长、很多媒体不断在表扬这件事，把“中国中心”作为中美关系良好的证明。但有些媒体认为，中国现在过于强大，在给美国施加压力，居然在新世贸顶端做“中国中心”。我们在签约的时候就有人说共产党来了。这种时候我们需要采取一些公关手法。

纽约新世贸又叫自由塔，象征自由、民主、法制的美国精神。在我们签约前两个星期，政府方面明确说不许叫自由塔，要叫世贸一号楼，因为奥巴马上台以后，他是民主党，偏向于中产阶级，比以前的共和党更加开放，他为了表现和解的姿态，决定给自由塔改名。结果由于我们叫“中国中心”，有人把这两件事联系起来，说美国衰退了，连自由都不敢叫了，是因为共产党来了等等。我们需要通过“中国中心”向美国传达积极正面的信息，给中美经贸合作交流以及中美关系

梦想首先得说出来，才能最终做出来

输入正面信号。

我们之所以能够顺利签约还有赖于两个方面，一个是时隔两年之后，中国外汇储备大幅度增加，对企业走出去有了新的推动力，中国企业出去办事得到很多人的支持。我们在审批上比以前要顺利，经过北京市发改委、国家发改委等环节都非常快。

另外我们吸取了以往的教训，以前我们在开信用证环节上耽误了很多时间，这回我们用自己的力量和资源直接开信用证，进出口银行接受了我们的资信。上一次我们让泰达给我们担保，结果手续做到一半，由于泰达董事会与党政联席会的纠葛，颇费了一番周折。世界上的事情从来都是这样，求人之事大，求己之事小；求人之事慢，求己之事快；求人之事难，求己之事易。我们把求人之事改为求己之事，结果变容易了。美方要求我们先开出信用证然后再签约，我们提前一个星期就开出来了。所以美国的金融危机、中国政府推动企业走出去以及万通自身的进步，都是签约能够按时完成的重要因素。

在建“中国中心”的过程中，对于怎样把梦想说出来让大家能够接受这件事，我深有体会。我们需要不停地说，这事看起来挺简单，但你坚持说 10 年 20 年，最终让这件事成为必然，其实还是挺难的。但梦想首先是说出来的，才能最终做出来。

我们最初在纽约谈这件事情的时候，所有人都不相信，认为这怎么可能跟中国人有关呢，美国人得自己建才对。

其实把梦想变成现实，把墙上的美人变成炕上的媳妇，靠的就是说。很多年轻人追求梦想，但是不好意思说，老是偷偷找一个青年导师私下聊，这样没用。有梦想就要大声说出来，这样才可以检验到底靠不靠谱，因为你一说出来就会招致很多批评，你需要一个个问题来解答。在立体城市这件事上，一开始我们梦想建一个 600 万平方米的巨构建筑，别人不停地批评，你说他也说，最后我们把最初构想的巨构建筑物改成了巨大的建筑体系，有些地方相连，有些地方不连，有的底下连，上面不连，慢慢调整、不断改变成大家都能接受的中间状态，最后付诸实施。

主流、双向、高端

“中国中心”在签约以后，就面临着定位与设计方面的挑战，我们在这件事上也已经研究了很多年。它的位置在 541 米的北美最高建筑的上面，有两万平方米，实际上是楼中楼。我们怎样把这两万平方米规划好？用它来做什么？怎么定位？

我们决定把“中国中心”做成中美展开商务活动的特别空间，用来进行经贸、文化、政治方面的活动；我们要把这个空间做得让人愿意来，并且使用方便，回去以后还想来，这样价值就出来了。

首先，我们的服务对象是主流商务人群，他们是能够影响两国经贸发展的重要企业人物，比如中国的柳传志。美国对我们的期待也是这样，这个定位是双方需要的。纽约前任州长帕塔吉来中国，他说，你既然要建“中国中心”，就应该能吸引中国最重要的老板们，他列了个名单，让我请这些人来吃饭。后来别人告诉我，这也是测试，如果你不能把这些人请到，你说你能做“中国中心”，人家不会信。他开的名单有张朝阳、陈峰、马蔚华、宁高宁等，最后我都请来了，在京城俱乐部吃完饭以后他便认可我们了。之前有一次开财富500强会议，纽合组织（纽约合作组织的简称）也希望我请一批这样的人，包括郭广昌、马云、王中军等，他们非常支持，就都来了。但就在来的前一小时，柳传志给我打电话，说实在有别的事，能不能不来。后来人家说必须来，因为联想当时刚收购了IBM的个人电脑业务，全球关注，如果不能请来，说明你不够主流。我跟柳总说不管怎样来一下，哪怕待一会儿就走。结果他还是来了，待了差不多一小时。办完这两件事之后，我们也就清楚地知道了美国方面对“中国中心”的期待。

将“中国中心”做成中美展开商务活动特别空间的这个定位非常重要，能够使“中国中心”成为真正的象征。以往中国人在国外做生意的形式大部分是商品市场、餐馆、中国城等，在当地经济中都是比较边缘的。比如纽约有50万华人，大部分在中国城，属于边缘经济，华尔街才是主流经济。围绕这个定位，我们做了很多工作，包括承办中美商业领袖圆桌会议，中国主流的商业领导人每年都会去20~30个，美方最重要的商业领袖也来20~30人。中国驻纽约总领事专门到“中国中心”访问过，帮助推动“中国中心”在当地的发展。我们在多个层面跟美国的主流社会建立了互动关系。

“中国中心”提供的服务有俱乐部、活动中心、商务中心、写字楼。在设计空间的时候，我们重点考虑的问题是：如何才能让人流连忘返、赞不绝口、回味无穷呢？我希望摒弃一些符号性的设计，比如灯笼、花格窗、龙、福字什么的，不能光搞这些简单形式，而应提升到精神层面来创作。

我曾经到西班牙马德里去参观过“美国中心”，受到了特别大的启发。我在路上就想“美国中心”会设计成什么样？一堆高楼大厦？自由女神？山姆大叔？卡通？如果是这样，那就没什么意思。结果我到了以后，看到楼非常炫、很有色彩感。建筑里四壁都是门，没有墙，你走哪条路都能出去，任何一边关上门后从外面看都像大堂的门。这就象征着开放与自由的美国精神，它把美国精神与空间设计融汇到一起。还有更精彩的地方是在 10 个楼层，由 5 位全球最酷的设计师设计了 5 种风格的客房：有路易 · 威登箱包式的，有洞穴式的，有船舱式的，还有一种是日本式的。任何一个客人要体验完这 5 种风格，都至少要住 5 个晚上，这种创新、风格多样又刺激了需求，拉升了营业收入。美国精神就是多样性、创新，但不管怎样花哨，最后都要落实到钱上，因为要让它赚钱。这就是美国文化，它不是为多样而多样，不是为创新而创新，其最终核心是商业利益。

那么“中国中心”应该怎样设计才能使中国文化精髓和生意很好地结合呢？我们找建筑师、设计师来讨论，他们说理解起来很吃力，做到很困难，而且现在也没有完全做到。我希望这个空间设计能达到这样的境界：闭起眼睛，你感觉是在中国；睁开眼睛，看到的又是世界；要把中国精神融入进去。如果睁开眼睛看到的都是中国元素，闭上眼睛想到的还是一个传统的、陈旧的，或格式化、僵化的中国，那这个设计就肯定失败。我希望有一个面向未来的、包容性强的、创新的、有生命力和中式文化气质的中国。

我们组织了一个国际团队，来进行多种尝试。中国的艺术家创作了一种折叠园林的空间意向，我们特意在前门 23 号进行展出，它把“中国中心”的空间分成两种，一种是官式空间，像四合院、故宫，方方正正的；一种是民间的空间，叫园林。四合院一般是达官贵人住，尤其是三进院、四套院；园林则是江南和民间的。中国的艺术家把 5 层楼打通，让园林立起来，再折起来，很有创意。另外我们请了日本当红的设计师、设计北京三里屯瑜舍的隈研吾来做室内再创造，他把花格窗光影和现代材料、生态绿植结合在一起。我们还请了纽约最好的灯光设计师、艺术家等，这个团队打造出来的“中国中心”可以确保在主流人群当中是受欢迎的。我在纽约曾和邓文迪谈到过这些，她说只要这些设计者在这儿，这个地方肯定就会有人来。我们针对两万平方米的空间进行设计上的再创作，希望能带来更大的吸引力和更高的延展价值。

我曾经把设计方案给中国一流的企业家陈东升、王中军、马蔚华看，他们都比较肯定。王中军在家具、艺术品等软装饰方面给了很多意见。我希望设计过程本身就会成为一个吸引人的话题。

我们还面临着运营管理方面的问题。“中国中心”一共有四种最重要的功能，每一种功能都牵扯到运营问题。

第一是运营俱乐部。我考察过美国最主要的俱乐部，和俱乐部管理公司、营销卖卡公司等各种各样的人讨论，发现俱乐部不容易经营。俱乐部分成很多种类型，“中国中心”的俱乐部属于商务性的，不是乡村休闲俱乐部，比如高尔夫俱乐部打球很重要，吃饭不见得重要，但“中国中心”以开会、会谈、社交为重要功能，所以餐饮很重要。另外，我们这个俱乐部成员的身份也非常特殊，所以必须要有很好的私密性。

美国最大的一家俱乐部管理公司，同时也管理着中国的北京京城俱乐部，我们向他们学到了很多东西。在美国，曾有俱乐部把希拉里给拒绝了，这很能反映美国人对俱乐部的看法。美国俱乐部强调的是身份认同，但并不意味着豪华。中国俱乐部更多的是强调物质上的外在东西，真正对于内在的精神气质和精神价值倒不太重视。比如中国人搞俱乐部，在用词上都是比谁豪华，只要给钱就能进，什么人都可以。

而美国对俱乐部的概念更强调是同类人，然后是身份的审核，而不是钱。美国有一些顶级俱乐部，房子破破烂烂的，里面也没什么豪华东西，就是历史悠久，它强调的是身份认同，人们在里面沟通，跟钱没关系，虽然这些人都很有钱。而中国俱乐部是双方面的，场所本身要表现出物质上外在化的奢华，所以在中国人观念里俱乐部是奢华之地，在西方人观念中俱乐部是一些同类人聚会的地方，大家聚在一起就行了，至于这个地方怎么样你随意，你愿不愿奢华没人管。在这点上中国和美国的俱乐部有很大的不同。在纽约有一个哈佛俱乐部，位于一座老楼内，里面安安静静的，大家可以吃饭、沟通等，不过只有哈佛的校友可以到这里来，非校友不行。

“中国中心”在纽约做得很像美国的俱乐部，我们叫主流、双向、高端。所谓主流就是代表中国经济大家认可的方向和人群；所谓高端，因为地方空间小，“中国中心”就两万平方米，不像沃尔玛地方大，人越多越好，所以定位于高端品质。为这事我访问过美国各种各样的俱乐部，也进行了专门研究。我是从北京京城俱乐部开始研究的，京城俱乐部是北京第一家商务性俱乐部，我从 1994 年起就成为它的会员，一直到今天还是。当时做“中国中心”研究商业模式时，我想这家俱乐部是美国人管的，就开始跟京城俱乐部的美方管理人员讨论，讨论完之后他们把我介绍给了他们总部。这是家俱乐部管理公司，是靠俱乐部来赚钱的，这又属于另一种模式，这种模式叫经营俱乐部，刚才提到的哈佛俱乐部不经营，纯属聚会型的。当然，管理京城俱乐部的这家公司管理着两个系列的俱乐部，一个系列是商务型的，叫商务社交型俱乐部；另一个系列是乡村、高尔夫这种休闲型俱乐部。北京京城俱乐部是商务型俱乐部。商务型俱乐部注重社交，以商务人士社交为主，休闲为辅。

这些俱乐部经营模式是这样的：在某个地方是否决定要做，首先看能卖出多少张会员卡。怎么赢利呢？它有品牌，管理得好，首先跟一个业主签约，这位业主做俱乐部，请它来管理；像酒店管理公司似的，它告诉这位业主怎么装修，然后去卖会员卡。卖会员卡的钱刚好够装修费，比如京城俱乐部，当时没卖那么多，截至 2011 年才卖了 1 200 张会员卡。会员的数量和所享受的品质有关，和空间、人数有一个恰当的比例，就像五星级酒店，一般一个客房要两到三个人打理。俱乐部也如此，比如多少平方米有多少人，人不能太多，太多私密性就没了，每个人单价又是多少，最后算出一个卖卡价。1994 年时京城俱乐部卖的卡是 5 000 美元／张，在当时是很贵的。那时公司买了两张卡，我和潘石屹成了它的会员。如果卖 1 000 张卡，收入就是 500 万美元，500 万美元用于装修，这是第一笔钱，这钱管理公司不赚，但装修费它也不出。第二笔钱是维持费，比如每年大概两万人民币维持京城俱乐部的会员身份，交了这个钱还能继续当会员，不交会员身份就没了，假定有 1 000 个会员，每年维持费 2 000 万元，这个钱俱乐部是要赚走的。第三笔钱是每天酒水、消费这些收入，这部分钱持平就行，如果不够，就用第二笔钱将差额补回来。如果会员卡卖得更好，卖得更贵，或装修装得更巧，可能用不了 500 万美元，400 万美元就好了，那剩下的 100 万美元也算赚的。

管理京城俱乐部的这家公司就是这样经营的，所以它看哪儿能开办俱乐部就在哪儿开办，一点点在全球扩张。不过有时经济状况的波动可能导致俱乐部会员减少，会员减少了，活动就会减少，月费相应就会减少，这样它便维持不住，第二笔钱和第三笔钱加起来都还亏，这样恶性循环下去会导致破产。所以这家公司最近关了很多俱乐部。我们在讨论“中国中心”时曾想请它来管理，最后发现不太合适。在美国有些俱乐部也是作为生意来经营的，这样卖卡就成了一门学问，因此在美国又生发出一些卖卡公司，专门帮助各种俱乐部卖卡。对于“中国中心”来说，还是以聚为主，顺便在这里消费，我们不把它做成一种完全赢利的模式，因为在“中国中心”我们还有房租等各种收入。所以卖会员卡不会成为我们最重要的收入来源，这样的话就跟美国俱乐部的运作方式不太一样。

我觉得中国的俱乐部目前确实有以聚财为目标的，服务品质倒未必好，我参加了很多企业界各种各样的俱乐部，有收费 100 万元的，有收费 200 万元的，这其中我觉得收费最少活动组织得最好的是泰山会，它以前叫俱乐部，后来改名叫泰山会，几乎不交什么钱，每次活动由两个会员实报实销分摊，就是平时不用交钱，活动时比如这次花了 20 万元，由两个会员平分负担，然后每个人按姓氏笔画顺序轮流支付活动费用，大概七八年轮一次。另外泰山会也强调以私人感情交流为主，发展的范围比较小，一共才 16 个会员，你如果想参加，会有一年的观察期，跟大家玩一年之后没人说不，第二年你就可以参加了；如果在这一年当中有人觉得不开心，那你就不能参加了，因此也拒绝了一些很有名的人。

泰山会 16 个会员彼此之间都玩得特别熟。这是一种小俱乐部，现在微博上叫群，其实就相当于一个群。这其中有柳传志、史玉柱、鲁志祥等。鲁志祥跟柳传志之所以能有后来的资本故事，最主要就是跟泰山会有关系，在泰山会里彼此非常了解。泰山会每年有两次活动，2011 年去的是俄罗斯的圣彼得堡与莫斯科，待了七八天，都挺开心的。这些活动，大家都不带随从，不带家属，强调会员之间的交流，真正让大家在一起。位于海口的金鼎俱乐部越来越像泰山会，也是强调私人之间的深度交流，这个俱乐部陈峰是理事长，我是执行理事长。

同样，香港马会也是非常出名的俱乐部，有着上百年的历史，他们在发展会员上特别下功夫，采取的是邀请制。你觉得你有钱去申请，人家还不见得接纳你。它越这样，就越显得这个会员资格的价值高。现在经常有人找我帮忙在北京马会订餐，因为只有会员才有资格订餐，而且结账的时候，会员本人必须到场。这虽然很麻烦，但它坚持这条原则，把它认为不适合这个会所的人屏蔽掉，因此也确实做到了真正的物以类聚人以群分，也保证了其主流定位。北京马会到现在发展了不到500个会员，用了两年时间，会员质量很高。

第二是餐饮。北京马会的餐厅非常成功，大家往往一约就是去马会吃饭。“中国中心”俱乐部也曾煞费苦心，究竟是做亚洲餐找中国大厨开发菜系、我们找人管理，还是直接找美国的上市餐饮公司来管理呢？

第三是服务品质，在细节上要做得非常好。比如像马会，每次你去的时候，他都站在门口带着你，你有任何要求，他都会记下来，服务很细致，活动品质也很好。这对“中国中心”来说都是很好的榜样。

第四是商务中心和会议中心、活动中心。我们在纽约做了关于商务中心的大量调查后发现，在纽约做生意的中国人目前有两类，一类是中资机构的外派，他们的机构规模不够大，多数是使用一百平方米左右空间、租两年时间；还有一类是临时来开会需要办公室，比如路演。现在中国在美国股票市场上市的有500多家企业，其中在纳斯达克和纽交所上市的有200多家，占美国股票市场市值的15%，这些公司大部分每年都要去纽约路演、开会。他们需要大量的短期办公室或商务活动会议室。还有就是中国和美国的经贸官员活动很多，他们需要开会、接见，每年经贸活动的代表团去得最多的是纽约。我们要考虑纽约本地市场的需求情况，于是请美国一家专业管理公司来管理。运营商确定以后，未来的服务、营销也就都确定了，他们能够带来本地化的很多生意，而我们会带来中国大陆的生意。在纽约，办鸡尾酒会、婚礼、时装秀、艺术展览等都需要很大的空间，而4 000平方米这样的大空间活动中心在当地非常短缺，所以活动中心在纽约市场非常好，我们也是请美国的一家公司来管理。

此外，还有简单的办公室出租，一租两年三年，这部分由我们自己来运营；俱乐部、商务中心、活动中心、会议中心等都是在找全球我们认为最合适、最好的专业机构来运营。这种管理模式相当于在国内做酒店要找喜来登、君悦来管理一样，我们设计空间，让他们来指导，中间有利益关系。最大的难度是运营上的挑战，我们需要找到好运营商。比如商务中心在全世界找到十几家运营商，他们都提供了建议书，要来竞争这样一个机会，但你选谁是很关键的决策。我们原则上第一选纽约的，如果跟中国有关系，那更好；第二选专业能力在纽约被公认是最好的。

当时在运营当中有个问题，2014 年上半年之前物理空间还没有建成，怎么运营？我们用互联网虚拟的“中国中心”来运营。我们在七号楼有一个办公室，我们把已经设计出来的“中国中心”搬到互联网上，用电子商务的方式服务、虚拟运营。比如我想订餐，马上会跳出俱乐部的餐厅服务界面。我们的餐分两种，一种是商务正餐，还有一种是 24 小时的简餐；如果你想要中式的简餐，我们在纽约的“中国中心”运营机构会给你安排，这是将来会搬到自由塔里的服务，现在先让你在自由塔外提前享受。在网上你说要带 5 个人到纽约路演 3 天，需要会议室开会，我们也会给你报价，你在网上支付，我们会把一切给你安排好。那时“中国中心”在网上每天都有客人，并已经在中国开始了营销。这样在“中国中心”正式开业之前，就已经有收入了，和未来的“中国中心”可以顺畅衔接。

近朱者赤

对于“中国中心”，合作伙伴的选择很重要。我们从立项第一天开始就得益于纽合组织，随着合作的深入，我们也越来越了解纽约经济的发展模式。这个组织非常有趣，也非常高效。它是由纽约100家最大的跨国公司（其中三分之二是500强公司）组成的NGO，参加的人都是这些公司的CEO，时任主席是默多克，同时他请了一位女职业经理人凯西来帮忙。职业经理人可以连任，主席是有任期的。它的很多机构职能和运作方法非常独特，下面的机构分成三块，一块是组织内部每年定期的活动，活动中强调亲自参与，不像中国有很多大组织，说起来很大，但每次开会来不了几个人。每一次活动，这些公司的CEO都来，由于每个人都亲自参与，大家也都很愿意来。如果这个公司CEO去，那个公司来了个副总，那以后很多人可能就不去了。每次参加都给你记账，这体现了美国人的务实精神。比如你参加两个小时是多少钱，不同CEO每小时价钱不一样，到年底时公布你为纽约做了多少公益事业，会折合成多少美元体现在公司报告里，算是你对纽约的贡献。跟我们现在捐钱给万通公益基金不一样的是，他们捐的是时间。对于大公司的CEO来说，捐时间比捐钱还重要，因为他的智慧、资源和能力都有巨大的价值。

纽合组织有一个基金，由每家公司出100万美元，凑起来一个亿，分成三部分使用。第一部分叫公益基金，就是做公益慈善；第二部分是创业投资，相当于 VC（风险投资），投资对象为纽约的一些年轻人，投了以后，赚的钱仍然捐到基金里不拿走，所以这个基金越滚越大；第三部分叫引导基金，相当于招商引资的鱼饵，拿这个钱去跟人合作赚钱，吸引更多的人来投资纽约。跟万通合作的就是这第三部分钱，它用这个钱来吸引我们在纽约做“中国中心”，它现在投资 200 万美元在我们的项目股本里，占的比例并不大，但它在本地帮我们做了很多协调，是我们最有力的支持者。这个基金请了最好的基金管理人，每年都在赚钱，然后补充第一部分在公益慈善方面花掉的钱。

纽合组织帮助纽约市政府做发展规划、出谋划策，起到为经济界和政府搭桥沟通的作用，有点像我们的工商联。纽合组织是纽约最重要的和政府互动的非政府组织，有着悠久的历史，同时也有很好的传承。它的模式是由麦肯锡公司早年帮助设计的，相当于影子政府，因为有太多超级大哥在里面，所以对纽约当地经济影响很大。除了纽约以外，伦敦也有个伦敦合作组织。我们现在在纽约有任何重要的事项，都首先跟合作伙伴商量，由它们帮我们出面沟通、推动。

我们第二个合作伙伴是纽约港务局。在法律的产权结构上，世贸的土地由纽约和新泽西两个港务局所有，因为这个地方是纽约曼哈顿岛的下城，有港口，所以港务局拥有这些土地。港务局是州政府下属的，相当于我们政府的企业，所以土地不属于私人，但上面的建筑物属于投资人所有，投资人每年需要付给港务局地租。纽约港务局是一个政府企业，和任何一个地区的国家或政府企业类似，就是责任心比私人企业差，另外人事变动非常快。从我们最初打交道到现在，他们的人已经换了好几茬。港务局上边就是纽约政府，影响纽约州和新泽西州政府的还有他们的参议院、州长等。这个伙伴因为办事效率低，使我们的谈判时间拖得比较长，但也有一个好处，因为不是私人企业，它有时候会考虑到整体州政府和美国的利益，而不完全拘泥于个人的短期收益。我们在大格局、发展方向上讨论，双方对"中国中心"的理解是一样的，就是不一定要赚最多的钱，而是要赚合适的钱，要找到对的人来做对的事情。

第三个伙伴是道格拉斯·德斯，它现在是做到第三代的家族企业。这家地产公司非常有趣，从老板的爷爷开始就在纽约46街做房地产，从没离开这条街。他爷爷当年断言这条街一定会火；他做的最有毅力的事情就是在近30年里每天在报纸上做小广告，很小一点点，大约也就一指宽的版面，就说一件事，"这条街必火"；结果现在这条街果真火了，而这条街的产权又全是他们家的，于是他们成了纽约最牛的不动产持有者。三代人说一条街，德斯家族在纽约是殷实诚信的代表，这个家族曾经发生过很多恩怨情仇的故事，有点像《基督山伯爵》里的情节，媒体上都报道过。

港务局建大楼需要招标找收费开发商。这相当于找冯小刚拍电影，我有钱但我不会拍，只有找到专业的人拍，最后电影才能卖出价去，但这个版权是我的。收费开发商就是导演，他要经营未来的物业，包括跟万通打交道建"中国中心"。这个楼里有25万平方米需要他们来管理。招标过程中，先后有6家纽约最著名、最有实力的家族和基金来应标。招标条件是拿一亿美元放在这个项目里，在业主当中做一个小股东，就像酒店管理公司让你管酒店，你得投 3%~5%。经过长达 9 个月的竞标，德斯家族最终胜出，目前一号楼由德斯来管。万通是它最重要的客户和合作伙伴。

德斯公司做事非常用心、专业，他们接手以后，向我们提了很多好建议，处处替我们着想。他说“中国中心”如果能火，整个一号楼就会火。现在中国和美国是最重要的两大经济体，如果“中国中心”好，美国和中国都会好。

德斯公司在纽约做了最绿色的铂金级纽约时报大厦，我们公司很多高管都去参观过。我们也希望有机会参与管理 25 万平方米的北美最高楼，他们同意未来在管理公司里让万通放 1 000 万美元进去，跟他们共同来管。这样我们就会积累对超高建筑管理的经验，为未来在中国管理超高建筑积累能力和优势。

除此之外，我们跟德斯公司还分别确定了投资对方的项目，我们会在德斯纽约的新出租公寓项目中投资，他们会参与我们在中国台北的项目。台北项目是经由新加坡平台来达成的，即我们先投资到新加坡，再从新加坡转投台北。德斯在新加坡这家公司里有投资。相信未来“中国中心”在这些好伙伴的支持下会非常顺利。

最后一个合作伙伴是新闻集团。万通控股公司现在的独立董事就有默多克的新闻集团全球副总裁和中国的 CEO 高群耀先生，默多克自始至终都对“中国中心”非常支持，当“中国中心”签约之后，他亲自让人打电话转达他对我们的祝贺。我去纽约跟他见面，他对“中国中心”的未来发展表示极大的期待。

“中国中心”将会成为万通在全球展示专业能力的窗口，也会帮助万通在经验上和专业能力上不断提升，为团队的训练打造起到关键作用。

09

商会：传承与发展

戒欺。

——金庸

这几年“商会”这个词在媒体上出现的频率越来越高，它在今天的中国有什么作用？未来会怎样发展？我认为它对未来的市场经济、社会环境和制度变化都非常重要。

商人会馆与行会

中国商人的起源时间比较晚，像有名的范蠡，他既当官又做生意，传说里后来还把西施给拐走了。但他在当时只是偶然现象，不是社会的主流。大家公认的中国商业萌芽（资本主义萌芽）是在明代，明清之际，商人逐步多起来，于是出现了商人聚合的形式。从描写晋商的电视剧《乔家大院》里可以看到，商人们最早是以家族、宗族为纽带发展出商业联系，并利用这种宗族力量控制商业资源，扩大自己地盘的。

在山西，钱庄不大用外村人，因为中国长期是农业社会，一个村的人住久了，都是熟人，就有道德约束，在这个小范围内，唾沫星子都能淹死人，一旦道德上出问题，几代人都翻不了身。商业联系的开始是用熟人、亲缘的方式，有的还采用大户之间结亲家的方式。这样商人之间的利益稳定起来，逐步形成一些行业垄断，彼此互相支持，还可以跟官府发生关系。但它的活动范围是有限的，随着战乱、流动和生意规模的扩大，有时候发展到外地就受到局限，人生地不熟，两眼一抹黑，所以亲缘之后又发展出地缘，来自同一地区的商人经常在一起混，进而在当地发展出会馆。商人会馆集合跨地区的地方商人，大家在会馆里面聊天，还可以住宿。大家合作谈事情，维护共同的利益和声誉，同时也做点好人好事，比如陕西和山西是一个商帮，在北京就有了山陕会馆。

会馆其实在很早的时候就有，但在商人兴起之前，大部分公馆是属于政治性的，那时会馆主要是给来北京赶考的人或进京的外地官员住的，穷人不可能住那里，都是有文化的精英住在那里。

到明末清初商业发展以后，会馆变成商人特有的组织形式，大家互通商情，也可以互相做买卖，还有就是维护利益，在会馆里逐步发展出大哥型人物，帮助解决困难，做些好人好事、照顾乡亲。至清末中国的会馆已经非常多，胡葆森曾建议我去河南一个很偏僻的山里看看，那里有个老房子当时就是商人会馆。现在北京南城有各式各样商人会馆的老房子。

商人会馆是以地缘来结盟的一种商人组织，但随着事业发展，生意越来越大，逐渐超出了本地人的范围，比如陕西人会跟天津人做，天津人可能跟广东人做，最后大家发现，除了地区以外，更重要的是行业。所以逐步又由地方性的会馆扩大为行业组织，就是行会，即行业协会的前身。后来行会逐步取代了简单的地域性会馆，同行有了更多的联系，有的还叫工会、同盟。不同行会拜不同的神，有的拜关公、有的拜鲁班等，这相当于它们的形象规划CIS[①]，同时也有各自的

① Corporate Identity System 的简称，即司肖，指把企业形象作为一个整体进行建设和发展，是企业的识别系统。

口号，发展得非常快。

行会做的事情涵盖了会馆的事项，还增加了一些内容。继承的内容是通商情、彼此联络、传递信息、维护大家利益，增加的是制订行业标准，有了道德自律，行会成员破了规矩就会被踢出去，行业标准逐步具有很大的约束。有了标准，实际上就有了公断，行会可以作为第三方来判定商人之间的纠纷，还可以代表行业跟政府沟通，就商人的利益与政府讨价还价。

随着行会的力量越来越大、影响范围越来越广，逐步发现所有的商人都有共同利益，他们是数量很大的社会人群，有他们的习惯、观念、心理和利益诉求，不同行业之间应该联合起来。这时出现了商会。商会是在会馆、行会基础上发展出来的代表整体商人利益的组织。它标志着商人整体上社会角色的确定和社会心理上共同认知的形成，同时也形成了商人之间共同的道德规范以及他们对社会的主动影响。

清末和民国初年，本土经济发展，还有甲午战争、鸦片战争、义和团、八国联军、辛亥革命、洋务运动等，使中国大门不断开放，外国人和中国人做生意越来越多，于是外国商人之间的联系方式也给传了过来。1902 年中国上海产生第一个商会组织，它有 5 个董事、75 个会员。

此后，清政府专门颁布法律鼓励大家成立商会，上千个商会如雨后春笋般出现。它已经摆脱了传统会馆的影响，逐步出现了现代商业组织的一些形态，特别是跟外国人做生意的、留过洋的、做买办出身的这些人，开始学会按西方或日本的方式组建现代商会。从 1902 年起到 1911 年辛亥革命，中国虽然还没有进入现代社会，但已经有了很复杂的商会组织。

这种商会主要有四大重要职能。第一，沟通信息、联谊等。第二，开始成立商会下面的各种分支，有总的商会，也有专业商会，各个商会分别制定各自的定位和标准。第三，开始积极主动地维护商人权利，包括跟政府讨论政策，那时主要是进出口贸易的政策，还协助地方政府维稳。上海的商会养了商团（就是商会下面雇用一部分武装力量），这部分商团后来在辛亥革命中变成了支持孙中山的力量。第四，有了更大公断的空间。跟西欧、地中海沿岸威尼斯商人发展的观念和路径不一样，他们发展出生人文化用法律来解决彼此纠纷的模式，现代法律很多是从那里发展来的。

中国长期是农耕社会，人们固定居住，不是游牧的生活状态，因此认祖宗、讲面子。游牧民族的祖宗则不大容易找。在蒙古，如果有亲人去世了，大家很快就地埋了，戈壁滩上很难再找到坟头。他们会拿些石头摆在那儿，挂一些经幡。有首歌叫《敖包相会》，歌里唱的敖包就是拜祖和约会的地方，这是唯一能识别的标志。而在中国，本土农耕民族一代一代传承，修庙、敬祖宗，岁数大的族长德高望重，祖宗非常重要。另外很讲面子，给别人面子就是尊重别人、降低自己、委屈自己。商会的公断和私了是同时存在的。比如俩人吵架了，商会大佬叫他们出来一起喝喝茶，和和稀泥事情就完了，又像公断，也像私了，但一定有第三方出面。这种风格到今天也还有。早几年我们一起去爬山，期间有一个人突然去世了。王石建议说把当事人都叫来，每人出一些钱，把事情解决了吧。这其中也有不同意见，但最后大家认为大哥说这么办就这么办吧。这就是中国的传统。

房地产行业经常会遇到这样的事，比如大家都抢一块地，任志强就把大家找到一起吃个饭，说这回你来，下回他来，你拿了给他些茶水钱，他拿了给你些茶水钱。商会内的公断都带有中国历史上特有的私了和给面子的性质。

目前中国经过 30 多年改革，商会的表现形式和运营内容也呈现多样化，现在企业界已形成了不同的行业组织，特别是企业家之间各种各样的圈子组织。国企有国企的一套玩法，这种组织更活跃的是在民营这部分。有次我到上海，请阿拉善生态协会在上海的会员吃饭，一下就来了 30 多个，我说请大家吃饭聊天，因为我是阿拉善章程委员会主席，也是创办人之一。前段时间我去深圳，请阿拉善在广东的成员聚一聚，一下来了 60 多个，大家分享了王石在哈佛大学读书的经历，也讲了下阿拉善，包括红树林的环保治理问题。这就变成了一个持续凝聚的通道，在这过程中大家由价值观上的认同变成私人朋友，最后变成业务伙伴，一切皆有可能。

中国民间企业家最大的有两个圈子组织，一个是中国企业家俱乐部，由《中国企业家》杂志逐步拓展演化而来，现在柳传志是主要召集人，我们都参加了这个俱乐部。这个俱乐部比较活跃，每年主要的活动是中国企业领袖年会，因为在杂志旗下，这个年会顺便有点收益。俱乐部门槛费也比较高，大约 100 万人民币，现在有 100 多个会员。

另一个更大更有影响力的是中国企业家论坛。这是一个公益性论坛，没有任何牟利的动机，我也是发起人之一。论坛有个理事会，每年正月十五在亚布力开会，有个五星级酒店被会员收购后作为固定的会场。在国内有个私募基金会，资助整个开会流程。中国企业家论坛夏季会议在不同城市召开，中国企业家论坛企业领袖峰会每年 12 月份在北京国贸召开。企业领袖峰会和亚布力论坛是中国主流民营企业参加得最多的活动。

同时，还有行业性组织，如中城联盟。作为地产行业当中最成熟的策略联盟，中城联盟现在的门槛费是 1 000 万，这 1 000 万元放在基金里面，退出时会退还的。目前想要参加该联盟的人很多，但它的门槛很高，所以它又叫“好公司大公司俱乐部”，前提是“好公司俱乐部”，也就是价值观认同，不能是些坏开发商。中城联盟是行业当中最成功的企业家策略联盟组织。

此外，还有各种各样的地方性商会。地方性商会组织现在算是民营企业的主流形态之一，商会组织也分成两组，有一些是官办的，有一些是民办的。中国这些企业家圈子、商会及地方有影响的民营企业，构成了中国民间商业生态当中的主流群体。

国企也是主流的一部分，但不大愿意自己出来挑头组织什么东西，它是被动的。现在有个百人会，是由和讯传媒积极发起组织的，里面有很多国企及金融界的领导人，这个机构是民营和国企跨界的。中国整个企业家生态圈子都已逐步固定化，比如郭广昌领导的浙江商会，基本上把浙江企业都囊括到了里面；中城联盟则基本把房地产企业都囊括了进来。这些组织都越来越稳定，而这些组织的成员都是“中国中心”未来的客户，我们也希望他们都能够积极参与。比如柳传志就对“中国中心”非常支持，有次他去美国，专门替我去跟对方谈，回来后给了我很多鼓励。马蔚华为“中国中心”的事，在纽约也帮了我们两三次忙。王石也很支持“中国中心”，开始他还有些怀疑，但到最后关键时刻他说坚决支持，一定要做成。实际上，在“中国中心”酝酿、建设过程中，得到了中国企业界主流人群不断的支持。在 2011 年初，陈东升带领很多人去“中国中心”专门看我们的设计，也提了很多很好的建议。

此外，华夏同学会也是个比较有名的组织，主要由中欧和长江 CEO 班的人组成，由鼎天资产管理有限公司董事长王兵牵头成立。华夏同学会是深度的学习型组织，每年有两次正式活动，平时基本不收什么钱，但活动办得非常好，现在大家非常认可，活动出席率都在 90% 以上。该会还附带成立了华夏慈善基金会。

从以上讲述中我们可以看到，商会，尤其是部分企业家组织目前的发展状况。而从商会的发展历史来看，它主要有三大功能：第一，联络、缔结商情；第二，建立游戏规则，包括行业的游戏规则和商人之间的规则，不管是潜规则还是直接的规则，约束力很大；第三，维护商人权益，与政府沟通，形成对商人有利的社会环境、政治环境和法律环境。这是商会存在最重要的意义，也是对中国 100 多年来沉淀下来的商会精神的继承，同样也是现代市场经济国家、发达国家和地区的商会普遍做的事情。

工商联与官办商会

刚才讲了商会，现在来讲讲工商联。1978 年改革开放以来工商联逐渐得到了恢复，前几年又增加了一顶帽子叫总商会，所以现在商人的组织有两顶帽子，一顶叫工商联，另一顶叫总商会。总商会想承担一些历史上商会的责任，工商联主要扮演社会主义传统制度架构下的定位和角色。

那么，工商联的基本定位是什么？定位是党的统一战线下的群众组织，目的是成为党的统一战线。它运营着两件事：第一件事是联谊，统战部经常举办活动，在工商联里商人们见面沟通的机会还很多，各个行业、各个地区的都有；第二件事是和政府沟通。我开玩笑说工商联现在的角色跟妇联差不多，是代表弱势群体陈情的通道。房地产调控的时候，房地产商会准备资料给工商联的领导，再由他呈送到国务院，国务院开专门会议时去跟总理讲一讲，发挥桥梁和沟通作用。

工商联跟商会又有很大的不同。一是人员组成不同。商会在过去是独立的，根据你的行业地位、做人的品德、影响力来公推行业领导人，比如虞洽卿在民国时是上海宁波商会的会长，在宁波商人里是带头大哥，并不需要政府任命。这个地区或行业内做得最好的人被推举为大哥，然后大哥可以保护大家。有一段时间在房地产行业，万科带头降价，中小地产公司意见比较多，他们觉得你是大哥，你得照顾大家，不能不打招呼就降价，这样大家会更困难的。工商联里的人是由统战部定的，它的领导人都是统战部给的名单，现在有的民营企业为了进工商联，就像我们地方官要升官一样，不断请客、送礼，不断往统战部跑。二是经费来源不同，在工商联工作的人员都是准公务员，他们的经费由统战部核定，由国家财政支出，人员都是有级别的：工商联党组书记、工商联主席是正部级，剩下的有些是副部级等。比如尹明善是著名民营企业家，当了重庆工商联副主席后享受副省级待遇。而过去商会的运作费基本上是两种：会员交的会费或大哥自己出。工商联今天虽然也跟我们收点会费，但很少，不足整个机关运行费用的十分之一，大部分是政府拨款。

第三，参加工商联的企业和不参加工商联的企业也不同，参加工商联的民营企业家、商人有优先被政治安排的可能。在统战部内部有一个处是专门管民营企业的，哪些民营企业听党的话，这些企业家就可能被安排到人大、政协，成为人大代表或担任工商联的领导职务。这在历史上的商会中没有出现过，它是现时中国特色的一种制度安排。

工商联从任命到经费、未来的机会发展都是由统战部系统直接主导安排的，它是不独立的，是附属于统战部门的、以民间形式出现的商人之间的组织。

说到工商联，就得说说现在的企业家。现在企业家基本上分成三类人。一类叫纯商务人，就是草根本能的商务人，都很能干，能挣钱，也能享受。第二类是红顶商人，大部分是政协、人大的，或被统战部政治安排的，他们既做生意，又有政协、人大的身份，基本上跟政府互动，有时也代表政府出来讲一些话。这类人有的生意做得很好，有的生意做得并不很好，但跟政府的关系很好，名头很大。第三类是所谓纯市场或类似精英的一批人。这批人既不是政协也不是人大的，但企业做得很好，而且完全市场化，教育背景也很好，主要由海归和原来体制内出来的人共同构成。

民间商会

这几年随着改革开放、市场经济的发展，社会上出现了另一种从民间自发生长出来、恢复到原来意义上的商会，发展得最快最好的是浙江商会和温州商会。

第一，它是地域、地缘的结合。温州人在全世界做买卖，他们急需在各个地方建立联系，在河南平顶山、驻马店都能看到温州商会，一开始他们没有注册，也没有严格的上下级关系。万通批发市场招商时吸引了很多温州商会的会员。这些商会一开始是草根性、民间性、地缘性的，后来有了行业性，逐步恢复到商会本来的面目。

十几年前我去温州，温州商会的会长接待我，同时叫来几个副会长，他们当时要成立一个基金，请大家坐在一起商量怎么出钱。因为有这几个大佬出现，大家都彼此信任，也不要法律文件，就把钱都交齐了。浙江商会在民间集资中起了很大的组织、纽带作用。曾被法院审判的吴英[①]，也是在这个土壤下成长起来的，商会组织给了她一定

① 原浙江本色控股集团有限公司法人代表，因涉嫌非法吸收公众存款罪，于2007年3月16日被逮捕。

的扶持和信用上的保证。

最近十几年以来，民间商会越来越成熟，他们经常在海外打官司，比如说温州出产的打火机占了全球的70%，国外公司起诉他们倾销，他们就由商会请律师，共同维护商人的利益；奥康皮鞋也是这么做的。

民间商会不同于工商联，但他们的上级组织最后逐步变成由工商联管，比如中国现在最大的商会是美容美发商会，这个商会的成立需要工商联批准。房地产行业成立不动产商会，也有将近10年的历史了，也是工商联批准的，这样商会下边才可以成立各地区的不动产商会。

各个行业和地区性商会组织的成立要由统战部授权、工商联批准，工商联变成其他商会的主管部门。之前中央出了中共中央、国务院关于加强和改进新形势下工商联工作的意见的文件，在这之后各地工商联大力推动商会组织的发展。我有一次到广西见合作伙伴，他让我参加河北广西商会的成立活动，现场有200多人。而地方上的商会，比如陕西北京商会受北京市民政局社团登记处和陕西驻北京办事处的双重领导，后者是局级单位。商会跟工商联是没有直接联系的，受地方派出机构和注册地民政部门的领导，体系非常复杂。陕西省在全国包括香港、台湾，以及国外已经有上百个陕西商会。其他小地方也可以成立自己的商会。

做奥康皮鞋的皮鞋大王王振涛是温州大佬，他曾邀请我和江南春去参加温州瓯海区商会的上海分会，这只是区商会在上海的分会，名头这么小，与会者却有上千人，比一般省级的商会活动排场还大。温州有温州商会，区里有区商会，区商会在全国还有分支，可见商人的网络像毛细血管一样密布在各个地方。

北京有陕西商会，陕西商会下边有榆林商会。榆林实行医改，成为全国第一个看病不要钱的地区，就是因为当地民营企业、煤老板捐了十个亿给政府成立公益基金。他们会员手里的现金还有几百亿，要在北京做事情。地区经济越发展，商会就越发达。中国目前已形成了复杂的商会网络图。

商会做的第一件事是以地缘、业缘、亲缘等各种方式举办联谊活动。比如陕西商会成立时，张朝阳、冯军、杨宁这些在北京的陕西人去陕西人在北京开的餐馆吃饭、开会。浙江商会也是这样，逢年过节搞聚会、论坛、文艺演出以加强联系。

有次陈东升请我去一年一度的湖北商会会长大会讲话，现场好几百人，各地湖北商会的会长全在那儿。目前商会之间的联系很多，多到大家觉得时间精力都不够分配。我跟湖北商会陈东升会长还去浙江商会学习，商会成了信息沟通的枢纽，继承了传统商会最重要的功能。

现在有了互联网，得到信息的成本非常低，不必非得见面说。但我发现见面和不见面还是不一样，人得面对面才有面子，天天不见面，俩人从来不认识，这面子建立不起来，所以见面主要还是情感沟通。哺乳类动物活动是群居、社会性的，必须发生关系。像坐牢关小号就是为了让一个人孤独致死，人多的时候则会互相掐，生命力旺盛。所以见面能增强感情、熟悉度，对每一个人的品德、为人进行深入了解。一些私密的信息也要通过面对面讲，比如收购信息，这些东西互联网上是没有的，有一些企业不是上市公司，它没有披露的义务。

第二是结伙牟利，最典型的是浙江商会。浙江商会的云峰基金弄得风生水起，领导人是浙江的马云、虞锋等；义乌有个大佬听说马云在弄，就投了一个亿。现在郭广昌在做光耀基金，很多投资也都来自浙江商会会员。浙江商会是最喜欢扎堆的，他们总在一起做生意，一起玩。相比起来，陕西商会不怎么结伙做生意，也就在一起结伴聊天，所以最近他们说要学习浙江商会，不能老在一起只谈大事、不去做赚钱的事。

第三是抱团做公益，比如不动产商会和中城联盟有公益委员会，大家一起来做公益活动，在遇到大灾大难时募款经常会看到很多商会的身影。陕西商会换届成立时，发现很多犯人的孩子流落社会，商会就有人开始收留这些孩子，组织募捐。现在在中国已经有 4 个救助这类孩子的基地，这成为我们陕西人的骄傲。

现在，公益成了商会的重要工作。个别商会会员出现困难时也需要商会给予帮助。在中城联盟内部甚至演化出一种救援机制，如果会员出了状况不能够经营企业，可以和中城联盟的基金签托管协议，由他们托管你的公司，因为都是同行，没准比你管得还好。等到你可以接管企业时再还给你，你付一笔托管费就可以了。万一有会员破产，中城联盟基金会拿出 100 万元送给他，作为安家费，体现商会组织对于成员的关爱。因为有这么多的救援机制，现在中城联盟的凝聚力越来越强。

第四是政商沟通，工商联跟政府是一体的，所以渠道非常通畅。其他商会隶属于一些地方派出机构，政商之间的沟通也很通畅。比如北京陕西商会，陕西驻京办事处派了个处长做商会的副会长，商会办公有一部分在驻京办事处，省里面有什么要求通过办事处传达，而商会要回陕西做什么事情也通过办事处和省里沟通。

随着商会影响力的扩大，还可以通过它约请各种各样有影响力的人，包括政府部门的主管、相关部门的专家，以商会名义跟他们讨论些当下的问题，比如这几年出台了 50 个文件来调控房地产，这些文件的起草过程、出台、实施、反馈、校正过程，商会都有参与。

最后是勉力维权，这件事很难做。我做过不动产商会的一任轮值主席，曾试图在维权上多做些工作，专门约请谙熟房地产业的大律师共同讨论怎么维权。当时贵州有个地产老板被当地的老百姓包围，比卡扎菲还惨。老百姓到他的大厦里吃喝拉撒，搞得现场臭不可闻，外面到处贴着谩骂他的标语，老板躲在楼上不敢出来。后来他通过朋友给我打电话求助，我找的律师发现这个项目是政府很早以前以文件形式批下来的，离他不远处有家国企跟他做得一模一样，但没人敢去那儿闹。于是我们试图帮他维权，但过程非常艰难，结果并不理想。关于维权，商会做得不够好，也就没有办法有效开展工作。

浙江商会与陕西商会

关于浙江商会，它现在究竟有多大的影响力？明星一样的风云人物像马云、虞锋、郭广昌等都加入了浙江商会，在上海世博会期间郭广昌还带头组织民企馆，有效提升了民营企业和浙江商会的影响力。

我曾去滨州帮一个房地产老板看地，那里的商会会长接待我，他说他十几岁就来这儿，做了 20 多年了，以前是钉鞋的，现在成了商会会长，这里会员的事他都要帮忙，有些生意令他感兴趣了也跟着一起做。他说这里的书记跟他关系很好，他随时可以去找书记，他的办公室跟书记办公室挨着，政府也说要尊重商会，因为商会跟当地经济关联紧密。后来晚上吃饭时福建商会会长来了，政府在这里也给他安排了个办公室。所以商会能够帮助提升当地经济水平，而且能有效沟通政商两个方面。

北京浙江商会会长有一次要换届，因为银泰老板沈国军任期结束了，有人推荐让我去做，说我祖籍是浙江，只是在西安长大而已。我说我不能做会长，但可以参加商会活动。在北京的浙江商人有将近 60 万，北京有温州村、浙江村，最著名的是浙江村，全部都是浙江人，现在大部分发展得都不错。该商会每次开会都有上千人参加，每年浙江领导还专门请北京市市委书记、市长吃饭，创造机会使在北京的浙江商会见领导，反映情况和沟通问题。因为北京市市委书记是政治局委员，一般浙江商人见不着，北京商人都很难见着。

浙江商会在很多地方建立了固定的会馆、会所，非常高级。最典型、最有影响的是杭州的江南会，它在西湖边上几栋老式建筑里，是由马云、郭广昌、陈天桥、丁磊、鲁冠球等浙江商人出钱做的。江南会开幕那天我也去了，还成了它的会员。金庸还为商会题写了商训“戒欺”，就是要讲诚信的意思。会所的餐饮、服务、设计都做得非常好。开幕那天晚上杭州市市委书记等都参加了，没有官架子，跟大家一起看表演。江南会成为浙江商人聚集的一个重要场所，我经常会接到它各种各样的活动邀请，比如2010年索罗斯来，就在江南会跟大家交流。浙江商会在上海还有一个会所，由郭广昌领衔的上海浙江商会一手操办。山西商会在北京大望路有晋商会馆。这逐步又恢复到早期会馆的形态。

浙江商会每年会举办浙商大会，我参加过两次，在杭州每一次都几千人，那一周差不多整个城内都是浙商，几乎全球的浙商都来了。浙商大会成为浙江最有影响力的商人活动，现在也被其他地方效仿，比如山西有晋商大会，河南有客商大会（客家商人大会），陕西有秦商大会，湖北有鄂商大会等。浙江商会的经费特别多，执行理事都要捐钱，商会组织经费完全来自民间，主要用来为大家做事情。

北京陕西商会在换届之后，由我、陈宏、张朝阳、冯军来主持，我们强调商会的独立性，商会的基点还是商人的共同利益，所以要有自主性。我们跟政府之间是透明的，经常向政府汇报工作，但从法律上来说我们成立商会，只要政府的备案和批准就行了，剩下的就独立活动。这些想法得到了陕西办事处的理解和支持，现在我们有很大的活动空间。

换届时我们有了自己的商训，这样能形成会员共同的文化认同和统一的价值观，让商会能持续发展下去。陕西商人和中国经济社会的发展历史很吻合，从秦朝到汉代，陕西的商人拥有天下三分之二的财富，曾经非常发达，像今天的浙商一样。《史记》里有一段话讲陕西商人的特点：沿海那些商人会算账，计较、精明，但不厚道，而陕西商人厚道、踏实，也可以说是木讷、迟钝。另外也有很多文献描绘陕西人比较中庸、给人面子、内秀等。结合这些，我们提出的商训是

“抱朴守忠”，由书法家写好刻了一个匾挂在会所墙上，强调秦商的厚道、诚信。

商会属于民间组织，民间组织必须有三个条件才能发展好。

第一是创办人要有献身精神。创办人不能牟私利，像中城联盟、阿拉善、爱佑华夏公益基金等成功的民间组织都很看重这点。

第二是收钱的成本要降低。一个组织要维持，不能为了收钱天天打电话，钱还老收不上来。中城联盟有一个很好的机制，就是每年基金分配时，直接把要交的钱扣掉，这样收费成本为零，所以中城联盟发展得很好。为了降低收费成本，陕西商会还想了个办法，一次收 3 年的钱，没带钱现场刷卡，我们付手续费。以前商会搞拍卖活动，有很多拍完之后找不着人付款了，后来现场备有 POS 机，你拍完之后马上就刷卡，所以现在陕西商会应收的钱都百分之百到账。

现在，商会的筹款机制也很有讲究。很多商会组织给钱就能当副会长，变成买职务，这样会使商会变味儿，不够严肃。陕西商会设计的制度是你先得选上，选上以后有筹款义务，给你一定时间去筹，筹得到你就完成任务，筹不到就自己拿。这是跟爱佑华夏基金学的，爱佑华夏曾经让我管西南区的筹款，一年要筹几百万元，筹不上就得自己出。当时我想不着急，下半年去找几个哥们儿商量筹点款就可以了，结果“5 · 12”汶川地震时这些人都捐了很多款，下半年我实在不好意思再找人捐了，年底我自己就给捐上了。现在陕西商会也是这样来运作的。

第三是要制度创新，如果不创新，把商会变成了机关、衙门或江湖组织，那就没人愿意来了。创新的重点之一是要学会有序、透明

戒欺

地更换一把手，这是中国民间组织最重要的进步和尝试。如果第一任会长一直做下去，一方面他肯定很累，同时跟他好的会待下去，不跟他好的就走了，所以要有任期制，再任只做一届。换届的程序必须透明，并保证连续性，这样商会组织中的成员就会预期明确，合理竞争，从而达到有效治理。

现在陕西商会是每一次换届都选第一副会长，他有3年时间协助会长工作，以后会长卸任，第一副会长自动升任为会长，然后再选一个副会长，这样他可以为商会认真做6年事儿，我开玩笑说这叫“备位”，就像备胎一样。退下来的会长进咨询委员会，里面包括陕西在京的各种专家、学者、领导。

制度创新让一把手的更替更有序化、透明化、可预期，于是这个组织就更稳定。做得最典型的是中城联盟，只要你愿意做贡献，就都有被选上的可能。退下来的主席成立提名委员会，每次大家报名担任主席，由提名委员会选出两个人，最后当场票决，当场交接。陕西商会也经过了这样的制度性变化，商会花大价钱请了一个秘书长，他是研究生毕业，可以给大家提供专业化服务。陕西商会的这些创新获得了商界普遍的肯定，同时还有陕西省政府充分的肯定。

陕西商会还负责品牌化运作，做了一本杂志叫《秦腔汇》，请专业公司做形象顾问，还要做电视节目等。陕西在京者有很多，如影视界的张艺谋、闫妮，经济界的张维迎等，陕西商会经常组织大家以各种形式沟通乡情、联谊互动，逐渐做成了一个品牌。陕西商会还组建了创投基金，比如IT领域的风险投资、天使基金。它在会员里募款，大家非常积极，主要是投资愿意折腾的“陕西娃”，另外只投IT

业，因为在IT里边有很多成功的导师，像搜狐的张朝阳、空中网的杨宁等，他们组成投资委员会。天使投资基金一开始规模不大，也就三五千万人民币，但足够了，5年10年以后，会有一批陕西籍青年创业成功。

同时，陕西商会还帮助陕西省政府招商引资。我们曾经代表商会去见陕西省领导，他们有个新城市发展拓展计划，我们就跟他们讨论建立体城市，决定由秦商出资，我来组织，陕西省政府给予政策支持。现在陕西人仅在北京控制的资产就超过2 000亿元，包括国有的和民营的。

商会还能够让大家互相帮助、结伙赚钱。陕西商会内部可以谈共同招标土地，解决一些咨询性问题，比如说有些公司遇到发展瓶颈，商会内部派人去给他们做指导。在北京商会还要恢复建造历史上的山陕会馆等。

我们希望通过商会可以让政府从更多视角来了解陕西，改变自古以来陕西给人的封闭、守旧、木讷的形象。曾经一位陕西省省长来北京出差，我们请他来商会，但没让他去办事处，因为办事处像个政府机关。我们请他到张朝阳的搜狐办公室去，在那里省长和我们玩微博。我们通过这样的方式让政府人员了解陕西企业所做的新经济活动。

在今天，商会已经成为中国经济持续稳定发展的重要力量，也是商人之间建立横向联系、达成情感认同与主张共同利益的渠道。随着中国市场经济的不断完善，未来必然会发展出更多自治性、自主性的独立商人组织，它们必须在法律架构和社会政治制度下有序地扩大发展空间，它们同社会的发展不仅是同步的，而且是不可阻挡的。

10

绿贞操：环境的道德问题

要贞操，就是忍受不舒服。

——冯仑

目前节能环保已经成为国家的长期战略，万通和跨国公司一样也率先提出了绿色公司战略，甚至嚷嚷着要“吃软饭、戴绿帽、挣硬钱”，这背后究竟有什么样的道理和故事呢？

让地球舒服还是让人舒服

关于绿色环保，我给它取了个名字叫“绿贞操”。它怎么突然就变成了一件必然的大事呢？我发现有两种观点，一种观点认为，这件事是现实存在的，比如很多地方出现了土地干涸等景象，疾病的原因越来越多地被归咎于空气和环境不好等。有些人说气候变暖、地球快融化了，一位朋友到了南极，用把衣服脱了光着膀子的行为来证明地球真的“暖化”了，还有人比较珠穆朗玛峰几十年来的高度变化，发现峰顶的雪融化了一些，珠峰变矮了；这些都说明我们现在要呵护地球，不能再让它变暖了。

另一种观点认为，这是发达国家操纵的一个话题。欧洲人是最早开始讨论环保话题的，有人就认为他们是为了设定我们经常讲的欧盟标准，比如水和食品的标准，但他们真正的目的是卖技术、卖设备，因为只有使用欧洲的设备才可以达到这个标准。持这种观点的人认为，欧洲人把这个话题说成了一件特别伟大的事，让全世界的人都来讨论，这样欧洲人才有主动权，才能够制定他的规则，在下一轮全球竞争当中成为老大，因为全世界的环保、节能产品都找他买，他就控制了未来的新能源市场，并且新能源需求不断在扩大。有人还专门为这个话题出了书。

我参加过两次全球气候大会，发现很多贫穷国家都持第二种观点。这件事情演变成全球利用气候问题进行经济、政治、科技和国际势力等方面大范围的博弈，谁掌握话语权非常重要。它背后表现出来的是发达地区与非发达地区、环境先被破坏的地区和环境后被破坏或正在被破坏的地区的较量，比如不发达国家想让发达国家给钱才能把环境搞好，但发达国家只同意给它们做计划，或提供贷款帮助对方买设备。

在碳排放方面，按什么标准呢？中国就这个问题不断跟欧美较劲。如果按照人均排放量考核，现在中国碳排放量排第一，那么中国就得多埋单。但中国说我们进入现代社会比较晚，西方发达国家排放量高的时候我们没找过你们，那时候中国正发生鸦片战争，今天你们把产品、制造业都推到中国来了，然后又说中国把地球搞脏了，还让我们承担责任，这不公平。

一个话题背后有很多话题以外的故事，就像现实当中我们总说爱情是大事，但这话题是不是人为制造出来的？今天你认为爱情是理所当然的事，但人类50万年历史中，爱情只有5 000年历史，另外495 000年里人类没有爱情，所以不能说爱情这件事就是人类社会必须有的。词典上记载，“爱情”这个词出现得很晚，汉语里最早的词是“吃”和“肉”，“钱”也先于“爱情”。在马克思的《路易斯·亨·摩尔根（古代社会）一书摘要》和恩格斯的《家庭、私有制和国家的起源》等有关人类社会发展的著作里都有这种观点。

人最初没有私有财产，大家共享打来的食物，后来发现剩下的食物不知道归谁。这就是剩余财产的处理问题，然后出现了部落酋长或氏族长老对剩余价值的占有。那时候人的寿命短，活到30岁就可能病死了，他想把东西留给自己的孩子，那么怎么保证孩子肯定是自己的呢？于是由原来的群婚乱交变成了一对一交往，叫作一夫一妻制，这样就保证孩子是自己的，所以一夫一妻制就起源于吃剩下的那一点肉，不是什么伟大的事。

但之后发现这样也有漏洞，结婚以前女方万一跟别人怀上了，最后生下来的孩子还不是你的。于是有人发现人是唯一有处女膜的哺乳类动物，老虎、狮子都没有，因此就有了处女崇拜。女人结婚时必须是处女，否则就被认定是坏女人。可万一她不能生小孩呢？于是又发明了纳妾制度，妾就是替大姐生孩子的，但人类后来发现二姨太、三姨太越来越多，都没限制了。为了把一对一的关系道德化、神圣化，就编了一个词叫“爱情”，一对多叫滥情、偷情，总之都是坏词，只有一对一是好词。一对一加上处女崇拜、一夫一妻婚姻制度等，让离婚变得特别困难，这就等于用绳索将女人套住了，保证她生的孩子肯定是自己的，这样财产就可以传下去。

爱情在学术上讲是一对一感情的道德表现，它是和私有制、家庭、一夫一妻制同时产生的，都只有5 000年左右的历史。而今天爱情变得很伟大，电影电视天天说。这就跟说气候变暖一样，真有其事吗？两个人在一起肯定很稳定、有益无害，那是不是其他的方式就都不对了呢？气候这个问题和爱情一样，变成了道德问题，如今你不讲节能环保就是道德不好，所以我把这事叫“绿贞操”。

只有创造、主导话题，才能够确立规则，一旦拥有话语权，就能够主导局面、分配资源、决策未来，我看到了这样一个逻辑。比如说立体城市，城市化带来了交通拥堵、污染、高房价、城市功能不合理等很多问题，我们用建立体城市的方法可以解决，于是就创造了这样一个话题，就有了主动权，就能够更有力地改变城市化的发展模式。这是我到处宣讲的结果，讲了三五年，我就成了这个话题的主导者，逐步在这方面确定了游戏规则，最后就可以决策未来。

气候变暖究竟是不是真的存在？以我们短暂的生命没有办法来检验，地球这一变是几千年、上万年的事，我们才能活几十年。也许有人说原来感觉很凉快，现在变热了，但这不是科学，是你个人的看法。

我在哥本哈根参加全球气候大会时，很多人都在为地球操心。美国一些科学家解密了一个科学档案，说通过科学验证这事根本不存在。如果把年头拉长看，地球有一段时间在变冷，比如冰河时期，但它有时候也变暖，短时间看变化明显，但放在几千年、上万年历史中看，就很难判断。另外从局部看有的地区在变暖，有的地区却在变冷。

我们必须整体来看地球，比如中国的沙漠化，大家说事情很严重，但某一个区域沙漠化以后，发现另一个区域绿洲变多了。在我国内蒙古和非洲，沙子是会搬家的，风一吹，沙包不断在走。所以从地球整个表面来看，沙漠、湖泊、绿树、山等包括地震以后的地壳都不断在变，所以不能从短时期来看问题。

气候变暖对地球的影响到底有多大？有人认为影响非常大，每年气温升高一度，那多年以后冰山上的雪就全化了，就会洪水滔天；有的人认为不会这样，因为有的地方会冰冻得更厚，总体来讲是平衡的。但在那次哥本哈根气候大会上，科学家一解密，会场上的人就都有点坐不住了，说如果这是真的，那我们不成傻子了吗？我想不管是真是假，环保都属于有益无害的事情，水、空气干净点总比不干净好，温度适中总比越来越高好。作为普通老百姓来说，节能环保怎么做都是有利于健康的事。少开一会儿空调，尽量用自然风，对身体都没坏处。所以我不拒绝绿色环保，而且还很欢迎，要认真去做。

我到奥地利时发现，人们在房子里不开空调，而是用电扇，出门时不开车，而是走路或骑自行车，穿的衣服大多是纯棉布、款式简单的。他们说这都是为了地球好。我开玩笑说地球舒服了，但是人不舒服，那人要地球干什么？现在都说人过度舒服、地球不舒服、人类快要毁灭了，好几千年里有很多伟大的人都这么吓唬过人类，但其实也都没事。那么到底地球舒服和人舒服之间要掌握个什么度呢？

如果人们全不用空调，很多空调厂关门了，地球舒服了，肯定有很多人不舒服。如果人们都不坐汽车了，又会有多少人下岗？大家只能干一件事，就是去挖地种庄稼，这样地球就舒服了吗？地球不希望热，但希望大家去刨它吗？什么情况下地球舒服、人也舒服？人的舒服可以度量、感知，但地球舒不舒服都是人说的，人说地球变暖了，咱也不知道是不是事实，因为地球也没投诉。

对于这个问题，需要平衡技术、成本和人的舒适度之间的关系。第一，开发节能环保技术的最终目的是让地球舒服。第二，需要多少钱才能让地球舒服？这钱你愿不愿意出？人不愿意出，地球就得忍耐一会儿；人愿意出，地球就更舒服一点。第三，我们先别管未来的事，重点想想怎样让生活继续的同时不降低人现有的舒服度。在农村山路坎坷，村民不知道汽车时他不觉得痛苦；但坐了一回车，觉得很舒服，回头再让他走山路，他就不愿意了。所以我们可以让现有的舒服继续，新的舒服慢慢增加或有限地控制一下，在建筑上做点改善，少用一点空调，但不是说绝对不用。

我发现中国社会对气候问题的态度很有意思。我在哥本哈根和坎昆的两次全球气候大会上都很少看到我们的国企，基本上都是民营企业在参与。按理说中石油、中国电信等大国企对环境问题的影响肯定比民营企业要大，可他们都不去开会，都是民营企业在那儿嚷嚷，包括阿拉善生态协会、万通公益基金、万科公益基金等这样的民间组织。

这么伟大的事没见着国企参与，然后汽油还涨价，这好比直接从地球身上抽血，但不给地球埋单。中国企业家俱乐部召开中国绿色公司年会近 10 年了，每一次都是民营企业去得最多，国企领导没什么人去。民营企业中去得最多的是房地产公司。公益组织当中也全是民间和私人发起的组织去，政府部门下面的公益组织几乎都没有出现过。

国企为什么没有动力？政府这么倡导，他们为什么不去参与？在坎昆开会时媒体也在问，但没有答案。中国民营企业有 700 万家，解决了 70% 的就业，提供了 50% 的税收，民间公益捐款大大超过国企，却只占用了 30% 包括信贷在内的公共资源；国企占了 70% 的公共资源，仅提供了 30% 的就业，也不大张旗鼓地去干让地球舒服这么伟大的事，这是很值得玩味的现象。

要贞操，就得忍受不舒服

大家认为“绿色”是好的、必须有的，这就使“绿色”成了价值观和道德层面的事情，成为一种贞操观念，像封建社会里女人要有贞操一样。有了这个绿色，公司就是好公司，是负责任的；人就是好人，有觉悟。

我读历史、文学读了几十年，发现贞操有四个特点。

第一，必须有的，不能商量。在老电影《自梳女》里，广东、福建一带有些女人决定终身不嫁，就自己梳起头来，叫自梳女。有个自梳女春情萌发，和一个男人有了私情被人发现，最后全村人把她装在猪笼里沉塘。村里人认为这是应该的，因为所有人都认为这是坏事，就像今天抓了小偷所有人都喊打一样。社会一旦形成道德力量，就会释放出巨大的能量。在印度等地，也听说有红杏出墙的女人被用石头砸死或烧死这样的事。因为贞操是必需品，虽然它不受法律约束，但道德的力量使得在情感、风俗、行为上形成了一致性和不可抗拒性，比法律更具有现实的“合理性”。

第二，贞操的评价标准和痛苦程度成反比。你坚守贞操时越痛

要贞操，就得忍受不舒服

苦人们对你的评价越高，越舒服则评价越低。偷人养汉的女人被骂成婊子，但如果她守寡几十年，就会有牌坊立在家门口。慈禧曾经觉得节妇烈女太少，一查发现是标准定得太高，守寡 20 年才能立个牌坊，于是她把这个标准降低，10 年就可以申请，这样有资格立牌坊的人就多了很多。

在安徽有个棠樾牌坊群[①]，也叫牌坊村，我发现这些牌坊有两个级别，一种是由民间到礼部申请，最后中央核准，由皇上题个字，叫恩荣，但得自己家埋单，这个档次属于守节 10 年左右的。还有一种是 20 年以上的，由地方政府申报到礼部，再由皇上同意批“圣旨”，这是由政府出钱的，规格更高。牌坊一般都立在街口，像现代的路边广告似的，每个人路过时都可以看到。

还有更“伟大”的例子，安徽棠樾有一个少女才十六七岁就开始守寡，一直守到 70 多岁，差不多一辈子就在家里待着，成为当时妇女界的楷模，后来当地给她修了祠堂，棠樾也因此成为中国唯一有女祠的地方。贞操就是这样，人们对你评价越高，意味着你受的苦越大。

我在西安读中学时，有一年夏天很热，我看到一位老师家门口坐着一个妇女，穿戴特整齐地在外面晒着，就是不进屋。班主任跟我说这是陕西规矩，丈夫不在家老婆不能一个人在家里待着，为了表示她的贞操，就在外面坐着一直等到丈夫回来。由此可见，贞操和快乐成反比。

---

① 位于安徽歙县郑村镇棠樾村东大道上，共 7 座牌坊，明建 3 座，清建 4 座。3 座明坊为鲍灿坊、慈孝里坊、鲍象贤尚书坊，4 座清坊为鲍文龄妻节孝坊、鲍漱芳乐善好施坊、鲍文渊妻节孝坊、鲍逢昌孝子坊。

第三，贞操和效率也成反比。守贞操60年，本来能生很多孩子，现在不能生了。女人跟丈夫不好也不能离婚，又不能偷人养汉，这就失去了很多生养的机会，牺牲了效率。

第四，贞操一旦坏了不能用橡皮把它擦掉，或用手术的方法再补起来。比如环保，如果碳排放很多，你可以通过碳交易，花钱买指标，把碳足迹擦掉，像用橡皮把以前干的坏事抹掉一样。但贞操不行，你一旦失去贞操，再干好人好事，都很难被人接受，坏印象永远都抹不掉。所以，贞操一旦失去了便补不回来，花多少钱都没用。

从这个角度来看，环保一旦变成了贞操，我们也必须遵守这几个规律。一旦确定了价值观，我们就必须明确认同三点。第一是必须有，不能商量。第二不能那么舒服，得减少一些快乐，比如我们要多种树、少坐汽车、少用空调，换句话说，不难受不足以证明自己有贞操。不少公司现在提倡俭朴生活，比如办公室楼道里的灯经常是黑的，这当然不舒服，但得到了“绿贞操”的评价。第三要节能环保就得牺牲点效率，比如做节能建筑、绿色建筑，比不节能的建筑要多花时间、多花成本，这都会牺牲我们的财务效率。

我们把绿色的价值观上升为贞操观念，就必须要不遗余力地去推动，去坚持，适当放慢脚步，更从容地去从事这项工作，忍受一些不舒服的地方，逐渐把不舒服当成习惯，把自律当成美德，公司才能够变成公认的好公司。

当然，这还需要不断地去宣讲，道德就是用唾沫和语言锤炼成的，因为道德不是法律，它之所以能够约束人，是因为在熟人间和一个区域以内，形成了共同的是非标准，这就叫众口铄金。有时甚至需要人以死明志，以证明自己的贞操。所以道德和语言的力量很强大，要保证这个价值观的推行，我们必须不断地说，而且要说到最后谁都不敢不这么去做才行。

绿色环保成为贞操观念，就会对我们的生活产生越来越大的影响。至于绿色环保怎么与人们生活密切联系，在台湾我体会得非常多。有一次我们有一个行程，其间有点时间可以自由走一走，我们看到了个垃圾焚烧塔，有人说到那上面玩儿吧。我们当时一听垃圾焚烧，心想多脏啊，去那上面干吗？那人却说那上面有个餐厅，特别干净。然后我们就上了垃圾焚烧塔。垃圾焚烧塔底下是焚烧垃圾的地方，上面有个大烟囱，为了表示空气质量、环境等绝对没问题，垃圾焚烧塔上开了个餐厅。出人意料的是这个餐厅人很多，差点儿没位置。垃圾脏乱臭，而观光要美，把这两件事放到一起能处理得这么好，挺让我感动。

还有件事情，也是有关台湾的。在台湾街道上，经常会见到一堆人坐在地上，把咱们俗称的矿泉水瓶洗干净，撕下标签来然后分好类。我当时想这是什么人，在这么细心地整理瓶子。后来我去访问了慈济才知道，这是慈济的义工。台湾管矿泉水瓶叫宝特瓶，每天有大量的义工在回收这些东西，然后把它打碎弄成粉，制成化学纤维，再做成衣服或毯子，救灾时送给灾区。这个过程全是义务的，不收钱。更重要的是他们利用这些还赚了一些钱，赚的钱用来做电视节目，叫大爱电视台。这让我感觉到，台湾环保已经体现了一种公民意识，已变成了实际行动。

我参加过很多的绿色组织活动，印象最深的就是 2010 年在芝加哥举行的绿色建筑大会，其中有件事给了我很大的震撼。除正常活动外，那天有个重头戏就是鲍威尔的演讲。一般演讲也就几百名听众，可那场演讲现场有 18 000 人。会场空间很大，音响也非常好。大家很安静，都在等鲍威尔出场。当时我是和中城联盟的朋友一起去的，“中国中心”的人帮忙联系，在前面给我们安排了一个区。在鲍威尔之前演讲的是美国绿色建筑委员会主席理查德，他讲的中心意思是，绿色对于我们来说是宗教，是价值观，是永远的敬畏，因为是价值观，所以要自律，要有行动，要终生为之奉献。

理查德讲完以后，鲍威尔开始讲。因为用的是英文，我听不太懂，就记住了两个故事。一个是鲍威尔讲他退休以后无所事事，天天看着老婆，再没人来汇报工作。他生长在美国纽约黑人区，黑人区的社区状况现在也在改进，但不如曼哈顿区好。后来他想要做一件事情，即把他从小上学的一个地方改造成绿色建筑。因为他和绿色建筑委员会有关系，所以他现身说法，和绿色建筑委员会的专家一起，把老房子改造成了绿色建筑。后来他讲到美国就是美国，不会衰落，要知道他毕竟当过国务卿。他说，我告诉你们，因为美国有包容，有自己的价值观，有自由。接着他讲了个故事，他当时还是参谋长联席会议主席。有一天和从马尔道夫出来，街边有很多小推车，卖上面有些盐粒儿的那种小食品，他爱吃那种小食品，就过去买了一些，付钱时，卖家说你不用付钱，你是鲍威尔。他说我是鲍威尔也要付钱的，我要吃这食物就得付钱。卖家说你已经给过我钱了。鲍威尔有些诧异，我怎么给过你钱了？卖家说感谢美国，感谢你领导的美国。鲍威尔很好奇，问为什么。卖家说我是外国移民，我移到这个国家之后，这个国家给我机会，让我能够赚钱，还能免一些税，就等于你们已经给了我钱，所以今天这些食品你不用再给我钱了。

鲍威尔讲这个故事时，他说自己很感动，如果美国能给所有新移民、外来者这样一些信息，能让他生存发展，美国就不会衰落。这演讲给了我很大的震撼，他是从这个角度来看美国为什么强大的。讲完之后，人们报以经久不息的掌声。所谓“经久不息的掌声”分两种，一种是坐着的，一种是站着的。站着经久不息是最牛的，当时我一看大家都站起来了，于是我也站了起来。这是美国政治家在绿色大会上的演讲，而且听众是 18 000 人！这是我在节能环保活动当中遇见的最有感触的事情。

标配与顶配

要想卓有成效地推进绿色环保，技术就显得很重要。从技术层面来看，这几年全世界绿色节能方面的技术是海量的，比如说减少能耗，在局部小范围内都有大量技术，并且呈几何级数增长。这么多技术怎么选？是偏向先进性，还是侧重于适用性或经济性？这需要决策者来选择。

麦肯锡公司曾经研究过建筑、技术和成本之间的关系，发现三分之一的新技术的成本是低于现有技术的，可以省钱，但有三分之一的技术比现在的成本要高，还有三分之一是持平的。所谓决策，其实就是从中组合出一个自己可以承受的成本，这样才能持续地推动绿色产品技术的发展。

我们做不同标准的绿色（浅绿、中绿和深绿），成本是不一样的。如果选择国内住宅绿色三星的建筑标准（深绿），每平方米要增加300~500块钱的成本，这是买绿贞操的代价，可见贞操是很贵的。如果要做100万平方米的项目，就要多花3亿到5亿元。

现在绿色环保技术可以划分为两类，一类叫主动式技术，一类叫被动式技术。总体来看，主动式技术贵，被动式技术便宜。比如空调是主动式技术；把窗户开大点，遮阳系统调一调，这叫被动式技术，空气、温度会因此发生很大变化，成本低些。我主张在条件允许的情况下，更多使用被动式技术。例如我在安徽看到很多中国传统式的老房子，他们在房间里挖一口井，把井口做大，夏天从井口透出来的凉气能调节空气，旁边再弄个竹帘子，用绳子不断地拉，可以把从井里冒出来的冷气扇到屋子里，这很节省成本。如果我们做别墅，这些技术都可以借鉴，比空调更加干净，还省钱。

此外，不同的产品对能耗的要求、设计和使用都不一样。住宅产品能耗的分摊是谁买房谁负担，公共部分大家分担得不多，开发商是一次性投入，最后经过销售收回，剩下的各家业主自己解决。比如有人家天天要开空调，那就多交些电费。最近我们有个客户因为煤气问题在闹纠纷，当时房子设计的时候把两户共用的煤气开关设在一户人家中，结果两家煤气用量有点算不清，最后弄得特别僵，把警察都叫来了。所以在对住宅产品的设计上，虽然针对的是各自独立的消费者，相对来说简单，但也要设计好。万通做零碳建筑的试验，叫原形屋，是用英国技术来做的，就是它排放出来的碳能量最后可以被系统自己吸收并抵消掉，实现零排放。这个原形屋在上海世博会英国馆里展出了，我们在天竺新新家园进行了试水。

在地产方面，商用地产对能源依赖非常大，设计产品特别讲究，能源的设计应该越早介入越好，而且一定要从整个系统来考虑，否则产品出来以后，使用者和业主都会有巨大的负担和损失。最典型的就是北京首都国际机场 T3 航站楼，它空间超大，中间柱子很少，这样的设计能耗很大，造成 T3 航站楼夏天热冬天冷，因为这么大的空间，需要巨大的空调系统才能调节好温度。然而业主运营时发现成本巨高，于是多数时间不能使设备按设计标准运行，结果外观非常好看，但使用起来感觉并不舒服。英国的大机场就不是这样，它做了 4 个小空间，外面再套个大空间，这样更容易调节温度。所以建筑设计必须考虑能源系统运营的成本，光要面子会造成巨大浪费，匹配才是最重要的。有一次我去杭州小灵通的新办公楼，它的过道十几米宽，底下餐厅全是大屋顶，我跟那个老板说你们电费一年至少 5 000 万元，他说真是这样，为此他们觉得很闹心。

商用不动产应该在公共空间的能源系统上做独立设计，这样才能保证商用建筑在节能方面做得更好。美国绿色建筑委员会的 LEED 绿色建筑认证标准是目前全球最严格有效的，在全球每一天都有 200 万平方米的 LEED 建筑出现，效率很高。它在认证过程中，有很多特别的地方，比如外墙做好以后写字楼怎么认定，包括基础部分和未来部分等，非常严格。万通中心的 D 座正在做 LEED 金级认证，我们要拿到这个认证，需要多花 400 万人民币来改造。这将成为北京第一家获得 LEED 认证的办公楼。

任何一座建筑都可以成为绿色产品，在国外绿色建筑已经成为标配，就像买汽车一样，不是顶配。早期国外的绿色建筑是顶配，顶级配制才有绿色，现在不是了。但国内目前还算是顶配，标配里没有包括这一项。目前在美国每年新增房产项目百分之百都是绿色建筑，绿色建筑比不绿色的建筑要多增加租金，或高出售价 10%~15%。这就是市场在为绿贞操买单。我们在天津生态新城的新新家园做的就是绿色建筑的顶配，卖的价钱比市场价要高约 15%，政府还有很多奖励、扶持政策。

我注意到，有相当多的公益组织、专家都在强调行为比技术重要。比如随手关灯减少碳排放，这比发明技术来得快，因为发明技术的过程本身还有碳排放。只有行为的改变可以只减少不增加碳排放，是绝对好的；技术进步带来的碳排放，有时增加的还要多于减少的。

行为的改变有很多，比如不用空调改用电扇、换节能灯等。有的行为我认为是矛盾的，比如不用餐巾纸改用手绢，但手绢越擦越脏，擦完了又吃东西，带来的病菌、感染也会产生大量碳排放。所以这个度到底怎么掌握很重要。阿拉善生态协会为此专门出过一本书，就是教大家怎样用最简单的行为改变以达到环保的效果。

万通公司也有行为上的改变，比如公司每年给员工 4 天带薪公益时间，让大家去参加一些公益活动，通过环保意识的增强逐步改变大家的行为，创造一个共同的行动准则，使公司员工自觉地参与到节能环保当中去。

价值观与组织

从组织层面来看，国内环保组织非常多，目前最大的是阿拉善生态协会，它在倡导、推动民间环保方面，产生了巨大的示范和带动效应。

阿拉善生态协会做的最重要的一件事就是在阿拉善地区选了300多平方千米的沙漠，进行重点根治，通过梭梭林的种植来固沙，解决沙漠的迁移问题。这是和美国大自然保护协会共同合作的，这几年做得很执着。第二件事是每年评选生态奖，颁给国内优秀的环保人士和民间自然守护者，现在影响越来越大。获奖的有淮河卫士等。第三件事是培养绿色领导力，对公益方面的专业人才和民间草根公益组织予以支持。国内有大量的草根环保NGO，其中有代表性的是梁从诫先生创办的“自然之友”。

现在新崛起的还有专业的企业公益基金，比如万通公益基金会。它是专业的环保公益基金，目前已经做了将近50个生态社区，得到了多方面的肯定。这是一种可持续、有企业捐赠的私募公益基金，现在它已成为民间环保组织中的重要力量。

现在国外绿色建筑组织非常多，全球影响力最大的是美国绿色建筑委员会，每年它开年会时都有近5万人参加。2010年我代表国内中城联盟绿色建筑委员会去参加了芝加哥的美国绿色建筑年度大会，发现这一机构的执行效率非常高。我看到有18 000人在闭幕式时听委员会主席演讲，PPT（幻灯片）里重复播放着一个教堂的故事，讲述教堂怎么建立、人怎么进去、怎么跟神对话、改变行为等，这位主席坚信，必须把绿色当成宗教来做，相信LEED就是相信善，就能真正改变自己，做有益于他人的事情，推动绿色建筑的发展，最后成为善人、绿色的人。

美国绿色建筑委员会有这么大的能量，主要源于它们在价值观上的坚守。对照国内，一些官办组织虽然搞了很多绿色的东西，但推不动。你当一般工作去做，肯定干不过宗教。全世界宗教组织时间最长，几千年来前赴后继，传承的生命力特别旺盛。所以做节能环保这件事，在组织上也必是价值观驱动才最有效率。

另外，它们内部组织结构十分合理，分工也很有效。他们有专业的董事会、CEO，以及非常多的专家，而且全都是义工。那位主席告诉大家：这是一生的伟大事业，我们要像追求神一样追求我们的绿色梦想。

全世界还有很多环保组织，比如世界自然保护基金会等，影响力都非常大。国内环保组织发展得还不够，规模很小，从业人员很少，专业水平也不够。大量政府办的环保机构，由于没有价值观的支持和引导，机制上都是依附于政府某个部门，没有形成发自内心的、由下而上的强大驱动力量，因而反倒不如阿拉善生态协会和自然之友之类的民间组织更具号召力和推动力。

中国是全球第一大能源消费国，房地产行业在每年的能耗中占到35%，所以房地产行业在节能减排、坚守绿贞操这件事上应该是最责无旁贷的，这也是万通转型时提出绿色战略的依据。今后我们仍然会按照绿色战略来打造绿色产品，创造绿色GDP，让公司在节能环保和环境责任方面做得更好。

11

旅行：行走中的观察与反思

一个好的旅行家决不知道他往哪里去，更好的甚至不知道从何处而来。他甚至忘却了自己的姓名。

——林语堂

旅行成了我做企业以后最重要的经历之一，我没想到此生能走这么多地方。其实旅行的体验对公司管理很有帮助，我一年有两个月的时间在各地旅行，当然有些是借工作之便。我经常去一些以前不怎么去或没去过的地方，这样可以对世界上的东西不断地观察，我觉得旅行有益于健身、益智。当然，女性旅行有时会有另一种体验，比如亲情、美丽、悠闲，我的旅行特点比较男人，通过很尖锐的刺激促进思考，那种很幽美的地方我反而待不住。

反过来看，我的内心已经被摧残得很不完美，我自己写过一副对联，上联是“蟹肥菊黄，蘸月煮酒，有多少峥嵘岁月奔来眼底”，下联是“风清月朗，逐日揽卷，恰无数天下英雄零落成泥”。对我而言，看到的世界总是两面的，其中有非常惨烈的那一面，而在公司上班的年轻白领一定不会有这种心境。我为什么说“零落成泥”？当年到海南的那批企业家中，最近死了好几个，所以我会有这样的感慨。

不过，感慨归感慨，旅行还是带给了我很多独特的体验。据秘书统计，我 2010 年一共飞了 210 次，其中有 100 次是国际旅行。在地球上我已经去了 70 多个国家，中国几乎所有的县我都去过了，很多省会城市更是去了多次。我年轻时总想走天下，现在看已经走了一大半了。在这个过程中，我越来越体会到为什么老男人要玩、小男人要思考，因为通过玩可以扩大视野和增加人生体验。我习惯在旅行中进行观察和反思。

没有恐怖的恐怖主义

旅行可以让你的眼睛看到世界的真实，这是一件很开心也很痛苦的事，你需要不断否定以前的经验和别人的教导。因为我是读人文科学的，在旅行中最重要的还是睁开眼睛看世界、看人，所以我不放过任何一个看世界、看人的机会。比如在非洲大草原上看哺乳类动物，再和人做对比。我只是想看清楚人跟动物到底是怎么回事，我一直都这样好奇，对人无限好奇。旅行中别人很在意享受或挑战什么的，而我一路都在看人，同行的人、前面的人、后面的人、不同文化的人，不同人的交往模式、眼神、手势等，这是我旅行的乐趣。

对历史、人物、制度变迁这些文化信息，我也很有兴趣，我一直有个特别的愿望，写一本叫《到历史现场读大历史》的书。因为我去过很多地方，在莫斯科看过"二战"以前斯大林时期的古拉格集中营博物馆。在古拉格分布着非常多的集中营。看集中营这个过程，可以仔细体会俄罗斯的制度变迁，俄罗斯怎么变成了现在的体制？为什么是这种体制？所以，旅行对我来说永远是在观察、思考社会，这不禁让我想到为什么近现代国外有几个国家有几点特别相同：第一是改革，第二是内部互相侵占、屠杀，第三是闹饥荒。朝鲜闹饥荒，韩国从来不闹饥荒，我把这理解为人类在探索走向天堂之路时迷失了方向，结果生灵涂炭，经济衰退，人民贫困。

我在越南听到了件非常悲惨的事。1975 年越共进城以后消灭富人，那些家里有点钱的人怎么办？只能买船偷渡。后来政府知道有这

旅行让你的眼睛看到世界的真实

生意以后，就与海盗一样的船家勾结，洗劫这些人的黄金。你们不是要买船吗？100 两黄金一条船，交了黄金然后发个证件。逃跑的人多数逃到半道就死了，闷死的、渴死的、热死的、饿死的、病死的、掉海里淹死的都有。跟我讲这件事情的大姐那时刚结婚，她丈夫要跑，打算跑出去以后再回来带她，结果一去几十年没消息。在她丈夫走了不久，她哥哥又开始跑，跑了又没消息，结果她母亲把眼睛哭瞎了，后来她也要跑，跑到半道政策改变不让跑了，上船走出一段后她又回来了，把钱都上缴了。

她回到家看到父亲正在火盆里烧钱，为什么？因为币制改革。币制改革是什么？就是 1 块新钱换 100 块旧钱，但你拿旧钱来换新钱时要讲清楚钱的来源，以及缴税没有。由于战乱变动，很多人说得清楚的凭证找不到了，这样政府就有可能抓你、关你、斗你。所以他父亲一边掉着眼泪在家里烧钱，一边说大河都干了，小河没有意义了，也就是国家都这样了，别再较劲了……那位大姐跟我讲的时候声泪俱下，到现在她还是一个人，说她没结婚吧，她结婚了；说她有老公吧，老公跑没影儿了。因此，在旅行当中我对世界的看法越来越完整，就像拼图一样，这儿拼一块那儿拼一块，有的是在历史长河当中拼，有的是横向拼，我把越南、柬埔寨、朝鲜、古巴、俄罗斯串起来看，这项制度当中的一些共性就非常清楚了。

所以，在旅行中给我印象最深的都是一些特别不舒服的地方。2009 年我和王石 48 小时纵穿阿富汗，从喀什出发，经过吉尔吉斯斯坦、乌兹别克斯坦，跨过一条河，进入阿富汗北部，翻过兴都库什山，闯入喀布尔，再往南通过拉布尔山口到巴基斯坦的白沙瓦。和拉布尔山口相连的是特拉波拉地区，也就是所谓的部落区。那段旅行紧张而难忘，让我看到了世界最真实的一面。后来我专门去读与之有关的由一个在美国的阿富汗侨民写的小说《追风筝的人》、《灿烂千阳》，前面那部小说还被拍成了电影。

我们在前往乌兹别克斯坦途中，不断听到传来的信息说很危险。我们是一个由国内 12 辆自驾车组成的车队，我和王石等人的最终目的地是印度，去那儿参加胡锦涛主席出席的一个访问活动。外交部说如果途中出了事情，会影响后面的活动。当时我们面临着几种选择，一种是坐飞机到巴基斯坦，越过阿富汗，把车从其他地方拖过去；还有一种是直接飞印度。我们在那儿商量，都表示不甘心。最后负责人说明天早上 7 点出发，如果谁迟到了，我们就不等了。到了早上果然准时出发，在车上发现有两个人（都是文化人）没起来，而做买卖的人都起来了。

为什么我们一定要去？因为这个风险我们已经过滤过一次了，这几年在此地发生恐怖人质事件的概率比在北京遇到车祸的概率还小，你在北京被车撞死的可能性比在阿富汗被劫为人质的可能性还要大。于是我们把所有通信设备关掉，爱谁谁了。当然我们也做了准备，花钱请当地大哥保护我们，在北部地区是马苏德控制的，但过了喀布尔再往南，这个大哥的力量也控制不住，于是我们就又找了一伙在破皮卡车上扛枪的“大胡子”来保护我们。

我们进入阿富汗地界，到了马扎里沙里夫，这是一个重镇，路上人又多又乱，都是做生意的。我们被领到了一套大房子里，见到一个满脸胡子的大高个，后面站着两个壮汉，两肩都扛着枪。翻译告诉我们这是市长，门口的是武装保卫。市长对我们说了一会儿话，意思是欢迎，并邀请我们去他家吃饭。到了他家，发现我们被武装包围了，吃的东西都放在地上，弄不好就踩了。我们吃完了赶紧出来，被前呼后拥的武装人员裹到车上拉了就跑。在这个过程中我们觉得挺有压力。接下来半夜里穿过兴都库什山，路过巴米扬大佛的坟场，凌晨到了喀布尔。

我们听说在喀布尔所有的女性都必须将脸蒙起来，这里是阿富汗对这项风俗执行得最严格的地区。当时我们队里有四位女性，我们说一定要蒙住，因为在塔利班时期，不包住的女性就好比公共财产，谁都可以拿走，而且会有人拿石头砸你，把你当成异类。按照当地习俗，女性不能独立在街上走，一定要有家里的男人带着。但我们的人不习惯，觉得蒙起来特别闷，就想在看见有当地人时蒙一下糊弄事儿，但如何面对成天伴随在左右的当地武装保卫人员呢？这种文化的冲突令我们非常尴尬。那些大哥的职责是保护你、盯着你，但你老露着脸又违反了他们的教义，这该怎么办？更尴尬的事是女士要方便时，他们还得拎着枪跟着，这更违反规矩。后来几位女士想了个办法，三个人围起来让一个人方便，大家轮流来，让他们离得稍微远一点，拿着枪四周看着。因为他们的工作是有报酬的，所以钱有时候比文化更有力量。

在喀布尔的国际饭店外面，沿途有很多人提着枪，到处都是关卡，由武装保卫人员过去说一阵子话，对方就放行了，但我们看不清楚哪伙儿是哪伙儿。去山上的酒店共有三道哨卡，这是外国人唯一可以去的地方。酒店房间很差，早上醒来，竟然发现所有保护我们的人都不见了，原来他们的大哥到这儿罩不住了，半夜就跑了，把我们撂这儿了。途中我们还把军大衣给了他们，原以为会一路被他们保护，结果大衣也没了。

我们只能另想办法，于是去申请了一个联军的特别通行证。在喀布尔有美国军队，还有多国部队的联军，我们得去找他们补给。这是我第一次看见军事基地，全部被马刺一样十字交叉的铁丝网围着，一层又一层，然后一路岗哨，到了里边有一个沃尔玛超市，竟然有小店专门卖碟，立即让人感觉到了美国社会。他们住的地方比我们盖的 Town House[①] 还好，非常整齐。我们在商店里买东西，碰到几个美国特种部队的大兵，对我们说：你们是中国人，我们知道你们几个人几点几分要从这里通过。原来他们提前都得到通知了。

在超市里我们买了很多东西，走出去没多远，又没人管我们了，路上有巡逻的装甲车，天上还有飞机。我们车里边有人在照相，结果引来巡逻的士兵拿枪顶着我们。他们怎么能看见呢？原来人家有一种像夜视镜一样的东西，能透过车的茶色玻璃看见你，你说话他们在天上都能听见。

通行证也只能管这一段，于是我们只好又去找人来保护，但后来这批人更没组织，一上来就跟我们要东西，我们也不知道这是哪伙人，就给他们了。这伙人带着我们一直走到拉布尔山口，要过边境时，他们把我们身上值钱的东西、衣服全扒掉，像趁火打劫，我们也

① 一种三层左右、独门独户、前后有私家花园及车库或车位的联排式住宅，从形式上说，接近于联排别墅。

很害怕，把冲锋衣什么的都给了他们。

战争期间国家到底是什么样子的，以前我们没看见过，现在才知道军营、军事基地、营房、炮楼是什么样的。我们在军事基地超市门口碰到的一个上海人特别有意思，他在这里的中餐馆做生意，他说生意还不错，因为只有他一个人敢在这儿做，“胆子大就是我的竞争力”。他还在申请去伊拉克，但现在还没有获得批准，在这些地方做生意，要么死，要么发财，只有两种可能，但世界上没有比挣钱这件事更激动人心的了。他说自己只有小学文化，但比别人强的就是胆子特大，而且不怕吃苦。在这个地方的中餐，他说多少钱就多少钱，所以他也赚到钱了。在战争中，挣钱这件事不会停止。

我们在军事基地里看到的是一个法治社会，在基地门口看到的是很多正常人的生活，在路上我感觉到的是兵荒马乱，因为每三步五步就能看见一个人拎着枪，田野里被打坏的坦克、汽车随处可见。集市上乱哄哄的，跟咱们改革开放初期的农贸市场差不多，倒也没有特别恐怖的感觉。入侵者与本地人、战争与和平，好像这两件事混到了一起。人适应动乱确实挺快的，当我们快要离开阿富汗时，发现看不见人拿着枪反而不习惯了，突然看见有人穿西装反而觉得挺奇怪。后来我又去了以色列，看见好多漂亮小姑娘在泡酒吧，她们把枪搁一边，走的时候把枪一拎就回家睡觉了。在以色列当兵的犹太人，只要家是耶路撒冷的，枪都可以带回家。

白沙瓦给了我最大的刺激，也改变了我对世界的很多看法。记得电影《第一滴血》里主人公在白沙瓦买武器，拎着就进了阿富汗。我于是特地找人带我去看卖枪的地方。卖枪的人都包着头、大胡子，摆弄着枪，看到中国人觉得很奇怪。白沙瓦属于巴基斯坦，对中国人还算友好。他们告诉我，最好的手枪是中国造的，大概两三百美元一支，随便买。我们问还有什么大家伙没有，他说这边没有，那边有一条街专卖大家伙。那是很深的一条沟，都是卖武器的，从手枪到导弹全都有。导弹是零件拼装的，有一些是跟苏联打仗时缴获的，机枪、火箭筒满街都是。离这儿不远的另外一个小城市里有条“军装一条街”，世界各国的军装都可以做。中国古代有“竖起吃粮旗，自有当兵人”的说法，说的就是你只要拉杆旗，说有粮吃，马上就有人来当兵，现在看来还真是这样的，这事世界上没人管得了。当时我就发现地球上还真有相当多的自由空间。

在全世界军事组织当中，美国人控制着国际上的军事资源服务公司，它是用商业方法运作的最大的雇佣军体系。雇佣军是职业打仗的，平时闲着没事，在家待着，一有活就出去干。互联网时代以后，雇佣军体系发展起来，据说卡扎菲也用雇佣军。美国这家公司里面的将军比五角大楼里的还多，退役的都在这儿干活。它有巨大的数据库，把所有相关人员的资料以及各自专长之类的全部录入，平时邮件联系，比如阿富汗有活，需要会说普什图语的，他们上网一检索就查到了，然后发邮件，谈好价钱，轻武器自带，重武器到现场给配。这些人战斗力很强，并以此为乐，他们习惯了丛林和沙漠，并习惯带自己的武器，跟我们打球用自己的球拍一样，用得有了感情。

世界上有一些小国家比如安哥拉，把政权更迭这件事都做成了生意，比如你想推一个人上台，就花 5 000 万美元配一个连左右的特种部队，把政府武装干掉，胜利后在联合国里可以按美国的意愿进行投票，然后获得关税、土地、矿产等资源性补偿，这样 5 000 万美元就拿回来了，也不赔本。世界上很多动荡之事都跟这种军事服务公司在背后运作有关系。

我们到了白沙瓦以后，第三天就发生了一个爆炸，让我印象深刻。去了一次阿富汗以后，我们的胆子渐渐大了。我一路拿着一本《古兰经》，放在车上保佑平安。当地人看见我们中国人还拿着《古兰经》，都对我们点头，真主的确也很保佑我们。

在白沙瓦我们去逛商场，发现人极其拥挤，巴基斯坦也是这样。有时一个小汽车里能钻出五六条大汉来。在穆斯林地区人口密度非常高，全球人口密度最高的地方是在伊斯兰国家。

以前我们总有一个偏见，认为恐怖主义跟穆斯林有关，但从阿富汗回来以后，我写了一篇文章，题目叫《没有恐怖的恐怖主义》。在穆斯林地区，我看到人们都很祥和、友善，在人口这么拥挤的地方，大家彼此之间关系却很好。其实恐怖主义事出有因、查有实据。它起因于“二战”以后现代化的选择方式，包括现在非洲的事情。“二战”以后有两种现代化的选择方式，一种选西方方式，就是世俗化，社会充满物质、消费，跟咱们改革开放初期一样。这种情况下宗教激进主义已经不是主流，而是世俗政权来管理社会，按西方方式发展经济，没有了宗教警察和道德警察，宪法制定也越来越多地借鉴西方文化。走这条路的有伊朗、沙特、海湾几国等。这些国家境内的宗教激进主义者在反抗的过程中逐步把矛头对准西方，最典型的就是伊朗的霍梅尼推翻了巴列维，把巴列维赶到了美国，使其客死他乡，然后伊朗回到宗教激进主义社会，这是一个反复的过程。

另外有一支是学苏联，除了亚洲国家走十月革命的路以外，非洲也有。当时有一些青年上校搞密谋组织，以列宁主义方式组织政党，发动军事政变，取得了政权。这其中包括萨达姆、纳赛尔、卡扎菲等，他们建立了自己的社会主义制度，他们的偶像都是列宁，基本原则是列宁主义政党与部落传统相结合。

这种选择造成大量秘密警察杀害持不同政见的人，比如萨达姆一上台开会就列了个名单，名单念完就听见隔壁"砰砰砰"的枪声，名单上的人全被打死了，然后讨论第二项议题，说同意的举手。大家都必须举手，没有民主。按这个模式发展的非洲社会主义国家有坦桑尼亚和利比亚等。

现代所谓的恐怖主义，不管是巴列维式的西方方式，还是苏联方式，最后都对宗教激进主义持不同政见者采取极端镇压的方式，而宗教激进主义的特点就是他们的精神世界联系特别密切，最后形成对整个西方、本国统治者的不满。部落社会主义带来了裙带关系、集权以及财富集中和王室腐败，比如你看卡扎菲的儿子们，不是管电信，就是管特种部队。

在这种情况下，宗教激进主义发动人民推翻这些政权，形成暴力对抗，这变成伊斯兰世界相当大的具有社会基础的反抗运动，而这个反抗运动有的矛头指向西方，也有的矛头指向苏联。所以西方认为他们是恐怖分子，但拉登他们的根源都是要建立伊斯兰统一民族国家，而且要把外来的异教徒赶走，恢复到最初的伊斯兰世界给他们规定的理想社会中。从这个角度，我觉得把这叫作"没有恐怖的恐怖主义"更合适。

恐怖分子和一般刑事犯罪分子的不同之处，就在于他们有一套意识形态在后面做支持。比如制造“9·11”事件中的11个人提前一年就知道了他们要执行一项任务，最后等待他们的会是死亡。但一年之内没有任何人违反纪律把这事告诉家里人，并且在出发去执行任务之前，他们都把节余的4万多美元寄回组织，没有贪污。这得有多大的精神力量支撑啊，只有被超级意识形态征服了的人才能做到。

人果真是禽兽不如

以上讲的是社会，下面我们看人和动物的比较。我去过很多次非洲看动物。我们总说人优于动物，人在某些时候确实会干一些很伟大的事，包括道德或情感上的，总之把自己美化得很厉害。但我觉得人经常会犯错误，有很大的欠缺。一方面人和动物不同，有自觉意识，会做一些动物做不了的事；另一方面人又有伪装和谎言，有比动物还野蛮的一面，有破坏力。而人在世界上，又要跟别人合作去创造，所以要把制度设计好，把人类的野蛮、谎言都过滤掉，这是一件无奈的事情。

首先，如果以人之心度老虎、狮子之腹，就像以小人之心度君子之腹一样。在南非，当地人告诉我们，看见狮子千万别动，你一动就有危险。可大家想想，人为什么一见到狮子就跑呢？因为我们假定它是要吃人的。但当地有经验的人告诉我们，其实它看不见你，它的视网膜分辨率很低，你要不动，对它来说你就像一棵树，它对你一点兴趣都没有。你一动弹，它反而会认为你是个大家伙，像山一样压过来，它一紧张，就要扑你。狮子四五天吃一餐 40 磅左右的鲜肉，吃饱以后对人一点兴趣都没有，即使饿的时候也尽量不吃人，因为人肉不好吃，它不习惯，而且也从没吃过。就像现在让你吃老鼠肉，如果你从没吃过，多数情况下也会拒绝。

有一次我们坐的车停在路上，狮子就在边上蹭，吓得我们都不敢动。这狮子看车底下阴凉，就躺底下歇息了，我们等了好久，狮子才溜达走了。我们等它走得看不见了，打着车撒丫子就跑。一路上走走歇歇，确实也没有遇到过危险。有时候人与人之间也这样，你用自己的眼光假定一件事情，然后去做出反应，结果错误的举动反而会招致对方更坏、更激烈的反应，你有可能就会牺牲。

另外，有时人真是禽兽不如。

首先，和人相比，动物更守规则，比如羚羊交配的规律是雄性竞争，胜出的才有交配权。在非洲我们发现，一群雄性羚羊打完以后一个大哥产生了，剩下那些落败的没有再来争抢的。要是人就会争风吃醋，人家结婚了还去折腾，不讲规则。羚羊大哥办完事回来以后它们哥几个还是挺好，又一块儿混了，下个交配期来临大家再打一次，真是按规则办事。人不行，即便是大哥的女人，有时小弟也敢抢，不按规矩来。

其次，动物界没有强奸，必须是雄性动物征得雌性动物的同意，然后才开始交配（繁殖）。同意的标志是气味和姿势，雌性动物摆出一个特别的姿势欢迎雄性动物，或散发一种气味让它闻到。角斗胜出的大哥办事时也要先用鼻子闻，确定对方同意了才开始，而不是说因为它打胜了，想干什么就干什么。而人的世界里有强奸，这也是人不如禽兽的地方。

再者，动物不撒谎，而人类世界充斥着谎言。动物释放的信息如果有误导，那也是为了保护自己，而不是出于伤害的目的，像变色龙，它变色不是为了去杀害同类，而人有时会为侵害别人而撒谎，比如诈骗。动物都是坦坦荡荡的，每天该干什么就干什么，打得过就打，打不过就死。动物的世界是真实的社会。

最后，人还会把本能上升为美德，而且经常吹捧自己，比如人类经常讴歌母爱伟大，但哺乳类动物里哪个母亲不爱护孩子？它们照样会为孩子跟入侵者拼命，但从来没给（当然也没这个能力）自己挂个牌子说自己是伟大的母亲。但人类却经常会做出因金钱反目、母子相残、弑父杀母等恶劣行径。其实这些人就是脸皮厚，你拿他没辙。我觉得挺惭愧，所以我现在提醒自己，千万别把一些本能当成美德，到处跟人去说，本能就是遗传的结果，是几十万年人类遗传的很多能力之一。

大胆说话，越说胆子越大

旅行给我的另一个启发是，它让人克服恐惧。人生下来时胆子很小，但小孩走得越远，胆子就会越大。我看过了战争、动物，经过了以色列，到过巴勒斯坦、加沙、黎巴嫩，看到了耶路撒冷老城，也看到了宗教形成的冲突。这过程当中，我对人和社会越来越了解，也看到了各种文化的不同，最后变得淡定，变得宽容，也变得胆大。

小时候，我们看到戏剧里的坏人都是横眉立目、五大三粗的，非常脸谱化，所以旅行时见到异族、异人，本能地就会害怕，但你接触得多了，反而就不怕了。有人虽然是满脸大胡子，但很温柔，还会帮助你。我们经过特别的地区像耶路撒冷时，以为当地坏人很多，但跟他们接触后发现，大多数人都很友善，甚至监狱里的罪犯也有柔软的心。你把人都了解了，就不恐惧了，因为你跟任何一个人都有办法沟通，都能发现人性的光芒。对人了解了，你便有了自信，在沟通当中就能建立起彼此的正确定位和互动模式，在和陌生人说话时，你就会知道要怎样说第一句话才能让对方放松警惕并产生交谈的欲望，或当语言不通的时候怎么进行沟通。这一过程，就是不断解放自己的观念、学会和陌生人说话的过程，这需要突破自我。

王石讲他去印度尼西亚爬山，是由食人生番带领的。我问他，生番饿了会不会吃你，他说本来很紧张，食人生番光着身子，下半身就裹了一块布片，看着挺吓人；但他们也不是什么人都吃，妥善的沟通很重要。所以要让大家彼此放松、有安全感，怎么先开口说话很重要。

我去台湾骑自行车环岛时，发现说话是一件大事情。虽然大家都是中国人，但由于文化背景不同，有时你说笑话他不乐，他说事儿你也没感觉，可我们要连续 11 天从早到晚在一起，这就需要找话题。大陆人比较爱问统一的事，台湾人不关心，都说是小事，人家不爱听关于国家、社会的事，爱听怎么赚钱、买什么保险、拜什么神之类的话题，可这事咱们不擅长，对神也没感觉。

跟陌生人说话能说多久也是个大问题。与台湾文化的差别是表现在个别相处的时候，而不是表现在公共相处的时候。就像参加社交聚会，俩人一见钟情结婚了，婚后一相处才发现彼此有文化的差别，因为人多的时候是按公共规则相处，交换名片，你好我好，大家把自己都包装起来了，而文化差别则更多出现在上床的时候和花钱的时候。

有个苏州女大学生跟老外结了婚，婚后发现老外把钱算得特别清楚。女人很生气，觉着自己还不如卖淫的，可老外觉得很奇怪：你的钱为什么要跟我的混在一起？将来算不清怎么办？后来双方又争论女方母亲该怎么养的问题，对中国人来说，父母有病需要钱，孩子就得拿，只要有能力，没得商量，拼命也得治啊！但老外不同意，她就说她老公不孝顺，可老外说孝顺是你们中国人的事，我们讲权利义务，俩人于是不停地吵架，所以当人们真正在生活中相处时，文化冲突才会显现。

在旅行中难免恐惧，因此我们要学会和陌生人说话，能先开口说，并且能说很久，要善于令彼此放松、进行良好互动，这样才能够克服恐惧，这样的人也才能不停地去新的地方，逐步变得自由，到全世界任何地方都不会再恐惧。在这个过程中，你要学会理解文化差别，尊重习俗。

在习俗方面，汉族的传统是比较随意的，汉族所有的词都可以从正反两面说，你要说他懦弱，他说好死不如赖活着，或能屈能伸大丈夫。文明程度高的种族文化就是词多、理由多、磨叽；文明程度低的种族文化是词少、果断，说拿刀砍人就砍人。汉族文化使这个民族很难琢磨，脑子里天天在变，其他如犹太、埃及、印度等文明古国的人也这样，满脑子都是哲学，并且这些哲学搁哪儿都能用，可以管所有的事。我读书时曾经看哲学看蒙了，跟老师较劲说书上写事物是既有区别又有联系，我说这不跟没说一样吗？老师说这是哲学的普遍原理。我想哲学就是讲世界普遍性的学问。

由于各地习俗不同，出外交流时一定要注意文化差别，如果彼此不了解、不尊重，就容易造成紧张气氛。有次我和王石去朝鲜参观一个战争博物馆。朝鲜有个军人负责讲解，我在现场发表了一些评论，结果人家马上怒目而视，把我们看成是反动派。因为他们的文化是一元化教育灌输形成的，我们已经改革开放了，对每件事情可以有很多看法，可以比较自由地表达，结果让人家很不开心。这就会造成危险，如果进一步发生冲突，他就会把你设定成对立面。在旅行中，要不断去学习、了解这些文化，然后大胆说话，越说胆子越大，就会变得很轻松自如。

没有方向是最大的恐惧

在旅行中，还可以发现美丽新世界。2011 年过年时，我和史玉柱、陈东升、美特斯邦威的老板周成建去了一个圣诞岛，它是地球上华人比例比较高的一个岛，在澳大利亚西部，从珀斯需要飞四五个小时，从印尼大概飞 45 分钟。当新加坡还是英国殖民地时，这个岛曾属英国管辖，后来新加坡独立了，当时没钱，也顾不上监管，便以 250 万英镑的价钱卖给了澳大利亚。岛上有 1 700 人，其中 70% 是华人后裔，但我们大陆人几乎从没去过。这些华人都是早先马来西亚、印尼、新加坡的华侨，或这些华侨的后人，他们有的人甚至不会讲中文。我们在谷歌上搜索到这个岛，把它的资料认真研究了才决定去，但民航很难凑齐人数，后来只好开史玉柱的飞机过去。

那个岛上目前是澳大利亚人任总督，由当地选举出的一些华人来管理。岛上华人的经商能力充分得到了表现：全岛一共就两个超市，全是华人控制；华人都在做生意、开餐馆。这些华人很重视教育，把小孩都送到岛外去了，岛上华人开始减少。这个岛上只有一家企业，是做硫矿的，华人有 70% 的股份，占岛上收入的 80%。岛的面积是 130 平方千米，整个经济、社会基本上都是华人控制。

另外，岛上还有 3 000 多个非法移民。我们在的时候，就看到当地新闻报道说一条船翻了，又死了多少人。世界上非法移民分两种，一种是穷难民，基本待在国家边境，比如约旦河西岸，一打仗就跑，这是战争难民。还有一些富难民，比如“二战”时期跑到上海的那些犹太人，这类难民通过买通人蛇集团，可以在全世界跑。

我们在这个岛上看到的难民居住区都被铁丝网拦了起来，有阿富汗人、伊朗人、伊拉克人，都是从战乱地区来的，属于当地有钱人。他们给人蛇一笔钱，人蛇给他们办假身份，坐飞机全世界辗转，最后飞到印度尼西亚，再给一笔钱，人蛇给他们配船，让他们划船去冲海岸线。澳大利亚政府在海岸线上配了三只军舰巡逻，不让他们往里边冲。这是最后一道关隘，这些人只要冲上这个岛，就变成了澳大利亚人，待遇立即就不同了。当地媒体每天都在报道今天冲过来多少、拦回去多少；那些被拦回去的，有的被淹死了，有的就退回去了，退回去的可以找人蛇要求退钱。只要冲过防线，到达小岛，按照澳大利亚的法律，这些人就有了人权，澳大利亚政府必须给他们毛毯、牛奶，以及其他岛民享有的基本权利。

这些难民过来后进入铁丝网里，铁丝网只是围一围，不让你乱跑，但里边吃住都挺好，房子盖的比咱们地震过渡的板房好很多，有家属的单独一个区，没家属的光棍一个区。我们去看当地的学校，有一个班专门是难民子弟，衣服穿得比本地居民还好，都是政府白给的。如果照顾不好，他们可以起诉政府，受教育权在澳大利亚宪法里是公民的基本权利，难民子弟享受跟澳大利亚公民一样的待遇。他们在那里需要待一年半载甄别身份，然后看你有什么技能，可以到澳大利亚本土去就业。如果你是老弱病残，一般会被设法遣送到安全的第三国，而不会被遣送回母国。所以澳大利亚有一个巨大的社会问题，纳税人说我们交这么多税，每年有很多都给难民了，这不公平。我们在圣诞岛观察到，人权基本都是落实在生存权利、受教育权利，以及不被伤害的权利上。世界上贫困难民活动半径小，有钱的难民则可以全世界跑。

有一次我参加“玄奘之旅”，到甘肃、宁夏一带走玄奘取经最难的那条路线，132 公里的戈壁滩，我们徒步走了 4 天。人有时候需要挑战一下自己的极限，不这样出去旅行，就不会知道走路也是一件挺难的事。我去非洲后发现，人因为能直立行走，创造了很多不一样的东西，比如人会唱歌，可以在发声时交换呼吸，可以有旋律，动物则不行，动物通常只能发一个单音，因为它四肢向下，心脏不支持，只能号叫。还有就是人的繁殖方式跟动物不一样，人可以全方位各种姿势面对面地交配（做爱），而动物不能，因为它心脏不支持。在性关系中，人是唯一有高潮的哺乳类动物，其他哺乳类动物性交时间不超过 12 秒，没有高潮。人类的心脏和大脑因为直立行走得到了解放。

有次我去爬山，王石说得慢慢走，要学会走路。我当时觉得很奇怪，走路还需要学吗？他说会走路的人感觉不到累，因为心脏和呼吸有一个节奏。人跑步时为什么容易累呢？因为心跳速度和你的步子配合得不好。如果突然走快或走慢，心跳和呼吸来不及调整以适应步幅，就会有心都快跳出来了的感觉。你走路时只要心跳跟你的步幅是一致的，人就不会觉得累，甚至可以达到一个境界：如果路是平的话，你可以一直走，甚至可以边走边睡。

我们走戈壁滩的速度是每小时 4~5 公里，中间得休息几次。戈壁滩周边没有任何其他景色，是自然界最不适合人居住的地方，玄奘在这里有过很多故事。在炎炎烈日下的戈壁滩长走，有的人脚磨破了，有的人中暑倒下了，这赤裸的土地时时会让人产生恐惧和无助。这和在热带雨林里行走的感觉完全不一样，在沙漠里你会有无奈和恐惧，因为你不知道边在哪儿，茫茫戈壁会让你觉得人很渺小。

另有一次我在戈壁滩上开车旅行，其间忽然发现我们掉队了，前面的车找不着了，我们又开了一个多小时，仍然没有找到方向，手机也都没有信号，这时候我们很恐惧，就停下来了。为了节省汽油，当地司机把车灭了，车里开始巨热无比，司机又一再说不能开窗户，因为开窗户更热，当然我们更不可能跑出去晒，只好就那样待在车里等待接应。因此，没有方向时的困难更令人恐惧。

在这种情况下，司机根据经验，自己跑出去找前车压过的车辙印，终于找到后把车开过去，横在车辙印上，他说如果再来车，就一定会停下来。然后我们就在那儿等了一个多小时，终于有辆大货车停了下来，司机写了张纸条给人家后又回来了。我们问他到底该怎么走出去，他说他写了张纸条，让大货车司机出去找到能打电话的地方，打给我们的人，让我们的人到这个方位来接应。我们说这货车司机要是把那张纸条扔了怎么办？他说不会的，在沙漠里，人和人的信任是第一位的。我们又等了快俩小时，终于看见我们的人开车来了。

在旅行中你会体会到很多人生道理，比如刚才提到的没有方向的恐惧和有方向的恐惧，以及求生过程中信任的重要性。做企业也一样，当企业没有方向时，比有方向但没把这事办好还令人恐惧，因为你不知道为什么企业就死掉了。做企业找方向感就是制定战略，要让公司有一个明确的未来方向和发展路径。2009 年我 50 岁生日时，我送给自己的一件礼物就是在台湾骑自行车环岛一圈，9 天骑了 1 100 公里，途中我看到了很多大陆人平时没有注意到的台湾，也给自己的后半生定了位，把方向调得更准。

在旅行当中，我还发现了一些足不出户的旅行办法。我碰到过很多怪人，也看过一些文学作品，都是讲如何足不出户而去旅行的。比如在美国有一位做不动产经营特别有名的金融家，让我到他在纽约上东区的家看他的青铜博物馆。他家很大，佣人拿着饮料过来，小小的个子，长得很怪。他说他的佣人都是全世界最奇怪的人，全是那些极其偏远地方的人种，他轮流用这些人来做佣人，跟他们聊天，这样全世界任何地方他都可以知道。他金融做得好，也是因为思路开阔。

很早时我看过一本松本清张写的推理小说《点与线》，里面有一个主谋杀人犯，是位生病的中年妇女。因为生病她不能出门，但她特别想出门，她就开始研究列车时刻表，要怎么坐车，在哪个站停几分钟，在哪个地方换乘，在哪儿有什么旅馆、会吃到什么东西等。结果她把日本每个地方都“玩”得特别熟，跟她聊天的人会觉得她哪儿都去过，这叫按图索骥。后来她设计了一个杀人案，因为她知道在一个车站的 1 站台和 6 站台之间只有 3 分钟时间可以看得见彼此，她便利用这 3 分钟做了一起案子，故事很复杂。你可以通过读书、上网、看电影等方法，获得亲临现场的感觉，扩大你对生命的体验，然后你再去思考，让生命变得更有价值。

旅行当中很多有趣的小事会对你的工作有帮助。我经常坐飞机，就发现全世界各国机场的管理运营方式和经验跟我们目前的工作也有点关系。比如说北京首都国际机场 T3 航站楼是全世界最大的机场，却最不方便。每次国际旅行需要提前一个半小时到那儿，国内旅行也要提前一小时，因为登机口太遥远，需要步行很长一段时间，而且冬天很冷、夏天很热。英国、法国的新机场人也很多，机场的繁忙程度不亚于 T3 航站楼，但他们为什么不做这么大的机场呢？我觉得这和体制有关系，我们的体制不是客户导向，而是领导导向、面子导向、规模导向，要表现大国风范、世界第一，业主是公家，没有人真正考虑客户满意度，没有人对此负终极责任。如果这个机场是市场化机构或半民营的，那对客户体验就会非常重视，因为一遭投诉机场就会有大麻烦。在西方的机场，他们对公共投资的民间监督很严格，大的预算很难通过，对客户最终的体验要求高。另外，由于运营机场的机构是私人的，它们对空间运营成本很在意。T3 航站楼那么多大玻璃，夏天光照进来，空调制冷需要大量电，后来发现电费高，它又不开了，于是室内特别闷热。之前我们提到过，巴黎、伦敦机场都是做几个小盒子，外面再罩个大盒子，大盒子是为了面子，小盒子是实用。因为小房子能耗低，可以分割来处理能源的问题，每个都挺方便，而且步行距离很短。新加坡、东京的机场也都很实用。这就是体制不同造成的服务方式和标准的不同。

旅行中还会经常跟酒店打交道，我发现国外的酒店很少把大堂做得富丽堂皇，那么酒店竞争力在哪里？大部分国外酒店的竞争力是在洗手间、床、餐厅，比如丽思卡尔顿有两个睡眠中心，拥有全球最好的睡觉设施，因为他们认为酒店就是用来睡觉的，所以床是最重要的，床毡子垫几层、枕头的松软程度该多少合适等，都非常讲究；他们的床品每年也销售很多。而凡是特别注重大堂的，床有时候反而会很不舒服。另外西方的洗手间做得也很人性化。我们的酒店更多是在面子上花得心思多，在建筑上花很多钱，在房间里边花的钱并不多。

除此之外，吃饭也很好玩，我们出去时经常产生吃当地餐还是吃中餐的选择问题。我碰到过很多的中国企业家，有些人固执地只吃中餐，比如远大集团的张跃，他不仅只吃中餐，还要自己做，要吃很好吃的中餐。有次我们去奥地利访问莫扎特的故乡，晚上两点还找不到张跃，大家都很着急，后来这哥们儿高高兴兴地回来了，他说：“我一个人吃饭去了，我敲开一家餐馆，让他们帮我做，我也做，一边做一边喝酒，一边看看电视，不知不觉就这么晚了。”这是我碰到的最极端的例子。

后来我们每次一出去，都是我负责找地方，张跃负责做饭。有次去哥本哈根开气候大会，他打电话让我一定要去他那儿吃饭。我们过去一看，桌上摆着很多菜，他说他已经吃一下午了，吃一会儿做一个，觉得不好吃就让餐厅再做。去纽约时，我发现王中军跟张跃有点像，非得吃中餐，结果活动老安排正式西餐，他吃得很不舒服，就经常从会场跑出去，到外边吃碗面、喝碗粥。

但还有一种人认为既然出去了，就要了解当地文化，就要吃当地餐，只吃中餐太土，这种人里最典型的代表是王石，他在旅行中坚决不肯吃中餐。王石在微博上还讲过这个事情，有时候大家团体活动，都安排好了吃中餐，他一个人把大家撂下找地方吃西餐去了。有一两次王石妥协了，说那就凑合着吃吧，但他还是会一边吃一边发表不同意见，说你们下次再这样，我就走。在吃饭这件事情上，我观察到了不同人的不同性格。

在吃饭的选择这个问题上，没有什么对和不对，创业者也许就是因为执拗，才能够把事情做好吧。我性格比较随意，吃中餐肯定舒服，但吃西餐也能填饱肚子。但我的性格就是想让大家舒服，能妥协就妥协。旅行对企业、对人生都有帮助，开心也很重要。

12

男人：创造与征服

亮出你的舌苔或空空荡荡。

——马原

现代社会是男权社会，世界上的秩序、规则，基本上都是男人在制定，男人按照他们认为有利的方法和需要来组织社会生活和判断未来，只有极少数地方看得到女人主宰的身影。

在商业社会的日常经营中，打斗得最多的是男人，他们在决策、管理和交往中打下了性别的烙印，民营企业也更多是男人在管理，所以有必要来讨论一下男人的事。

动物性与社会性

男人的本性经过了几十万年的人类进化，从男女自然角色发生重大变化到阶级产生，再到现代一夫一妻制度，最终发展成为男权社会。在原始社会，男女性别差别很小，大家面对严酷的现实环境，需要像其他动物一样自然地生存。男女最早的自然分工缘于剩余财产，比如捕获猎物时抓了两只野猪，吃了一只，剩下一只就交给女人看守，女人于是就学会了驯养，这样的自然分工让女人留守而男人在外征战，所以最早的畜牧业跟女人有关，但最早的战争和男人有关。有了现代的一夫一妻制家庭，女人主要扮演在家里生育、哺乳和抚育孩子的角色，男人在外管理社会和进行竞争性活动，并按照女人驯化动物的方式驯化女人，把女人放在家里。

男人充分体现了作为雄性哺乳类动物的本能：创造和征服。《精子战争》一书中讲到，雌性哺乳类动物是一个月排一次卵子，正常情况下一生排卵 270~320 个，而男人一天就能制造上亿精子，所以在自然选择过程中，男性是靠精子数量来取得遗传优势的。而女性的卵子是靠选择来承接这种优势，因为每一次怀孕都会带来 10 个月的痛苦和一生的责任，因此女性表现为安全的需要和选择的慎重。男性自然生命的表达方式和征服有关，他需要在外面保持活力，像狮子、老虎一样，先在同性之间征战，只有征服所有同类当中的弱者，才能获得交配权，把他们最好的基因遗传下来。

在现代社会中，男人的外向性、竞争性和哺乳类动物最初的本能有关系，他们在征服当中产生快感。而女人是在安全当中产生快感。男人在杀戮、奔跑和播种中找到快乐，女人在等待、安全和抚育过程中找到快乐。在哺乳类动物中雄性单一个体的交配机会远多于雌性。男人自然创造生命的过程所留下的烙印，逐步演化成创造社会、创造事物以及不断开拓、革命的男性角色特征，因为对新事物充满好奇，所以始终保持旺盛的精力。

男性始终处于社会生活的核心，他们有更多的资源、自由，也有更多的期待和压力，所以男人在创造事业方面成功率会更高，同时也会带来更多的自信，这促使他们做更多探索未来的事情。自然分工和性别特征，使得男人在智力、体力方面比女人更适合在外经受自然环境、社会环境的挑战，这样就形成了男性基本的思考模式、决策模式和行为习惯。比如对于爬山、打仗等，男人比女人更容易冲动、兴奋，男人爱看暴力片、战争片，像《速度与激情》，这能给他们带来刺激。相反女性更爱看爱情片、生活片、伦理片。

人类社会逐步把性别角色固定下来以后，创造了人与人之间的交往模式，现实中男性在公司里变得更加主动，创业活动中男性更多，战争中男性身影更多，创造奇迹方面男性也更多。在社会活动、革命中男性更为强硬。如在打仗中，卡扎菲在他身边配备了一堆女保镖，但都由他支配。

现代社会留有很多哺乳类动物的痕迹。在动物界主要是体力竞争，比如老虎、狮子竞争交配权，看谁猛、狠、块头大；现代社会则逐步把肌肉、力量演化为智慧、金钱、权力、才能、技能，拥有这些方面优势的男人拥有更多选择生命遗传或交配的优先机会，大家看到这类人的浪漫故事会更多一些，比如皇帝、贪官、明星、富人等。其实，这种事实上的不平等，是早在上万年之前就已形成的。

纸做的爱情

媒体经常会讨论新好男人的话题，但女人和男人对此的看法差距非常大，比如男人之间可以原谅很多在女人眼里看起来很不好的习惯、做法，我发现男人基本上可以分成四种。

第一种是外面软、里面也软的男人，比如文学作品里的小职员好好先生，像契诃夫小说《套中人》里的男主角，低眉顺眼，做事谨慎，非常听话，回家规规矩矩过日子，照顾老婆孩子。影视剧中的很多上海男人也是这样，属于最普通的居家男人。

第二种是里边硬、外边软的男人，最典型的就是在外巴结领导、回家打老婆。他们在外特老实、不自信，回家却不允许老婆看不起自己，表现得很强硬。这类事情容易发生在校园里男学生干部找女同学恋爱结婚之后。比如某一位学生会主席在学校里特了不起，运动、演讲、社会活动都非常棒，但毕业以后当了公务员，很快学会了溜须拍马、看人下菜碟，这样慢慢混，越来越软，当年在学校里的锋芒没有了。如果他的妻子刚好是当年的女同学，这位妻子很可能会因此奚落他、打心眼里鄙视他，这时男人需要表现自己，就特别容易发火，逐步变成外边软、里边硬的男人。

第三种是外边硬、里边也硬的男人，这种男人江湖上很多，他们在外边硬，走到哪儿都绝不受欺负，横冲直撞，回到家里也大大咧咧的，有时一言不合就对媳妇拳脚相加。这种男人在生活中就是个糙爷们儿，特别猛，多生活在社会底层，特别是像东北、内蒙古这样的地方，这样的男人比较多。

第四种是外边硬、里边软的男人，在外是条好汉，回到家对身边的女人呵护有加，像有些江湖片里的大哥，比如《古惑仔》里的陈浩南。《速度与激情》里的大哥也这样，在外边很猛，当他的女人怀孕以后，他又会很软。他在外边要征战、斗争，性格很强硬，但对自己身边的人又很负责任，非常呵护、温情。

这四种男人在女人眼里是萝卜白菜各有所爱，但多数人都会偏爱最后一种。在不同的阶段、不同的生命中，这四种男人和女人之间的故事演绎出所有爱情小说中的精彩与悲壮。

爱情现在已经扩大到可以跟婚姻没关系，你只要跟一个人一直好很长时间，就可以叫爱情。比如赵四小姐跟张学良，一开始很多人认为他们不是爱情，但她扛了 37 年，就成了爱情。所以爱情是被美化和道德化了的一对一、稳定的两性关系，目的是确保私有财产的有效继承。因此，爱情是纸做的，婚姻是金做的。

在自然选择、生命过程中，女人要的是安全、舒服和稳定，故而女人更倾向于爱情的观念：持久专一。在现实生活中女性对于爱情的接受度和美誉度普遍要高，而男人的精子本性是在挑战这件事情，因为他不断在外征服、创造，形成了性的优势，加上他生命能力的迸发，导致他对爱情的持久性不够。另外由于历史上有纳妾制度，可以钻空子，合理地不断扩大爱情定义的空间，因此男人在遵守爱情观念方面比女人犯的错误多，文学作品中也有很多类似的例子。

男女感知的顺序也是不一样的。女人很强调爱情，爱情就是要确信一对一的忠诚，爱情也是爱了才发情，自然冲动有一个发动和传导的机制。当她没有情感发动的时候，她对于生命过程不敢下决心，因为生一回孩子责任重大，所以她会强调爱在先、发情在后。这个传导机制表现为拘谨、慎重选择，以确保它的安全性和对结果的把握。

男人从自然本能方面来说是反过来的，爱情就是情爱，首先发情，然后发现还能相处，再慢慢开始爱。女人认为我要相信你，你要尊重我，然后我们才能产生性，男人认为这事你都不信任我，我们俩怎么谈爱呢？女人却说我们还没爱呢，你怎么净谈这事啊！所以这个逻辑顺序经常导致少男少女在初恋的时候产生冲突。男人可以把性和爱分开，先性后爱，而女人很难把性和爱分开，一定是爱了才有性。正因为这样，男人犯错误的机会才更多，很多时候是先有了性，后来又没了爱。所以大家会觉得男人更随意，而女人则更拘谨，这也更符合我们传统爱情的规范。

精子与财富传承

男人对待性的随意态度，导致财产发生分离的问题越来越多。他们在发展事业的过程中，会和很多异性发生关系，这中间不断产生出情感故事。性与财富、征服、暴力交织在一起，也成为文学作品中和历史上最为人津津乐道的看点。

传统社会中老一辈企业家的婚姻的基本模式是一个太太，后面若干个小老婆，偶尔还会在外面拈花惹草，然后生出一堆孩子，有注册的、有没注册的。这样他们的财产在第一代注定要被分割，随着他们精子不断扩散，财产也就随之扩散。现在有了高科技，可以让男人逃脱财产随精子一起分散的宿命，香港“二李”已做出了示范。李嘉诚的儿子李泽楷和李兆基的儿子李家杰都是第二代，如果俩儿子各娶一媳妇，李家财产实际上就被分成了四份，下边每个人再有几个小孩，财产就越分越少。假定儿子都没媳妇，直接有孙子，那往下传就可以少分掉一半。过去这件事没有办法操作，因为生孩子你不能控制，现在有了试管婴儿，可以直接用基因工程来解决，每一次人工受孕至少生俩，多了能生三个，而且孩子的母亲跟财产没有关系，保证财产垂直传下来。这是人类发明试管婴儿的无心之柳，但这样有可能会导致性的泛滥。一些人事先说好可以生，但不能结婚，生完了女人撤出，孩子留下。这表明男性既要财产集中不流失，又要性的自由，不愿承担家庭责任。

男性的本能终于通过科技得到了又一次释放，男人在现代社会当中的自由空间变得越来越大。当然女人的财富也可以用这种方式来传承。现在媒体也越来越开放，性、家庭、婚姻、子女、爱情逐步都可以分开，一对一的传统爱情的约束在现代社会减弱，大家开始重新审视爱情观念。

再来看看现代家庭与男人之间的关系。传统家庭通常有四个前提，所以能一直稳定地存在。一个是要合法地生孩子，这是家庭最基本的功能，这样财产能传递下去。如果是非婚生子女就很容易受歧视。第二是安全、稳定的性生活，在过去传统社会人和人交往的机会非常少，有了家庭，性生活就可以经常性地安全进行，彼此共同承担生命延续的责任。第三是出于经济原因，两人在一起盖一床被子，吃一口锅里的饭，能省很多钱，所以在贫困时人对家庭的向心力、凝聚力很强，安乐的时候则往往容易出事，所谓饱暖思淫欲。第四是养老扶持，以前社会没有养老体系，人老了以后由子女来养或两位老人之间互相扶持。

这四条是家庭存在的基础和理由。在四条都存在的情况下，男人对家庭的依赖性是比较大的，那时男人在家里待的时间会比较长，也比较认真，因为离开了家庭，他甚至有可能活不下去。在中国，云南佤族对一个男人最大的惩罚就是把他赶出家去，这个男人有可能会因此而死，因为外面没吃的，风吹雨淋，老虎、豹子随时可能把他吃掉。现代社会发生了很大变化，中产阶级发展到一定阶段，对这四样东西的依赖程度就开始减弱，如果财富越来越多，实际上这四条就几乎都不需要了。这缘于三个方面：

第一，你自己可以合法地生孩子，现在单亲妈妈、单亲爸爸很多，还可以直接找精子公司人工生孩子，这个孩子也可以上户口，不需要结婚。

前段时间我碰到一位女士，40 岁左右，有 8 个孩子，生日还在同一天。她的孩子都是人造的，比如把卵子和精子取出来，凑够数配好后，放到她和另外两个代孕妇女的肚子里，最后剖腹产，她生 3 个，那俩妇女生 5 个，共 8 个。她一共花了 100 多万人民币，现在这 8 个小孩给人做代言，将那 100 多万又赚回来了。这 8 个小孩很可爱，长得还都很像。未来社会也许可以实现要生男孩就生男孩要生女孩就生女孩，要几点生就几点生，要生几个就生几个。这都是技术的发展对未来社会产生的影响。

这件事让我想起另外一件很离奇的事情。在重庆一农村，有个女人长得很健壮，像个男人，找婆家很难找，后来有家人很穷，就把她给娶了。娶了以后给人生了孩子，干活劲儿特别大，婆婆特喜欢，可老公却不喜欢，为什么？因为她的“小弟弟”长出来了，原来是隐蔽的，现在长出来了。之后她觉得自己很丢人，就跑了。跑了以后在工厂里打工，打工时也很像个男人，但她知道自己还有另一套家伙，不知道该怎么处理。后来有个女孩爱上了她，她老拒绝那女孩，因为她觉得自己有毛病，而那女孩死活都喜欢她。她说我有病，那女孩问啥病，她死活不说，后来扛不住就说了这事，那女孩说你骗人，这事太离谱了。她说不骗你，就把裤子脱了让那女孩看。一看她就勃起了，最后两人办事了。办事以后，她又回乡离婚，跟这个女孩结了婚，结婚以后那女孩生了孩子。她后来在报纸上说实在太苦闷，想做手术，大概需要 5 万元钱，但她没钱，希望谁能够帮助她。医生说两套家伙只能留一套，你要是留男的，生命可能会很短暂，活不长；要留女的你以后得跟老婆离婚。这是一种两性角色的错位。

第二，也可以有稳定的性生活。避孕套的发明，使人类性的快乐和生育可以分开。古代社会夫妻之间因为很少采取节育、避孕措施，所以不断在生，而现代社会则可以单纯地追求性。

第三，经济已经不成问题，只要这个人收入高，分开后也能生活得很好，生病了有专业的护士伺候，晚上加班太晚了可以去住酒店，或请保姆。随着现代社会的开放以及伦理变化，家人之间、夫妻之间的黏合剂在松弛，男人的本能更加释放，越来越像 5 000 年前天天在外边打猎折腾时的光景。所有家庭的功能可以通过社会专业化的服务机构来解决，比如买菜，现在超市里什么样的半成品都有，而且打个电话就可以叫外卖。过去传统的女性美德、贤惠表现不出来了，黏合剂的力量在减弱。

现在，男人对家庭的看法改变了，他觉得从社会上能得到更多家庭不能给的东西，所以对家庭的概念逐渐变得淡薄。而女人一如既往，希望从家庭里得到所有，比如安全、稳定、持久快乐、互相扶持等。因此目前有关家庭的冲突越来越多，特别是社会上比较活跃的这些男人，对家庭的依赖减少，于是冲突增多。

泡女明星的“死亡定律”

我发现了一条民营企业的死亡定律：凡是男性企业家开始追逐女明星，这家企业就离死亡不远了。我看到过很多这样的故事，像某老板追明星李某和殷某，后来演变为扑朔迷离的刑事案件；某老板周某追求明星杨某，后来遇到危机，进了大牢；某老板刘某和女明星也有过故事，最后跑到了日本；李某跟主持人李某、明星秦某的故事曾经名噪一时，现在也已销声匿迹，等等。谁要沾上女明星，这公司就悬了。

明星是生活在虚荣、浮华、感性、冲动的环境里，她们的工作、生命需要不断绽放出光芒，但商人是很无趣的，每天开会、做生意，这在明星看来很无聊，所以商人一般都呆板，但一谈到钱却很会算、很理性。当企业家追求女明星时，难免会用冲动、虚荣的情绪来决策经营上的事情时，那就完了。比如砍人这件事情，那就是虚荣心作祟，你为什么非要追求女明星？明星就好像爱马仕的包，够好够虚荣，但装东西并不实用；无印良品最实用，装东西远比爱马仕轻便、省力，好比老百姓过日子，更实在。开公司这件事远不像徐静蕾在电

泡女明星的“死亡定律”

影里演的那么好玩，可你得坚持，因为财富就是一点点累积的。

所以民营企业家要切记，不要一冲动就去追逐女明星，如果要追逐，只有在两种情况下可以规避风险，第一种是你把企业交给别人打理，和企业之间形成一道防火墙，你不能让别的股东跟着你一起陷进去；第二种是你追求的女明星可以脱离娱乐圈回归到正常生活中。我也看到过这样做的朋友，没有影响工作和生活，否则企业一定会陷入名利场。企业家用明星式的思维来投资，那么企业就离死亡不远了。

13

台湾（上）：公权力小，私权利大

小时候 / 乡愁是一枚小小的邮票 / 我在这头 / 母亲在那头
长大后 / 乡愁是一张窄窄的船票 / 我在这头 / 新娘在那头
后来啊 / 乡愁是一方矮矮的坟墓 / 我在外头 / 母亲在里头
而现在 / 乡愁是一湾浅浅的海峡 / 我在这头 / 大陆在那头

——余光中

大陆和台湾隔绝太久，彼此看对方都会有误差，很有趣。这些年来，从我们这边看台湾，最大的感觉是乱：“议会”打架、天天选举，媒体骂骂咧咧，而且谁都敢骂，但又都不否认台湾经济水平高、社会和人民都很中国。现在，很多大陆人还会觉得台湾城市不如大陆好看，比较旧。当然，从台湾人的角度来看大陆，也一定会有很多特别的看点。

我最初也是带着这些观点去看台湾的，去的次数多了，可以贴近看、深入看了，却发现完全不是这么回事。总之，台湾的和谐在生活里，动乱与不和谐全在电视里，而咱们这儿的和谐是在新闻里，一出门就碰见不和谐。

为什么会出现这种差异呢？这跟媒体有很大的关系。我们这边把电视报纸的功能叫作宣传，而台湾的报纸电视是媒体，媒体是什么？媒体就是只讲坏的、不讲好的，有时甚至是只讲自己坏、专讲别人好；对媒体来说，坏事件即好新闻，也就是说狗咬人不是新闻，人咬狗才是新闻。通过媒体看见的台湾比较乱，但现实生活中感觉正好相反，在台湾我感觉到的是人民幸福、很和谐；我对台湾的概括就是党无宁日，官不聊生，人民幸福。

权利保障

人民幸福的根源是什么呢？我认为最重要的就是权利的保障，即你的东西就是你的，你能够表达的就是可以表达的。这个权利可以分成财产权、言论权、人身安全不受侵犯等几类。

首先，保证人民幸福的第一项权利是财产权、私有产权，这个东西是我的就是我的，谁也拿不走，这才会让我有安全感。如果这件东西今天是你的，明天可能又不是你的，或者说是你的又不是你的，比如私家车，一旦实行单双号限行，这车虽然是你的，但今天不让开，这等于有一半不是你的了。再比如说，这房子是你的，但 70 年土地产权到期后，没准又要交钱，这房子到底算你的还是不算你的呢？在台湾，是你的就是你的，产权这件事情是天经地义的。

产权这件事在台湾根深蒂固到什么程度呢？国民党军败退到台湾之后，实行土地改革，各家的土地要划界。在台湾，大家喜欢拜神、敬神，到处有庙。划地界的时候，碰到庙就不能划，要绕开。这些庙的产权不属于某一个人，而是登记在土地公名下，于是就出现了很多土地的"地主"是土地公，以及这个娘娘那个娘娘的现象，这些"地主"全都被作为土地所有者造册。这些土地所产生的收益，到现在为止，已经五六十年了，都放在那儿，谁都不敢碰，很大一笔钱呢。这就是产权，政府没办法剥夺，而且从来不谈这件事情，产权属性相当稳固。

我曾碰到过一个台湾老兵，他说政府对答应他的事都认账，是他的就是他的，"有些我都认为不是自己的，最后还是得到了"。这个老兵是山东人，在抗战结束后，家里很有钱，他们家把这些钱装进一个坛子埋在饭桌底下，结果被人告诉了附近的土匪。于是有人绑他的票，他的家人只好把这一坛子钱给人家，把他赎了回来。接着赶上解放区搞土改，家里人被吊起来往死里整，他就找以前的长工说情。那时候已经成立了农会，长工们都翻身了，反过来斗地主。那长工告诉他：‘你要积极表示想参军，帮共产党到前线打国民党军，就可能饶你一条命。于是他积极表态，在山东帮助解放区的人推小推车，打国民党军打了一年。但他还惦记着家，一年以后回去了，后来又随堂哥到青岛，投了国民党军（中央军），然后随国民党军到广州，最后败退到台湾。后来他在金门干了一段时间，然后退休了。

老兵说他现在的房子是蒋介石给他的。他们初到（台湾）的时候，蒋介石说打回大陆后，要把他们家里原来的地还给他们，并让他们每一个人都在地图上划出了自己家那块地，并就那块地颁发了个土地证，叫“战士授田证”。这就等于把土地产权落实了，借此鼓动国民党军打回大陆。后来他们看“反攻大陆”一点戏都没有，觉得这就是一张废纸，于是大发牢骚，这时候蒋介石居然决定由政府出面将这些土地折合成钱给他们，同时收回“战士授田证”。他拿这些钱盖了现在的房子。也就是说，蒋介石把大家原以为不可能再拥有的财产，还是给变现了。

在台湾，土地公都可以有产权，而且没人敢侵犯，哪怕是虚拟的土地财产，最后都要给你变现。财产权清晰，人就安定；人有恒产，就有恒心，然后生活就踏实。

其次，保证人民幸福的第二项权利是言论自由。在台湾，老百姓可以批评政府、批评商家、批评任何人，只要不违法，说什么都行。所以我们在台湾经常可以看到网络上甚至电视上有公开批评政府的言论和节目，比如《全民大焖锅》《全民最大党》《全民开讲》等节目每天都在骂政府、政党、政治人物，多伟大的“总统”都有可能被编排成活报剧[①]人物，在电视里被人耍弄，老百姓看了以后非常痛快。可见如果有言论自由，见官能骂，见谁不顺眼都敢说，老百姓有了宣泄的出口，反而不会引起暴动。这种言论上的自由也是台湾老百姓生活幸福的一部分。

台湾有很多政论节目，也培养了很多专门靠骂政府、批评政府吃饭的名嘴，比如爆料天王邱毅，还有一口气做《全民开讲》十几年的涛哥[②]，以及陈文茜等一批人。我曾有一次去参观李涛的《全民开讲》现场，那是一个骂政府骂了十多年的老牌节目，特别有意思。我跟李涛聊天时说：你这十几年坚持每天都批评、爆料、监督政府，还都是针对新鲜事儿，也挺不容易的。他却表现得很兴奋。恰好那期间爆出新闻：陈水扁跟马英九交接时，有 1 000 多箱文件，居然被陈水扁偷偷从“总统府”运出来没有交接。那期的话题就是对这件事在《全民开讲》展开讨论。节目每次都会邀请一些法律专家、媒体人、大学教授等专业人士从不同角度展开辩论和分析，专家有些是固定的，有些是隔三差五地来。它成为台湾最早的批评性政论节目。基本上，每天都会针对时下最热点的新闻事件展开讨论，任何政治人物都可以骂。这档节目的制作成本非常低，现场没有观众，每期会给专家们一些车马费，但也不多，几千台币而已。在录制时间上也会严格控制，专家们每天准时赶过来，坐下来刚喘口气，就马上开始录节目，你说两句，我说两句，水平非常高，到点了就立刻结束，时间掐得非常准。

---

① 以应时性、时事性为特征的戏剧类型，这类剧目能及时反映时事以达到宣传的目的，就像“活的报纸”，故称“活报剧”。

② 台湾资深记者李涛。

谈笑中李涛说，在陈水扁时代，陈水扁也曾刁难过这档节目，让他们闭嘴，但毕竟台湾人民有言论自由的权利，有法律保障人们自由说话，所以他也只能暗示、搞点小动作，没有公开把节目封杀，因为公开封杀就是违法。

光骂还不过瘾，台湾还有保障集会、游行的权利。在马英九刚上台那阵子，我有一次去台湾，刚好就看到有人在街上游行并骂他，骂就骂了，马英九也没跟人急或跟人打官司，“总统”打官司反而显得他很琐碎、很不堪。我一路走，一路看他们骂，觉得有些地方骂得也不一定对，但街上的人们就是这样继续骂。

我还曾遇到过组织红衫军的副总指挥，我很好奇地问他：为什么那么多人组织集会，最后台湾却没乱？台湾 100 万人都来参加集会，最后台湾居然好好的，这是为什么？最后我听到两种解释：集会是一种法定权利，要在法律允许的范围内去集会；群众游行是提出了申请并获得市政府批准的，而且被指定了路线，人民是在法律允许范围内来游行。这一点很有趣：在一个法制社会，集会、游行是法律赋予的权利，你只要申请，就都会获得批准，只要不妨碍其他人的公共利益就可以。

最后，保证人民幸福的第三项权利是人身权利。台湾人的人身权利也是有保障的。我们看一个极端的例子，还是关于陈水扁的。他在“总统”任期内贪污并被揭露，检调部门就开始独立地进行调查。也许有人会问，马英九会不会就此事有什么批示？台湾人告诉我，马英九绝对不敢碰这事，他只要一碰，就会下台，因为司法是独立的，他只要碰了，就变成了政治迫害。

陈水扁进监狱后，通过媒体，人们连他每天吃什么都知道，因为当他还只是嫌疑人、没有被定罪时，就还是公民，那就有知情权和被知情权。他被关在哪儿，看守所是哪一年建的，多大面积，都得透明。陈水扁在被关押期间，还出了两本书，他还有出版权。另外他还有指挥政党选举的权利，并且他想见谁就见谁。不过也有拘押禁见，就是禁止他和相同案子的人串供。除了可能与他串供和帮他逃亡的人之外，其他人他都能见。最有意思的是有一个老太太，她是陈水扁的死忠粉丝，她知道陈水扁爱吃一种食物，居然常年坚持做这种食物，定期送给陈水扁。二审的时候陈水扁还享有这些权利，因为台湾是三审定案，三审终审之后他才会被投入监狱服刑。三审之前，陈水扁在里边作曲、写书、见客这些权利全都有保障。更有意思的是他的待遇，“总统”退休待遇他一直都享有。整个审判过程中，首先是整个程序公开透明，其次是他的所有权利在不同阶段是受不同程度保护的。

价值观相同

台湾人民的幸福感在很大程度上还来源于价值观的趋同性和一致性。人们对很多事情闹心，是因为对同样一件事情很难有相同看法。转型社会的价值观特别分裂，但社会奇奇怪怪的现象和价值观都超乎人们的意料，很多灵魂都在迷失，在发散，在跳跃，在选择，在彷徨，在不满，在焦躁，在苦闷。台湾人不是说没有苦闷，没有焦躁，而是总体上社会价值观相对一致，人心笃定。

其实台湾在经济起飞、人均 GDP 达到 8 000 美元以前价值观曾经也是非常混乱的。我参观过台北的一个历史陈列馆，里面有很多 20 世纪五六十年代超级意识形态控制下的标语、火柴盒，上面都是“反共防谍”的内容，印满了谩骂共产党、诋毁共产主义、主张所谓“三民主义统一中国”的字样。那时，在台湾眷村餐厅，经常能听到国民党军的军歌，歌词意识形态色彩非常鲜明——打到对岸、消灭“共匪”。可见当时老百姓的生活里都充斥着这些口号和内容。

台湾有一部电影，叫《泪王子》，是最近几年拍的，讲的就是在眷村里发生的一个故事。故事里有两个同学，其中一个在军队的情报部门，另一个曾经为了救一个小孩进入过共产党统治的区域。后者因这件事情被军情部的同学举报，最后被定为“通匪罪”，作为匪谍而遭枪毙。该片描述了眷村政治化的生活。台湾随着经济的发展，意识形态逐渐庸俗化、碎片化、世俗化，最终被完全消解。所谓庸俗化，是把一件很正经的事情，比如一首很正经很经典的歌曲，弄得怪腔怪调的；所谓碎片化，就是把原有的正统意识形态一点点撕破、扯碎；所谓世俗化，拜金主义就是典型的例子。你这时候再讲理想、主义，就没人愿意听，大家在乎的是世俗的故事，比如大家都曾关心梁洛施和李泽楷分手拿了多少钱、值不值的话题。有人告诉我，她这样做是最值的，23 岁前孩子也生了，该经历的事也都经历了，未来一辈子的钱也都有了，而且还守着大把的青春，愿意过什么日子都可以。这样一种价值观和传统的价值观（如爱情至上、家庭至上等观念）是完全不同的，与传统美德相去甚远。这样会逐步导致原有的意识形态空洞化，最终变成空壳。

那怎样来重建呢？我认为，重建一整套新的社会价值体系和观念，大概需要借助三种力量。

第一种力量是中国文化传统、儒家传统。比如“礼、义、廉、耻”，“忠、孝、仁、义”。从 1949 年到现在，台湾的中国传统文化一直根深蒂固，从未中断。尤其在台湾的教育体系里，关于中国传统文化的训练一直有，所以很多人可以很快回归到中国传统的价值体系中。就像近年来大陆国学也开始复兴，也在走同样的路，希望在传统里寻找今天行为的合理性，来解释今天的是非。

第二种力量是现代佛教。由于经济快速增长，台湾出现了现代佛教的复兴。国民党军从大陆败退到台湾，拉的壮丁中有两个是和尚，一个是今天的星云法师，另一个是法鼓山的圣严法师。他们离开军队后，自创门派，建立道场。台湾佛教四大道场能够发展得很好，这和中产阶级的支持有很大关系。在台湾，经济发达后，大量本土的中产阶级和海外留学归来的中产阶级开始信奉现代佛教，捐了很多钱，由此掀起了台湾的现代佛教热潮。这种佛教都是人生佛教，像星云法师讲的就都很现世，比大乘还宽，是很现实的佛教。它和中国传统的有些东西走得很近，再加上有很好的组织和传媒工具，很快就主导了中产阶级的心灵观念。一些电视台比如慈济做得很好的大爱电视台，制作了大量催人泪下、感人至深的亲情故事，如挽救失足青年、敦促家庭和睦，等等。据说拍这些电视剧的所有经费都来自信徒的捐赠和公益收入，成本很低，电视剧场景也不复杂，在一个屋子里不断地演。现代佛教的兴起和复兴，使台湾大量中产阶级的灵魂有了安放之处。从传统文化罐里汲取一点、现代佛教罐里又汲取一点，这人心就踏实了。与此同时，台湾还有很多土道教：我在台湾骑自行车环岛的时候发现，台湾的庙宇是世界上密度最大、数量最多的。只要有一个村就有一个庙，有一个故事就会生出一个要膜拜的对象，比如拜妈祖，拜土地公，拜王母娘娘，什么都拜。我曾经连着两年在台湾过年，观察春节期间大家怎么拜神，百姓们抢头香是当地一个盛大的活动，庙宇的门都被挤破了。

第三种力量是现代的普世价值观，也就是我们所熟悉的自由、民主、人权、法制。台湾的高层，英美留洋回来的人特别多，整体上受西方价值观影响较大。台湾目前的宪政体制和社会经济的法制框架主要是依据这套思想体系建立起来的。

由此可见，在台湾底层，老百姓信的是传统的土道教和本土宗教，中产阶级信现代佛教的居多，而所谓精英、高级白领、高级管理人员这部分则持普世价值观。现在台北人均 GDP 20 000 美元，比北京高一倍。然而台湾人的精神世界大体上是清晰的，灵魂轨迹是看得到的，灵魂有安放之处，心就定了；心平则气和，气和则人顺，人顺则事成，事成则心平，又转回来了。

举两个例子。第一，最近几年在大陆最闹心的是房子，我也老问台湾人这个问题。我知道台湾曾有过无壳蜗牛运动，20 世纪 80 年代也有人抗议房价的事，但很短暂，并没有形成一直以来连续数年的话题。我相信台湾当时也存在跟大陆今天一样的问题，一些年轻人大学毕业后住不起房，面临就业压力等，但在台湾哪怕人均 GDP 在 10 000 美元以前那段时间，在这些问题上，并没有闹腾着不消停。这就跟价值观有关。有一次我去爬玉山，有一个做向导的台湾大姐，40 岁左右，我们一路聊天。问到她房子的事，她说她有三个小孩，没买房，还是租房。我说你为什么不买？她说："我买不起，就租。一租就租了十几二十年，因为小孩一直在这儿上学，也不方便换地方。"我问："你不骂政府吗？不骂地产商吗？"她说："赚不到钱是我能力的问题，是我命不好，跟别人没关系。"我当时听了很诧异，分析起来她提到了两点：第一，认命，命不好，显然信奉宗教才会这么解释。第二，认定自己只有这个能力。她认可竞争社会是开放的，机会是均等的，也有很多人创业成功赚了很多钱，但自己没这个能力，没能力就租房。后来我到香港，碰到一个投行的职员，我也问他，你在香港买不起房，怎么办？他说"赶紧赚钱"。我说你不骂地产商、不骂政府？他说偶尔骂骂，但还是"赶紧赚钱，赚了钱再说"。

第二个闹心事是所谓的两极分化，即收入差距太大。台湾人对收入差距这件事怎么看呢？有一次我去台湾，看到一张报纸的头版有这样一则新闻：某富豪在信义区开了一家名为"贝拉菲塔"的顶级品牌的百货公司（比咱们新光天地还高档），爱马仕、路易威登那儿都有。这个百货公司是怎么来的呢？起因是这个富豪有一对双胞胎女儿，爱若掌上明珠。她们刚从海外留学回来时，有一天这位富豪爸爸问她们想做什么，姐俩说想开个餐馆或酒吧，她们的妈妈则说她就想开个爱马仕店，因为她特别喜欢爱马仕的包。富豪爸爸说：都满足你们，干脆给你们开家百货公司吧！果真，这个身为台湾最大电子公司副董事长的父亲，就买了一块地，盖了一家百货公司，然后真就交给了娘儿仨打理。后来我还专门去了这两个女儿开的酒吧，确认真有其事。就这么个故事，如果放在大陆，这叫富二代炫富，很多人会问你这个钱哪儿来的？年纪轻轻的为啥不好好劳动？诸如此类，估计报纸上能骂好几天。我问台湾当地人，他们的第一反应是说这么好一个店还没去过，要去看看；还有的反应是说这俩小孩命真好。没有更多评论。这就是价值观，也是宗教在内心的投射。因此，有信仰就会有敬畏，就会自省，就会认命；相反，没有信仰，就容易目空一切，就容易骂社会、骂政府、骂一切人，坚信“造反有理”。

经济富裕

人民幸福的第三大指标当然是经济富裕。去台北，猛一看，这个城市不像北京上海那么光鲜亮丽，但仔细一看，比北京有味道。大陆的城市适合远观，不可近玩。台北这个城市和街道，可以近玩，但不宜远观。

大陆的城市，比如说北京，人均 GDP 1 000 多美元，但 GDP 总量中政府占了大头。我们的 GDP 是投资、贸易和消费，大量的钱被用来建很多公共设施，所以在同样的 GDP 水平下，人们口袋里的钱其实没有台湾人多。我们因为政府的公权力大，所以城市就漂亮，想规划什么就规划什么，而台湾当局的公权力很小，私人的权力很大。台北市政府像个酒店，进去以后，你要什么服务，政府都给你提供，甚至有人为盲人代书，有人给你递茶。台湾是服务型政府，自己不投资什么东西，所以它的马路也不能强拆，高大建筑也没钱去弄，同样的 GDP 水平，钱都跑到老百姓口袋里了。在台湾，虽然公共的部分（街道、建筑物等）不好看，但私人有钱，所以各家会对自己地界里的东西好好拾饬，因为这个东西一辈子都是自己的，他的责任感就特别强，就有动力把它搞得尽善尽美。所以近看台湾私人地界上的建筑、陈设都很讲究，这是人民幸福的一个标志。

台湾的老百姓富裕还体现在另外一个方面，就是社会保障。台湾社会保障系统里存的钱很多，都在政府手里，政府帮着代管：当你看病、上学需要的时候，这些钱还交给你，另外因为你交了税，政府会把这些税还用在你身上。有一个台湾朋友的哥哥得了癌症，我问他，这要花很多钱吗？他说不要，花钱很少，台湾搞全民健保，健康、保险都是政府管，自己只出很少一部分。台湾没有人说看不起病，通过纳税、交健保的钱，最后形成了整个公共福利，这是台湾生活水平高的一个标志。我去看过一些医院，不管是私人医院，还是公立的医院、政府的医院，医疗设施、服务水准的确很高。所以一些台商、台干在大陆生了病以后，第一件事就是回台湾，在大陆第一是看不起，第二是不敢看，医院服务态度恶劣，病患需要排队求人，这些都把他们吓到了。而台湾医疗服务体系完善、服务态度非常好，费用也低，即使把往返机票钱都折算进去，也比在大陆看病省钱。此外对于社会福利保障这部分，国民党从大陆败退台湾，一共差不多有 200 万军人

（他们叫“老荣民”）及其家属，政府后来给了他们很多安置，社会也给予很多特别的照顾，他们都很满意。

公务员系统在台湾叫“军公教”（军人、公务员、教师的合称），他们的整个保障又比普通民众更好一点。另外台湾还有大量的NGO存在，这部分包括大量企业、企业家捐款成立的慈善基金，而这些慈善基金又被用来帮助弱势群体，其中最典型的就是慈济公德会。慈济现在成为全球华人当中最大的慈善组织，证严法师和她的弟子从最初手工缝制东西做慈善开始，借助家庭、阿妈的帮助，将其发展成为今天全球华人的骄傲。这些都会让人感觉到安定和温暖，是人民生活富裕和安康祥和的表现。

公权力被关进笼子

在台湾做官是一件非常痛苦的事情。我听说在台湾如果有一个人要去当部长，家里得开会讨论，并且多数家庭成员都不赞成，因为那会是件很闹心和很辛苦的差事。

第一，财产要透明。不光是现在要透明，以前的一些与家族有关联的人和事（生意）也都要透明。比如说我经常看到关于马英九老婆买了多少股票、有几处房产，连战有多少银行存款等报道。最后我就发现马英九的钱还不如连战多，因为连战家族本来就有很多财富，他继承下来，也会打理。在这种情况下，如果你对你的财产来源坚信没有问题，家里人才能同意你去当官。

第二，任期有限。财产透明有时也不可怕，因为如果能当一辈子官，迟早总能帮家里做点事。但台湾官员的任期很短，说是一届，中间还随时有可能被赶下台，比如“行政院长”有时干一两年就被轰下台或引咎辞职了。为了这么一点时间，把家底都抖搂出去，这事不值当。在台湾，“部长”这个层面，没有人能够连续干十年二十年的，多数人都是任职半届、一届就结束了，因为是选举制，选举完了以后，新的执政党重新组阁并安排人事。比如国民党执政以后，民进党很多当“部长”的就都歇了。

第三，不能谋私。因为政府不是想干什么就干什么，比如批地什么的。政府管制越多，权力越大，徇私的空间就越大。台湾是完全竞争的市场经济，政府不管什么，所以官员除了给大家服务，很难以权谋私，而且还必须被媒体、反对党拿着放大镜天天盯着看，没事都要找碴儿，万一有事（比如陈水扁），基本就会被整死了。在这种情形下，通常只有两类人想去做官，一类是理想主义者，比如说一些学者，像现在台湾“经济建设委员会”主委刘忆如，她是教授，很清廉，也不做生意，她用专业知识、专业能力服务社会，也积累经验，哪怕回来再做学者都可以；另一类是有钱人，家里不差钱，出去服务社会，万一出一个伟大的人物也不错：可以光宗耀祖。在台湾只有这两类人对做官有积极性，凡是没有理想、家里还得做买卖的人，都不愿意搅和这事。美国和日本其实也这样。这大概就是民主社会的官场规则吧。

在台湾做官需要特别好的涵养，因为要经常去“立法院”被修理，“内阁成员”“部长”都要到“立法院”去面对质询。如果你这个“部长”是国民党，那你到“立法院”，民进党就会随便收拾你，让你一上午站在那儿任人挑刺和批评，甚至给你画漫画丑化你。你的回答稍有不妥，对方就开始攻击你。这些“议员”都是名嘴，受教育水平也很高，你要能在“立法院”扛得住折腾，这本身就需要特别好的涵养。

另外，媒体有时候也会无中生有、造谣、谩骂、批评，你要扛不住就做不了这个官。所以有的官员家里人就很憋屈，说为什么要受这气，咱又不缺钱，为啥天天让人这么糟蹋你。此外，地方“议会”的“议员”和政府基层官员，为要不断博取选民的支持，就必须要服务于基层。你要态度好、身体好。有次我在一个会上，意外碰见“立法院长”王金平，他态度谦和，跟普通人一样。还有一次开会是马英九在台上跟大家聊，他的谦卑、温良，超乎我的想象，绝对让人肃然起敬。官场生态包括政党竞争，逐步使台湾的官员都具备了涵养、温和与耐心。

官场还有风险，偶尔也会遭受暴力冲突和暗杀，比如“五都”[①]选举当中连胜文受伤，虽然被法院裁判是误伤，但连胜文本人并不认同。所以在台湾真是官不聊生，人民幸福。官员体系只能服务不能索取，只能倾听不能训斥，只能检讨不能牛气。比如说台湾飓风之后，

① 指台湾的台北市、新北市、大台中市、大台南市和大高雄市，所谓“五都”选举，指的是上述台湾5个直辖市市长及市议员的选举。

公权力被关进笼子

有个村庄被泥石流淹了，马英九不断鞠躬，在电视上向公众道歉。

我记得韩寒曾写过一篇博客，叫《未来最快乐的事》，就是有一天当我们把权力关进笼子里，而我们能够畅所欲言，这就是节日。

在台湾跟政府打交道，和我在纽约跟政府打交道感觉是一样的。我在纽约做“中国中心”期间，纽约市政府的市长布隆伯格三次竞选连任市长，自己拿出了3.2亿美元。被选上以后，坚持7年每天坐地铁上班，一年只拿一元钱工资。他手下的招商局局长也是亿万富翁，给我们服务期间最多喝过一杯啤酒，我们给他礼品，他都交回去，而且提醒我们下次不要拿了。但所有事情他都尽心尽力负责，有一次嗓子都哑了，发着烧，还坚持给我们讲。我很感动，心想他哪儿来这么大干劲啊，他又不差钱，他的工资也只是一年拿一元钱！这就是理想主义者和专业人才的精神。在台湾也是，你要约见任何政府服务人员、公务人员，过程总是非常顺利，而且谈得很清楚。这样的政府你才觉得是服务型政府，才会让人民有幸福的感觉。

领袖和政策“市场化”

在台湾，政党天天折腾，党内不断有矛盾冲突，而且完全曝光在媒体上，阴谋变阳谋。另外在党外要跟反对党竞争，更是喧嚣。不过他们是按照规则在斗，所以也不影响社会大众整体的生活，不会让大众有不安全感。民众看政党吵架就好像看运动场上的比赛，不见出声反倒感觉诧异。

台湾的政党实际上和我们习惯意识中的政党概念很不一样。台湾的政党数量很多，大约有 170 多个，刚开放党禁时将近 300 个。注册一个党跟我们注册一个皮包公司一样简单。台湾 170 多个党中，光共产党就有两个，一个是台南农民王老养创建的，他一直申请成立共产党，前两年批了下来。这个党就他一个人，后来又找了个人，他是主席。陈水扁堂兄也成立了个共产党，用的还是大陆的党章。

台湾开放党禁以后，政党竞争造成的直接结果有两个。第一，党外运动自动消失。所谓党外运动，就是原来没开放党禁时，老有一些人在外边反对国民党，越反对越厉害，比如说当年的“美丽岛”事件、“自由中国”运动，你只要骂国民党，你就是英雄。对于这些反对派人士，国民党当局越镇压，参与者就越多，这些人在台湾生存不下去，就跑到海外，政府也严加防范，不允许回台，但他们反倒斗志高昂，屡屡冲关。据说有一天一帮海外国民党体制外的反对派，开会时情绪激愤昂扬，说我们一定要打回去。后来有人告诉他们说台湾已经开放了党禁报禁，可以随时回台，谁都可以注册政党，可以随便骂政府了，这帮人立即泄了气，觉得没事可干了。成立政党直接面临的一个问题是：谁给钱？自己吃饭问题得先解决啊！于是他们纷纷回台找饭辙，党外运动烟消云散。

政党竞争的第二个结果是，300 多个政党竞争出两个主要的政党来，就是国民党和民进党，另外还有几个稍微有点规模的小党。两党制不是设计出来的，是在一堆政党里竞争出来的。从全球范围看，所有两党制国家都没有经过精心设计或安排，主要的两个政党都是竞争出来的，与之相伴的一直还有许多小党，这是自由竞争的结果，跟可乐市场一样：市场上有大量的可乐品种，最后竞争出两个，百事和可口可乐，当然同时还有娃哈哈、非常可乐等各种小可乐品牌存在。家电行业中苏宁、国美也是两大，但其他小的卖场也还活着。所以开放党禁、政党竞争的直接结果就是两大政党冲在前面，其他小党边缘化、空壳化。

这几年，台湾各种小党在两党的主轴下不断竞争，比如亲民党想作为第三党出来，没成功；新党从国民党分出来，也要成立第三党，也不行。现在其他一些小党在搞联盟，甚至要把所有小党联合在一起和大党竞争，这跟卖可乐的市场竞争态势是一样的。

政党要怎么竞争才能进入前两名呢？有人说只要有钱就行。但为什么起点相同，有的党能筹到钱，有的党却没人给钱呢？我记得有次在台北走过一条街道时，发现有一个楼被贴了封条，仔细一看是亲民党党部，我当时很奇怪，宋楚瑜在大陆被礼遇，牛气大了，回去后怎么连党部都被封了呢？在我们印象中，党是特别伟大的组织，怎么总部都能被封呢？后来有人告诉我说是因为他们交不起水电费。我又奇怪：宋楚瑜这么牛，怎么连水电费都弄不来呢？别人说没人给他钱，因为他竞选不可能被选上，这就相当于拍电影，这个明星票房号召力不行，我给他钱干什么！后来我又了解到，宋楚瑜来大陆，租的是南方航空公司的飞机，后来账都结不了。你选不上，我给你钱不打水漂了吗？那你为什么选不上呢？因为你没有人气，提不出好的政策，不受大家欢迎。

政党卖的是什么东西呢？打个比方说，政党卖的第一是领袖，道理跟影视市场推明星类似，这个人身上具备的特质应符合一个时期内民众的心理期待和寄托，主要包括他的品德、能力、人格特质、形象。比如马英九政治上干净、不贪污腐败，人又长得帅，这都可能是获得选票的理由，特别是陈水扁下台后，人们厌烦并抛弃了贪污腐败的领袖，从而在心理上期待一个马英九式的领导人，这时马英九胜出就毫无悬念了。第二是卖政策，这些政策有远的有近的、有虚的有实的，比如实的，每个人健保能享受多少钱、减税多少。也有虚的，比如未来要把城市建成什么样，建立什么目标。此外对一些特别敏感的问题，你得能提出不同见解，比如两岸关系。你卖“独”是一部分人同意，你卖“统”是一部分人同意，你卖“不统不独维持现状”也是一部分人同意，任何一个政策都不可能百分之百获得赞成，那你就要拿捏哪种政策能得到多数人支持。政党竞争的结果是，要么领袖不行、但政策好，要是你既提不出好政策、领袖又不够有能力，那铁定没人给你钱，因为给你钱也选不上，谁傻啊！

宋楚瑜上次竞选失败在新票案上。国民党在威权时期有一笔特别的外交运作和选举经费，这部分节余存在宋楚瑜个人账户上。李登辉说被他贪污了，宋楚瑜又说不清楚，因为确实在他个人账户上，他等于为李登辉背了黑锅，在这件事情上他有了污点，作为领袖，很多人就都不信任他了。再一个原因是他也没有提出什么好的政策来。这样当然没有人会支持他。

可乐竞争的是口味、品质和服务，政治家竞争的是领袖和政策，你个人的品质代表政党的品质，比如大家看贪污腐败看不过眼，所以心理上对清廉的人就特别喜欢，所以清廉的马英九一下子就选上了。这跟卖东西是一样的，正好市场有有需求，这时产品一被推出就会受到追捧。

台湾政党最初是全能政党，特别是两蒋时期，所以在国民党很多文献里都是以“党国”自称。那时候国民党中央党部很气派，有一个很大很完整的楼。我有一次去那里见连战，他讲这个地方当时是他选的，当时他是“行政院长”，想着上班方便，那边“总统府”，这边“党中央”，来回走就可以了。没想到后来他成在野党了，现在只有一个方便，就是出去抗议比较方便，回来喝口水又出去折腾了。在当时情况下，党和政是一体的，但没想到结果变成了一个历史的讽刺。

现在台湾的政党逐步变成“议会”党团，可以在“议会”里辩论、投票，通过控制“议会”来影响立法。这些“议会”党团也成了选举提名的工具，你选举时需要的提名、动员是要靠政党的。另外政策储备也需要人，需要智库。现在政党的主要工作内容是选举和组织，因为以前一党制时有支部，现在基层也不怎么活动，也交不了太多钱，所以如今的政党模式越来越像美国。美国的政党自从电视媒体出现以后，就变成了一个选举工具；选举时你说你是哪个党就是哪个党，你赞成哪个党的政策，做个简单手续，你就是这个党的成员了，平时没基层组织活动，不开会，不过组织生活，也不交党费，跟我们的政党概念不太一样。

政党变成这种定位后，就一定要接触选民，就像我们企业要接触客户一样，政党总部也越来越移向客户。现在无论是国民党，还是民进党，它们的总部、中央都越来越接近于市场，比如国民党总部就在一个胡同的马路边上，好像通常所说的门脸房，一眼就能看见，也没人站岗，谁都可以进去。开“中央常务委员会”的会议室都很简陋，因为要省钱。国民党把党产处置完了以后，就变成了没有资产的政党。国民党原来一直背着一个包袱，就是党产，从大陆败退到台湾后，有大量的资产变成了党产，用党产来支持运作，所以一直都腐败，包括搞选举，会用金钱去买票等。马英九上台以后，逐步把党产通过信托的方式回归社会，所以它现在没钱，租不到好地方，里面很多人都是义工，因为党没有那么多钱雇这些人。再往下地方党部更是设在马路边的街铺里，因为好招呼选民，竞选开始时，街铺招牌一翻就可以变成党部开始折腾。

民进党也是这样，在高雄一个相当于咱们王府井这样的地方，在一个马路的十字路口有个大牌子：民进党总部。这个牌子像麦当劳的标志一样立在那儿，因为它要接近选民，便于动员，便于沟通。所以政党的办公地点都越来越平民化，越来越开放、简朴，有点像香港的一些银行、米铺。政党已经去除了神秘化。我到过澎湖，还到过其他很多地方，马路上随处可见小党部的招牌。

政党功能上去意识形态化，导致它变成选举工具。我在“五都”选举前路过国民党中央党部，想去那儿找朋友聊聊。他们说今天不行，因为是选举最关键的时候，干部都下乡去动员了，人人都怕失手，很紧张。他们当时最重要的目标是至少要保“三都”，后来结果是达到了，但整体压力非常大，让人感觉整个党都在为选举折腾。

美国事实上也是这样。美国选举到今天，200 年下来，两党轮换，最后都是中间偏左、中间偏右，谁都不走极端，没人敢反对现行的基本制度和宪政体制。共和党上台没有要把民主党赶尽杀绝或把这些人的讲法加以批判，民主党上台也没有这样，而是在维持原来宪政、法制和政策的框架下做一些微调。台湾现在也这样，这也是我去台湾多了以后，一次比一次觉得安心的地方。以往大陆人总是很担心：民进党上台怎么办？老让我来投资，会不会把我们赶出来，或把东西没收？还有些人担心，说我们跟民进党打交道行不行呢？万一以后国民党上台了又该怎么办？现在看这些担心都可以去除。

我觉得，未来台湾政党的生态也类似于企业，有代际更替、选拔，也都是竞争，竞争的是你的业绩，你的名望和你的领袖气质。如果你其他方面都很好，但一上镜头不够有领袖气质，那政党就可能不提名你，因为提名了你也选不上，就像歌星红不了，我为什么还捧你？所以政党变得离每个人都很近，与每个人的生活也有关，但又不会直接支配自己的生活。

也会有人说，有时会看到他们在“议会”里打架，怎么又说他们不走极端呢？其实这也是政党生态的一个方面，因为在台湾政党太多，需要竞争，小党又没广告费，所以他们必须在开“国会”，包括在“立法院”开会时，趁有镜头对着他们时大力表现，好让大家记住这个政党，同时告诉他的选民和支持者说，我在替你们干活，一点儿没闲着。但镜头一撤，他们又都会跟什么事也没发生一样。党无宁日，但没有影响到社会正常发展，相反给社会的正常发展找到了很多表达观点、情绪宣泄的出口。

选举让“人民最大”

在台湾，选举是最频繁的，差不多每个季度都有，是亚洲选举密度最大的地区。有县市长选举、“立法委员”选举，现在又有“五都”选举，还有最基层的“议会”选举，以及最高领导人选举，总是在不断地选。

台湾的地方选举是从1949年国民党政权自大陆撤到台湾以后开始的，乡长、里长、县长等这些选举有县议会、乡议会，它选举的过程已经成为一个社会常态，台湾普通老百姓觉得选举这件事很正常，就像我们在大陆看见有人戴着红箍吆五喝六不觉得奇怪一样，台湾人看见拿着旗选举的人也不会觉得诧异。都是中国人，但的确也有不同的文化。

台湾的选举可以看成是一个产业，它有一整套产业化系统，包括选举公关、选举财经、选举理容、选举研究等。我在台湾“政府书店”也买到过专门研究选举技术问题的书籍。

选举对一个社会到底有什么作用？它对老百姓的生活有什么实质性影响？我觉得第一个作用是令官员非常谦卑。人民变选民，选民变最大，官员所有的权力都是被选出来的，你能不能当这个官是需要人民同意的。集权式的提拔是看上头，选举是看下头、点人头。一个官员对任何人都要及时地握手、点头、回应，态度必须得好，你不好记者一写，明天就少好多选票。

我们看到，出了事情，当时作为最高领导人的马英九不断地鞠躬，以致于太过谦卑了被施明德骂，还有很多台湾人认为马英九永远是“总统候选人”，意思是他腰杆不够硬、说话不够坚定，老在迎合不同的选民，认为他没有领导力，不敢大刀阔斧地做对的事情。

在台湾，政治人物讲得最多的是要勤跑基层，没事就跑，以前台湾人对宋楚瑜最好的评价就是叫“走透透”，他踏遍了台湾每一个地方。马英九在竞选时也曾骑自行车到台湾乡下，跟老百姓一起住。之前提到，有一次我在台湾开会，意外碰到台湾国民党资深大佬王金平，他是“立法院长”。按理说他职位很高，但我看不到有任何让他跟普通人隔开的措施。还有一次是马英九演讲，他在台上回答问题时非常诚恳、认真和谦恭，这让大陆的企业家感觉很奇怪、很舒服也很亲近。还有一次到澎湖，赶上选县长，他们旅游局局长安排我们吃饭，说一会儿县长会跟你打个招呼。这个县长当时还是候选人，他过来以后给大家敬酒，然后看了一下表，说我必须走了，还要去当地整条街挨家挨户握手，因为正是吃饭的时候，家里都有人。他就天天这么跑，每个人的手都要握到。我问他，你握别人也握，到底有没有用啊？他说握总比不握强，到底有多少用不知道，反正一定要去。

由于这样频繁地选举，实际上任何官都不是永久的，任期结束后，官员又变成了老百姓，还得过日子，所以不能得罪人。

不断选举还消灭了上访。有一位“立法委员”告诉我说，这主要跟选举有关。你遇到不平时，地区的议员就会帮你，如果他不帮你他就选不上。比如在乡里，我有什么困难跟议员讲，议员必须帮我解决。如果不帮助我解决，下回我就把这事跟媒体说，媒体发布以后你形象就变坏了，你就没有选票了。为了要选举得票，这些事情便总有人来管，有时候甚至是几拨人抢着解决同一件事。

这样一种选举规则，加上媒体监督、法律监督和政府权力制约，实际上就消化了上访这样一种现象。这并不是说没有判错、干错的事，任何一个社会都不是上帝直接管的，都是上帝通过人来管的，而人都会犯错，问题是怎么纠错，一个好的社会和政府就是这样，可以由下而上和由上而下自我纠正错误。如果是封闭的组织，没有长期的开放式选举，那么只能是从上到下纠正。比如你写封信给领导，他要来管就解决了，如果他不管就解决不了。

选举会使想要从政的人不得不为人民服务，而且必须办让大家能感觉到的具体事。有一次我碰到一个台北市的“议员”，他以前是电视台主持人，形象很清朗，有一定的知名度。我问你怎么从政了？不再做节目了？他说：“我积累了一些经验以后，觉得应该出来为社会服务，我在这个选区有 3 万票左右，已经当选两届“议员”了，我能够拿这些选票，用大陆的话讲是为人民服务得来的。

这时候有电话打进来，他让我等一下。然后他就用闽南语说了一通，我也听不太懂。电话讲完以后，他说今天有 6 票进账，很开心。我问怎么回事，他说他有三个电话，第一个电话是私人的，有时候家人、朋友打，费用也是私人出；第二个电话是办公室、秘书有事情打；第三个电话是公开到社会上的，不认识的人谁都可以打。刚才就是有个社会上不认识的人让他帮忙置放骨灰盒，他把这个事情解决了，又得到些选票。我很好奇，问这事怎么跟选票有关？他说，找他的人就一件事，这几天去灵骨塔拜祭先人，找他帮忙把放在低位区的灵骨暂时挪到高位区显眼的地方，有面子也方便行礼。这是令一家大小全都满意并且会感念一辈子的好事，今后选举时这些票就是稳拿的。这就像每天攒钱一样，他在攒他的票，只要不断为人民服务，他的票就会越来越多，连着十几二十年下来，几万张票就这么来了。

另有一次我到嘉义，看到路边有很多花圈，可又不像送给死人的，因为都是红底黄字，我很不解，朋友告诉我这是红喜事，比如结婚、生孩子、孩子满月等。我问怎么摆这么多？他说这事很重要，特别是你要想拉选票的话。他讲了一个故事，说有个人平时跟大家往来也不多，但他不管谁家有红白喜事，都去送花圈，送去时就在那儿站一会儿。台湾对这种风俗传统非常重视，所以只要你去了，人家就记得你。他坚持了十几年，这个选区里的人都记着他，这样就积累了很多选票，每次选举都能选上。他和选民之间的关系，也都是通过服务和给面子来维系的。

我问某个“议员”：你们和政府怎么互动？政府官员为什么买议员的账？他说我们会在预算的时候跟政府讨价还价。如果政府不把我选区里的事搞好，你的预算我就不给你过；这就变成了一种博弈，通过博弈来帮自己的选区落实点具体有益的事。

选举就是一场热闹有序的运动会

通过不断的选举，还能实现政府的有序更迭，使大家的预期变得比较清楚，这就不会引发混乱。选举很热闹，相当于我们去看一场比赛，表面上纷纷扰扰、乌泱乌泱的，其实里面有一些明确的规则，保障整个赛场和赛程处于稳定状态当中。它通过预期、规则、决策的管理来保持稳定。台湾选举的社会状态很像我们奥运会主体育场鸟巢，同时进去 8 万人，但大家都能够很舒服地看完比赛回来，因为有三样东西我们是清楚的：第一，我们知道运动员不管怎么打都不会打到看台上来，不会发展成打群架，因为有第三方制定的规则，运动场里的对抗是有序的竞争，而不是暴力的群体事件。第二，程序是透明的，大家都将知道比赛后谁赢谁输，这件事大家都在这儿看呢。如果拳击台突然没电了，那可能就有人打黑拳，最后乱打起来；但只要亮着灯，这事就不可能发生，所以公开透明非常重要。第三，选手都是经过训练的。如果拳击选手是没经过训练的，从村里随便拉上一个人来开打，这人又啃又咬又踹的，一打就乱，就没法儿比赛了，所以必须是按规则训练出来的选手才能参赛，这样拳击比赛就有了观赏价值，我们才敢买票进去看。

在一个法制社会中进行充分选举，实际上跟我们在鸟巢里看比赛是一样的，可能会有人起哄，但不会乱。选手是按规则在打，也有被打伤的，但打完了他们俩下来还是朋友。那些政治家、参与选举的候选人也相当于专业选手，普通的选民就是观众，这些观众看这些选手比赛，该起哄起哄，该鼓掌鼓掌，你赞成这一队，他赞成那一队，每个人都是拉拉队员，但彼此都不会结仇。

台湾的“总统”选举、“五都”选举，起哄、造势、晚会闹完了以后，选举结束，选票一公布，大家就立即安静下来，各回各家，各找各妈。比如马英九当选那天晚上，他发表胜选演讲，就相当于打球

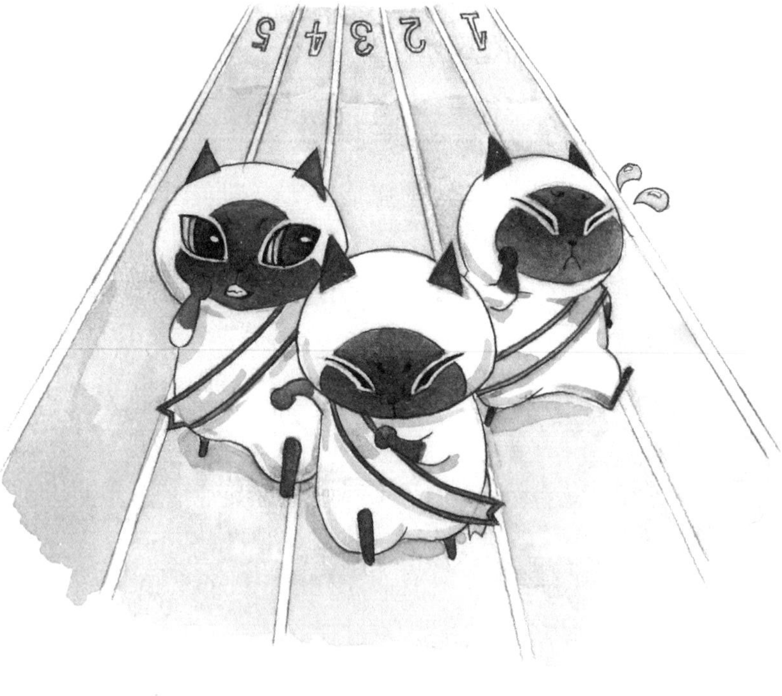

选举就是一场热闹有序的运动会

打赢了，在冠军领奖台上发表获奖感言；那边谢长廷落选了也演讲。然后竞选总部关门，街上都被打扫得干干净净，第二天大家该干啥干啥。所以台湾的选举看上去眼花缭乱，但本质上就是一场球赛。当然这个社会偶尔也会出现足球流氓。比如说在选举时有一个坏人来放一枪，但整个比赛还要照常进行，而且越来越有规则，越来越文明。

所以选举是把关在黑屋子里的乱打，变成运动场上公开的博弈，只不过这个运动会的演员是政治家，而不是拳击运动员，观众变成了选民，而不是拳迷。经常性的良性选举会使社会沉浸在开运动会的这样一个状态里，最后所有参与者的心理也变成了运动员和场内观众的状态。

选举对社会和候选人都有净化作用。人们心目中的选举曾经是又打又闹、街上又脏又乱的状态。有个朋友给我看了张 20 世纪 50 年代台湾选举时的照片，马路上两边人都抡胳膊准备动手，朋友告诉我说当时的选举有时就这样，但现在不可能发生，你看现在的照片，每一个人都彬彬有礼，像球赛一样，你一边我一边，一吹哨子大家开玩。他给我看另外一张现在的照片，选举造势晚会结束以后，地上都是干净的。他说以前刚开始选举时，党派和竞选人造势，吃流水席，吃完了以后地上很脏没人管，地上垃圾越来越多，老百姓很有意见，就很抵制，说如果你们再搞这么脏我们明天就都不投你们的票了，于是这些候选人的支持者造势活动结束后一定先打扫完卫生才散，为的是明天可以多几票。后来选举时，候选人的支持者们各自都准备了专门打扫卫生的队伍，和竞争对手比谁打扫得更干净。

选举也会令原来超级意识形态的对立、情绪化逐步变成理性化。

比如说原来陈水扁用外省人、本省人、“台独”这些话题操纵议题，撕裂族群，造成很大的心理上对抗，就是过分的意识形态化，但经过后来几轮选举，越来越理性化了。

选民变成“80后”以后，他们不关心这些大话题，他们关心小事情。在“五都”选举前几个月，我有一次去西门町的一些潮店，里面有很多年轻的电影制作人、设计师等，他们谈论这些话题的时候说，这件事很简单，我们也不看蓝绿，就看你这个团队有没有好的执行力，够不够专业，候选人能不能把你讲的事情落实，这相当于我们选一个经理，他得真能干活儿。这些年轻人可能都有不同的背景，但他们都趋于理性化、中性化。现在民进党蔡英文讲到对大陆政策是“和而不同”，也就表现出往中间靠的态度。

此外，选举还跟生活越来越亲近。有一个广告公司给我一份选举策划文案，第一部分都是讲这个人的故事的。每一个选举人都要讲一个故事，就跟我们造一个明星一样，他得有标志性口号，他的服装得能感动人，他要用很亲切的办法跟人们打交道。这就相当于我们做企业的要琢磨怎样赢得客户。

同时，选举还跟金钱有关。很多人好奇：选举是因为你的观点、政策赢了，还是你的钱赢了？人们在批评某个选举结果时，总是说钱赢了。选举应该是民心、政策、意志在起作用才对。的确，选举的时候是需要钱的，有企业给，也有个人给。现在的趋势是给钱的在减少，在台湾越往北，给钱的概率就越小，因为人们受的教育更好，所以更理性。

台湾在政党轮替的第一轮之前给钱的比较多，政党轮替了两次以后，现在给钱的比较少，因为政党跟资产、企业都脱钩了。对候选人的金钱支持叫政治献金，现在台湾用法律把它管起来了，这是一个进步。日本、美国早就设立了关于献金方面的法律。台湾也有法律来管这些政治献金。跟选举有关的钱有三种钱，第一种钱叫硬钱，我直接给你，你拿我的钱去竞选。第二种是软钱，我不给你，但我拿钱做广告，骂你的竞争对手，这样你当选的概率大。第三种是自己的钱，就是候选人自己家拿钱。现在全世界选举制度完善的国家或地区，对这三种钱的管法是这样的：第一种钱都有严格的上限限制，比如在台湾，对于硬钱，一般企业限 50 万新台币的（相当于 10 万人民币），个人限 20 万新台币（约相当于 4 万人民币），这些献金捐献了以后是要登记披露的。至于第二种软钱，各国不一样，有管有不管的。美国有一段时间管，有一段时间又管得不是特别严，因为这关系到言论自由，现在更是不太好界定，因为在要求绝对言论自由的国家，这类事有时候是没法儿管。第三种钱是全世界都不管的。我自己家拿钱，你怎么管呢？比如说美国纽约市长布隆伯格，选了三任市长，花了自己家 3 亿多美元。

台湾早期选举时，给小额的钱方法很简单，助选者会把要推选的人的名字写在外衣里衬上，看见选民时左手扯开外衣让对方看见竞选人的名字，右手就把选民的钱接过去。有个台湾的党务工作人员告诉我，曾经有一次选举，到了危险的时候，党内最高领导人就告诉他，拿献金把选举结果买回来，但他没有去执行，因为他觉得会有危险。

后来开始抓贿选。之前我提到，我曾经去参观台北焚烧垃圾的环保烟囱，有一个旋转餐厅就在它顶部，以表明它的空气质量有多么好。就在这烟囱底下我看见一幅抓贿选的公益广告，上面说抓一个给 500 万新台币奖金。如果你拿 20 万去贿选，选举时我把你举报了我可以得 500 万，除非你给我 500 万以上，否则我揭发你还挣钱，没哪个人会替你遮掩。由于奖金非常高，这就使每个人拿钱去贿赂选举人这件事变得不合算。

为什么要给钱？我问过一个行业协会的领导人，他说："我每次选举也会拿钱，但我是自己家拿钱。因为我要当这个行业的头，我得替大家办事，得有人在政府或一些公职岗位上帮我，所以他们选举的时候我要拿些钱帮助他们选举，这样我在行业里可以保持我的地位，比如说我去竞标土地会有利些，这也算是潜在的长期利益。"

在讨论金钱和选举的关系时，我们经常会听到一个概念叫"绑桩脚"。"绑桩脚"是绑自己人，并不是说拿钱去搞定对方的人。但近年来的发展趋势是大家对此没有积极性了。因为选举一开始时，偶尔去"绑桩脚"还能绑得住，后来即使你给他钱也无法了解他最后到底投了谁的票，因为他可能两边的钱都会拿，所以作用不大。候选人也亏不起，于是对"绑桩脚"的积极性就减退了，金钱在选举当中的作用也逐步减弱，而民意、民心、政见、领导人的特质，这些东西则越来越重要。

这些在美国更明显，因为有了互联网，美国现在都是小额捐款。一个政党拥有越多的小额捐款，表明你越有民意基础。美国更多的是限制大额捐款，比如说捐 5 000、10 000，这些数字就很大。这样使竞选的过程更公平。总之，完善献金方面的法律，鼓励小额捐款，捐款使用透明化，只要做到了这三条，金钱对选举的腐蚀作用就能够大大降低，也使选举能够真正体现民意。

选举在实际过程中的变化是更加市场化、专业化、娱乐化、产业化。每年的大型选举，实际上是一个政策促销过程，也是政治领导人明星化的推广过程。比如陈水扁选举时要把自己装扮得非常年轻，每一个领导人的特质都非常清楚，就像企业说的差异化营销。相反，如果大家都一样，那公众怎么来认识并记住你呢？

陈水扁那年的选举有一个特别软的广告，很打动人，是他儿子替他设计的。广告画面是深夜时分的一个男人的背影，他正抱着一个妇女，帮助她去洗手间。画面配上了这样的广告词："有一个男人这样地爱着他的太太，20 多年来，每天都这样。"因为陈水扁的太太在车祸中受伤，一直是瘫痪状态，这个画面可能是他们家经常发生的事情，我相信有点生活基础。这个片子播放以后，打动了很多女性选民，她们认为这样的男人值得托付，也就是说把权力托付给他也是可以放心的。有一次"五都"选举，苏贞昌用了他女婿——一个纪录片导演的团队，他们把他塑造成了一个邻家大叔的形象，很能干很热情，亲切而乡土。

选举的过程会逐步让每一个政治人物的个性特征、理念、气质、形象都非常清晰。这样就出现了与之相关的产业。比如说有一家公司专门做选举广告，有路牌广告、平面广告、互联网广告，做CI[①]、VI[②]这些东西，包括你的旗帜、颜色、办公场地、广播车、义工形象等，

---

① Corporate Identity 的简称，即企业形象识别。

② Visual Identity 的简称，即企业 VI 视觉设计。

都需要规划。政治领导人的形象需要政治化妆师来打造，比如以前许信良是光头，眉毛比较淡，每一次要出镜时化妆师都要给他画一画眉毛，这样拍出来的效果更有力量，因为眉毛太淡通常会让人感觉不靠谱，浓眉大眼会增加可信度。

选举需要募款，造势。募了款怎么管理和使用？这就需要财务。比如说请客吃饭，请几十次饭，上百桌菜，每桌多少标准，诸如此类，都需要有专人打理。于是，选举财经就慢慢开始发展起来，他们帮助计算造势晚会、平面广告、吃饭费用等，并且需要披露结果。

举办造势晚会等大型活动的管理也是专业化的。现场不能太扰民，不能发生冲突，还要气氛好。一般组织方会邀请很多明星，完全像嘉年华大派对一样，这样开出来的晚会效果就会很好。

整个选举过程的专业化分工已经细分到每个方面，然后按市场营销的方式去做。所以这几年，台湾发展出来很多专业人物，比如说倒扁时红衫军总策划就是一个广告界高人，在选举期间经常会有人请他来做策划、包装。

总之，不管是什么样的背景，现代社会都离不开选举这件事情，它实际上就是一种政治意见的良性竞争。如何把这种竞争纳入法制、透明和公开的轨道上，使意见市场能够正常地发育、使政治人物的参与和能力有规则地进行公开比拼？这就相当于有一个运动场，比赛规则已经制定好，只要你按照规则来报名，都可以来参加百米赛跑，最后的冠军奖只发一个。这样就可以诞生出一代又一代有竞争力的运动员，而且会跑得越来越快，因为训练的技术在改变，观众的素质在提高，市场也在逐渐变得成熟。

我曾经碰到一个在新竹县参加当地县议会选举的年轻人，他在大陆的学校读的博士，同时也在台湾受过教育，他们家上一代有人就通过选举成为地方上的县长。后来他爸爸不参选了，让他出来参选。他坚定地要清廉政治，要用新的方法来参与选举。他坚持与大家沟通，他说他要让这个选举变得更加干净，这就是他的理想。

在运动会中，乱打拿不到冠军，你拿到冠军别人也不认账，最后大家都认识到按规则比赛才能够打出成绩，才能够让你这个奖杯变得有价值。这就是选举本身的自我净化和内在约束机制。

14

台湾（下）：海纳百川，有容乃大

匹夫兴亡，天下有责。

——冯仑

两岸抗日电影的“大不同”

我曾经有段时间集中看了台湾的所有抗日电影。抗日这件事情对两岸来说都是共同的，都主张中华民族要积极地抵御、反抗外来的侵略，但在表达上两者又不一样。台湾的抗战电影，令我有的时候泣不成声，有的时候荡气回肠，有的时候又生出无限遐想。

大陆早期的抗战电影有点趋同。它首先是穷人的抗战，比如《小兵张嘎》《地雷战》《地道战》《敌后武工队》，很少演绎一个绅士、地主、大户人家去抗战。但台湾电影演绎的全是将军、绅士、老爷或海归、名流去抗战。比如说《梅花》这部电影，它写了一个大户人家的故事。母亲非常端庄、秀丽，受过良好的中国传统文化教育。母亲有两个儿子，一个是海归，想在日本人手下讨口饭吃，家里人非常鄙视他，另一个跪着跟母亲辞行去参加抗日战争。还有一个电影叫《笕桥英雄传》，是讲一个航校里空军的故事，里面有个飞行员的太太，也是一个海归，当丈夫上天和日本空军较量的时候，她在家里贤淑、安静地等待，习画、写字，给他加油。同在中国土地上发生的抗日斗争，但两边选取的角度不一样。台湾描写的是政府或富人的抗战，我们描写的都是穷人的抗战。

另外为什么要抗战，两类电影对这件事情的解释也非常不一样。台湾电影提到抗战的重要原因是保种，保护中华民族生存的基本条件，让文化、种族得以延续，是种族之争、文化之争。刚才讲的电影《梅花》里，老太太实际上是用儒家精神勉励孩子，并说如果不能完成抗战的使命，就不许回家。这和古代“岳母刺字”的故事很类似。

同时，台湾拍的抗战电影表现正面战场厮杀的居多，比如说淞沪抗战、长沙保卫战、台儿庄大战，包括滇缅抗战那条路线上的空军，整体上都是大规模、正规军作战。我看过一个纪录片叫《一寸河山一寸血》，非常长，都是讲的正面战场。而大陆的抗战电影都是敌后的，我们称它是民间抗日，而不是政府抗日。当然，那个时候政府在蒋介石手里。比如说《敌后武工队》《地道战》《地雷战》等大陆拍摄的经典抗战电影，都是敌后的、乡下的、小规模的、个别人的。当然改革开放以后，我们也拍了一些正面战场的，比如说百团大战。

从电影中能看出，台湾方面认为，抗战这件事，国民党和国民政府是主体，中华民族的儒家精神是支持，抗战是有担当的富人组织的抗战。

匹夫兴亡，天下有责

以前，我和多数人一样有一个固定的思维，就是“天下兴亡，匹夫有责”。作为一个年轻人，如果路遇不平，你应该挺身而出、拔剑而起，然后投身伟大的事业，用一己之力去改造天下，成就人们的幸福，这是我 15 岁时接受的教育，也是我今天一直折腾的一个动力。

匹夫兴亡，天下有责

但是在看蒋介石的纪念堂时，我的想法就改变了。蒋介石死了以后，修的纪念堂的格局有正面像，有礼仪兵，上面写了伟大的好词，都是要忠勇、奋斗、爱国、献身。可是，每个人对这些词的理解是不一样的，都以为天下是己任，但各自的“己”是不一样的，“任”也不一样，都以为只有按我的“己任”，中国才会有前途。那就少不了会有动乱和争斗。我们儒家精神讲的“天下兴亡、匹夫有责”，实际上就是一个造反有理的根据，认为我看不顺眼了我就“有责”改变，“有责”很多时候其实就是“造反”的意思。可如果有 20 个人，而每一个人心里都有一个对未来世界的不同看法，那就会有 20 个“己任”、20 个“责”，各自都不一样，那就会彼此掐起来。还有一句话叫“王侯将相，宁有种乎”，就是你可以当我也可以当，凭什么就是你？这更是对所有的秩序提出了挑战。所以，我觉得应该做一个理性的检讨，应该倒过来，把这句话改为“匹夫兴亡，天下有责”。就是说我过得好不好，由管天下的那个人负责，比如报纸上说，一定要解决教育的投入问题，我的孩子上不起学，我没责，因为如果我有责我就有理由造反了，但这件事政府有责，我们大家就要让政府把这事给我们办好。

我们把我们的权力给了管天下的人，管天下的人就要管我们吃喝、管孩子上学，确保交通不拥堵、空气不污染，做到地震发生的时候救我们，战争爆发的时候保护我们。

对此，我坚定了自己要做一个良民的决心，从此以后要更加好好地做生意，绝不以天下为己任，谁管天下我就跟谁提建议、主张权利、争取利益，但自己偏不揽责，死不让天降大任，绝不揭竿而起。

是非去了，留下的是人性

大陆这边有革命烈士陵园，台湾有忠烈祠。从名字来看，一个很革命，一个则很中国。在革命烈士陵园的名单中，只有少数是家世背景不错的人，多数是苦难深重的老百姓，他们起来反抗，最后光荣牺牲了。所以从小在我们印象中，就只有刘胡兰、董存瑞，他们都有深仇大恨，只有共产党和他领导下的八路军、解放军、革命烈士壮烈无比，革命烈士的鲜血染红了红领巾、革命红旗，所有地主都是大坏蛋，对待他们就是要“牵他的牛，砍他的头”。而在忠烈祠里，几乎80%的抗日英雄都是来自家境良好的大户人家，其战场上英勇壮烈的程度令我不可思议。比如说讲到共产党打山西的时候，有一个具有高中文化、大户人家出身的女孩，一直抵抗共产党的进攻，抵抗到最后，眼看城破，最后宁死不屈，喝了毒药，扑在了自己点燃的柴堆上。在一个历史关头，在两党、两种命运、两种己任的较量当中都会有各自的追随者，而为了各自的所谓正确的东西，出现了惨烈的牺牲者，出现了各自的英雄形象。

我在台湾桃园附近看到一座塑像，纪念的是一位军人，曾有一个小学生落水，这位军人奋不顾身地去救这个孩子，不幸身亡，然后“政治部”给他立了这座塑像。碑上刻的字讲述的是这个人的生平，他是河南人，后来参军，历经抗战、内战，建立了很多功勋。可见，不管你当年在战场上跟谁英勇搏斗拼力厮杀，对立的双方各自都有人性的光辉在闪耀，他们看到小孩掉在水里时都会奋不顾身地去救。因为大家都还是普通人，都会有普通人的关爱、理性、温情。

有次在台湾，我偶尔从报纸上看到一条消息，是表彰一个国民党军老战士的。这个人从大陆败退到台湾之后，一直没再结婚，台湾对于这些老兵都给予了很好的俸禄，这个老人拿到钱以后，大部分都捐给了弱势群体和需要受教育的孩子，几十年如一日，所以报纸上表彰他。这个人在1949年之前跟共产党打仗时，也杀过我们的人，他居然会坚持几十年做这样的好人好事，跟我们的雷锋差不多，雷锋是出力，这个老战士是出钱。放在现在看，他们都是好人，都有善心，都知道能不打仗咱就不打仗，要和平，要过太平日子。所以，领导人的责任非常重要，如果你选定的己任、指引的方向和道路是错的，那么所有跟随者都会陷入历史的荒诞中去，被时间嘲弄。这种差异性的背后，我们需要自己找到一个基点，就是人性、理性和通过法制、协商来最终获得社会的渐进式变化。

大叙事与小话题

从讲话方式上看，台湾人跟大陆人也特别不一样。除了台湾话很软以外，更重要的是两边讲的内容很不同。有一次，阿拉善组织企业家去台湾，见了很多台湾大佬，发现聊的话题很奇怪，大陆人总是在问统一、国家、民族之类的大事。台湾这些陪同的企业家，包括导游，都感到很困惑，他们没法儿回答这些问题，因为他们根本就不考虑这些事。他们说那里人们想的都是具体事，跟过日子相关，比如哪儿打折啦，或最近出了什么好电影啦之类的，最多聊聊选举中自己会投谁的票，但这个话题也就讨论一阵子而已。他们很奇怪：你们怎么老想这么多大事？

我回来以后，看了一篇龙应台写的《你所不知道的台湾》，讲她跟妈妈看戏，听到别人聊天，讲的故事角度很不一样。后来她得出一个结论：民主的社会是小叙事，集权的社会是大叙事，是宏观叙事，都是特伟大的事。就是说民主社会全是鸡零狗碎的小事，不谈大事。按这个尺度一看，至少大陆现在的变化也大了，“40 后”“50 后”一谈大事，“80 后”“90 后”全走了，不爱听。

龙应台讲了几个道理，首先，在集权社会、专制社会，你没自由，啥也不让干，一切都是泛意识形态的，你上个厕所都跟革命有关，你娶妻生子也跟领袖有关，这就是大叙事。另外也没小钱，没钱你怎么自由？街上不许开餐馆，开餐馆叫资本主义，这就是专制、集权社会下的生活方式。如果你碰到闹心的事对社会不满意，还不能说；你谈大事只能吹捧，方向都给你限制了，你一谈政府不认同的观点，轻则遭批判，重则被枪毙。

我们知道张大中创业的资金是来自他母亲平反的补偿金。他母亲叫王佩英，受过很好的教育，1949 年以前曾经是一个地下党，1949 年以后在一个部委里面工作。三年经济灾害以后，她对当时的政策提出了疑问，不停地提，政府就收拾她，把她当精神病关在清河的精神病医院里，张大中连着三年，每个月骑自行车去看他妈。在当时，不遵照领袖的意愿说话的人基本上都是这个下场。后来“文革”发生张大中他妈最终冤死。“文革”以后，大中不断申诉要求平反，平反以后，1 个孩子领到 1 000 元钱，他就拿着这 1 000 元钱创办了大中电器，这就是民营企业的产生方式之一。这真是时代的大悲剧！

在一个民主社会，人家用不着谈大事，爱说啥说啥，言论自由，就像现在的“80 后”“90 后”，他们可以在网上畅所欲言，有不同意见就可以骂政府。另外，在台湾个人的自由空间特别大，比如有人玩香、玩石头，活得很精致。他们可以去玩美食，也可以去做背包客，个人的兴趣可以无限发展，没有人干涉，所以心里曾经憋足的那股劲很容易就泄了。一个拥有自由的人，他的心情和不自由的人肯定是不一样的。

在这样的社会环境下，即使碰上个坏的领导人，民众也犯不着闹革命，因为民主社会有任期制，这个领导人再坏，熬个八年十年，他也就下台了，不可能永远待在那个位置上，大家可以先忍忍，这几年里吃喝玩乐娶媳妇买房该干啥干啥，反正几年以后他就得走人，他的任期没有我生命长，我就把他耗走完事。万一这个领导人为非作歹过头了，还有法律管着他，不管他的官职多大，照样可以被依法收审或判刑。这是一套游戏规则。这套游戏规则，消灭了革命的动机、暴力的冲动、政变的诱因，所以你会发现在西方经典的民主社会，这一两百年里基本上没发生过什么政变。国家大事都不用操心了，所以个人自由可以被无限伸展，小话题、小叙事便成为生活中最主要的语言表达对象。

民主是一个慢撒气的过程

“民主”到底应该是什么，大家回答的方式有很多种。学术界讲民主是一种制度，一种价值观。老百姓讲民主就是选举。有一些人讲民主是一种生活方式，正如《民主的细节》一书中所讲的那样。还有人讲民主就是乱哄哄的，一天到晚吵来吵去。

我认为，民主首先就是权利(如言论自由和选举权)的表达机制，这是学术说法。简单说就是让人说话，说话是我的权利，我爱怎么说就怎么说，只要不违法我就说，违法了你可以起诉我。我发现不管走到全世界哪个国家，说不民主的意思都是不让人说话。但这个社会怎样才能让人说话？这事儿也挺复杂，说少了不民主，说多了太民主，保不准还会引发社会动乱，也闹腾。民主对说话这件事，是卡在说的后果上还是卡在能不能说上？我琢磨后发现，民主的关键是让人说，而人们对于说出来后的结果有时其实并不在乎。

比如台湾，人们天天说，说出来的事没办，或办得不如意，最后有个解释也就这样了，但如果不让说又不让办，你憋久了就会炒了老板(官员或执政党)或开始折腾。陈水扁贪污腐败曝光以后，施明德组织了红衫军100万人上街，让阿扁下台，最后阿扁没下台，他也歇了。我专门找到施明德问了他几个问题。我说我对台湾民主有些事弄不明白，100万人这么大声说，台湾也让你说，为什么最后他没下台你就歇了呢？依着咱的干劲，都说到了这份儿上，冲进去把他赶走不就完了？

施明德跟我解释：宪政的基础是言论自由，是表达，不是一定要这个结果。他们是按法律、在宪政给的框架下去做的。他说当时他们也想过，陈水扁也诱导他们冲进去，如果一冲进去，他自己就变成了独裁者。因为如果陈水扁跑了，他虽是成功者，但社会宪政基础崩溃了，就要重新建立政府和秩序，这个成功者就一定是独裁者，“作为独裁者在历史上的地位就是破坏宪政基础，这事我不能干”。

如果抓住了陈水扁，他又会面临新的问题：杀掉还是特赦？杀掉，台湾将会陷入动乱，甚至内战；放掉、特赦，人家说这么坏的一个人怎么能特赦呢？那就得让他坐牢，终身监禁。“我选择不进去，今天他不是也要坐牢吗？”

另外他觉得他们这么强烈的民众愿望表达以后，下次选举民进党肯定选不上，选不上社会就已经进步了，而且陈水扁到时候也得守规则必须下台；如果他们冲进去了，这事揪扯起来，陈水扁就有借口不下台，最后台湾会陷入长期内乱，台湾的民主将倒退 30 年，甚至 50 年。

我很佩服他的社会责任意识，又接着问他，倒扁的时候，每个人寄 100 元钱给他，事情收场以后为什么没有出现财富丑闻？这太不容易了。他回答说：“我就不碰钱，所有的钱都是最后经过审计的。”

我又问，那么多人，街道怎么没乱没脏或堵塞交通？他回答说，他们每天都有人主动打扫街道，有义工。当你表达言论时，不能侵害公共利益。那些没有参加红衫军的人的利益你一定要照顾到，不能影响他们的正常生活和工作。

民主表达怎么结束？相当于两口子吵架，你已经表达了怨愤，老不结束就相当于闹离婚，结束了这个家庭还可以继续过日子。所以我问施明德，结束这事当时他是怎么想的。施明德说，成功有两种，一种是把别人打倒，还有一种用自囚来证明对方的失败。施明德把自己关在屋里，一直关到陈水扁下台才出来，用自囚的方式证明陈水扁的无耻，于是大家统一时间让红衫军理性收场。

跟他的交流给我了很多启发。第一，要尊重法律和宪政基础，要有规则；第二，表达的成本要透明、理性；第三，表达不能侵害公共利益和影响他人的正常法律权利；最后，表达要有一个截止点，到什么时候停下来这件事很重要。所以，在一个民主制度下，这个表达不会影响到社会的安定，这也是前面讲到台湾是党无宁日、官不聊生但人民幸福的原因之一。

通常，在没有经验时，我们会觉得一表达就乱了。比如泰国，领导人的政治法律意识和参与者的民主素养就不同，不断的街头表达一搞就会影响交通、影响生活，特别恶劣的是把机场占领了，让游客都不能走，这种表达台湾没发生过。如果台湾政治人物没有宪政和法制基础上的共识，台湾的百万人倒扁就有可能变成泰国那样。但由于他们的政治理性和法律意识，台湾这么一个才 2 300 万人口的地方，100 万人上街居然秩序井然，而且不仅对现有宪政体制没有造成伤害，反而形成一个很好的互动，这是东亚民主的奇迹。当然也得感谢陈水扁，因为他也遵守了游戏规则，到点了一分钟不多待就撤，下台以后接受司法审判，他也没有因为可能面对审判就搞政变。

在台湾“立法院”门口，经常有人支个棚就表达意见，不管他有什么问题，都可以坐那儿不停地说。过一段时间再去看，人可能已经离开了。他那个搭棚子的地方都是由政府指定的。台湾允许你在“立法院”“行政院”门口搭棚，但你不能搭到路中间，把所有的交通都堵塞，那样的话就会被起诉扰乱公共秩序，甚至被判坐牢。表达让大家有主人的感觉。如果你去别人家做客，一般不太敢说话，或寄人篱下也不太敢说话；一旦回到自己家，你就是主人，可以很放松，想怎么说都可以。这就是民主的感觉。

民主也是一个慢撒气的过程，好比一辆汽车出事，有两种可能的方式：如果是爆胎，一下车就翻了，可能车毁人亡；如果是车胎慢撒气，你就可以有时间慢慢把车开到一个安全的地方，踏踏实实地来修理。这就是民主的妙处。

大陆企业家刚到台湾时往往会感到不太习惯，觉得媒体怎么老在骂。台湾的官员说，每件事都有人骂，习惯了就好。我现在都习惯了，看到网上总有骂的，照单全收。凤姐在网上（微博）被骂惨了，但她牛，对此不理不睬。凤姐写的那些事都是特别夸张的，但人家有表达的权利，她也不要求什么结果，又不妨碍别人吃喝，所以她遵守了上面四条规则。骂凤姐的有些粗口，基本可以算是人身攻击。但凤姐胜似闲庭信步，一会儿说要跟奥巴马怎么样，一会儿又说要跟另外的谁怎么样，她在尽情享受表达的自由。

民主的表达机制带来的心理效应和我们现在互联网带来的效应是一样的，很多人都可以胡说，但社会怎么样呢？该吃饭就吃饭，该玩就玩，这是一个慢慢适应的过程，最后大家的内心都变得很强大，而且又能借此娱乐。我觉得这都是乱而有序的。

媒体描述中的台湾，和生活当中的台湾是不一样的，互联网的社会和我们真实的社会也是不一样的。比如说互联网的社会挺乱，色情、暴力、骂人天天都有，但我们每天出门遵守秩序该干什么干什么，两件事可以同时存在。

这种表达很重要，可以引起管理者、当政者、执政者的警惕，然后形成一个纠错机制。比如说在公司，如果大家都这么表达，对公司领导来说会形成压力，他会去考虑改进。举个简单例子，我有一次出差时听说有员工买不起房，我很受触动，因为我们自己是做这行的，自己的员工却买不起房，这的确有点问题。回来以后我就跟董事会的人商量，制定一个政策，让每个员工都有一次机会以优惠价格买公司的房，最多优惠可以到 7 折。这个政策现在已经开始实施，员工的买房压力有了很大的缓解。

小到企业，大到社会，实际上对表达权利的尊重意味着管理者有向善和持续纠错的能力；表达、倾听、纠错、再表达、再纠错这样一个过程，造成组织里良性发展、进步，这才是最重要的。

表达还会使我们的领导者、管理者获得一个合法性的民意支持。如果不让我表达，我虽然还在这儿，但心里不服，结果必然就会疏离、隔膜、逃避、反抗，组织就开始崩溃。公司真正的合法性，不应该只是法律意义上的，比如说有股东会、董事会，尽管这是一个必要的和强制性的条件。要把一个组织治理好，更重要的是大家发自内心的拥护、支持，使这个管理团队能够代表公司多数人的智慧、意愿和对发展的期待。这才是合法性的本质。

哪个效率更高

到底集权和民主哪个效率更高？我相信在今天，在中国，很多人会认为集权效率高。但我得出的结论不是这样的。如果从短期看，集权效率确实更高；但从长期来看，民主效率更高。这个时间的节点是50年，50年以内集权效率高，50年以后，这个效率就低了。为什么呢？因为集权的一个前提是要有聪明的伟大人物来领导，而这个领袖一般干50年就到头了，之后社会会陷入新的一波不确定中，又可能把前边创造的东西给毁坏掉。比如中国社会5 000年里有好皇帝的时间是多少？ 10%，即500年。这500年效率是高的，但另外那4 500年效率是低的，这正是我们中国到了清朝仍然还积贫积弱的原因。如果这点不成立，我们就很难理解，我们都已经集权5 000年了，如果一直效率高，早就繁荣富强得不得了了，哪还有美国什么事啊！

之前我们说过，伟大皇帝的出现有两种途径，但都服从竞争规律，第一就是开国者（太祖），都是很厉害的；第二是中兴时期，皇朝经过内乱出现一个新皇帝，挽狂澜于既倒。这两种皇帝都是通过杀人竞争出来的。剩下的皇帝，如汉献帝、汉灵帝，都治国无方，最后引发社会矛盾，土地兼并、豪强掠夺，以致于农民起义不断，最终进入下一个王朝。所以从长期来看，我们中国历史的经验和全世界历史的经验都证明，集权的效率是低的，它毁坏财富的能力超强。

有一次，一个有名的理财师给我们开会，他一上来就说："你们是财富创造者不假，但你们也是财富的毁坏者，因为你们所有的伟大想法、所有的事情都不按规则办，都夸大自己的能力。”的确，我们在财富和社会管理方面都存在这个问题。

比如一个公司的创办人，他在管理公司的初期和晚期往往都会被神化，权力过分集中；随着跟大家年龄差距越来越大，人们听到的都是传说故事，这些故事再经过各部门往下传导，结果可能就被神化了，这位创业者便会志得意满，夸大自己的能力，甚至滥用自己的权力，实际上就开始破坏财富。所以早期创造财富的神话必定会膨胀这些领导者的权力，使组织没办法约束这个权力，最终导致破坏财富，这就是很多创业者的悲剧故事。如果有一个持续有效的民主体制，那就会开启一个连续、正向的积累过程，就像美国那样，这200年来，民众情绪也是一个慢撒气的过程，人们该骂的都骂了，但没发生过政变，财富和社会整体文明每年都在积累。

我们就某一件事来看，集权有效率，但就系统来看，集权没效率，民主有效率。比如说我们开奥运会，要把那么复杂壮观的一个鸟巢建起来，还要调动那么多人为开幕式排练，肯定是集权有效率。朝鲜的《阿里郎》巨型演出比我们还有效率。但外地人来北京的权利，北京人开车出行的权利全都被妨碍了。所以集权在某一点上的有效率是以牺牲其他人的权利和系统的效率为前提的，你看不见的这些沉没成本是巨大的。为了成就某一件事情就可以破坏一切规则，造成了领导制度中不依法办事、不照章办事、不按程序办事的基因恶性膨胀，最后导致其他方面的制度缺失会更多。

民主体制是什么呢？它在这一点上的效率似乎是低了，但它平衡了所有人的权利和公共的利益，它的整体和系统是有效率的。也就是说，系统的效率就是在尊重每一个人的公共权利和个人权利的基础上来追求整体的优化。

从公司角度来说，如果我不顾一切干某件事，非要把这件事干成的话，那么在这件事干成的同时，我可能就会损失系统的效率，最终公司乱了，团队散了，系统紊乱甚至崩溃了，之后再赚钱就很难了。所以在一个企业里，同样存在这样的问题，领导人一定要追求系统效率，而不是追求单点效率。我老讲万科是均好，均好就是系统效率高。而我们很多个体老板，个人的集权、单点效率高，系统却没效率。

曾有一个公司的老板跟万通、万科都很熟，我们当时要做品牌、做 CI、VI，要花几百万元，万通、万科都投钱了，当时开论证会时，这个人也在。他说这是瞎扯，耽误工夫，你们就养了一帮读书人，给自己脸上贴金，谁不会？有这工夫我房子都卖出去了。10 多年下来，现在反过来了，这个公司现在一次只能做一个项目，而且他要来跟我们借品牌，他愿意花钱用我们的牌子，我们这些年系统能力在提高，抗风险能力在增强。我记得 8 年前，有一个业主说要投诉万通，当时我们很紧张，但今天我们经过整体系统的建设后就不怕了，如果他的投诉是合法的，我们可以依法积极处理，如果是不合法的，甚至是恶意的，我们也会依法起诉他，我们的抵抗力强了很多。

万科有一个金色家园，墙上有一个维权标语挂了一年多，我问王石怎么不摘掉，太难看了，他说那对万科没影响，因为万科品牌足够强大，而且他们还要起诉这些人。这是一种状态。如果你是高度集权的，你单点的有效率可能会失去系统的有效性，而当系统失灵以后，单点是很脆弱的。我们做企业是追求系统的有效性，通过系统的改善和优化最终争取在每个点上都有改善，而这个改善能够累积起来。

在集权体制下的公司会出现伟大人物，如果按 100 分为满分打分的话，这个伟大人物有可能做 95 分的决策，非常了不起。但接下来，如果你是公司创办者，犯起错误来就没底线，就可能做出 30 分的决策。这些决策水平的分布是跳动的、不确定的，但总体趋势很可能是往下走的。而民主体制下领导决策正确的概率几乎都是 60~80 分，因为他们有底线，绝不会做出不及格的决策。

王石曾在美国有一个发言，别人问到他选接班人的问题时，他的回答是不选一个接班人，而是选择一个团队、一个体系、一个制度。这样的事历史上谁做过呢？华盛顿做过，而且很成功。华盛顿在独立战争胜利后，做了 10 年总统，但他更牛的是制定了一部 200 年几乎没变的宪法。美国在华盛顿之后经历了 40 多任总统，其中发生过拉链门、窃听门、水门等各种事件，但这个国家还是一个强大的国家，系统整体有效。

我想起克林顿当总统期间，有一次国会没批政府的预算，克林顿的政府就不上班了，大家都散步玩去了，却没一个人敢进攻这个国家。这个国家依然很强大，因为它系统还在运作，谁敢惹？

领导人选择确保累积式（渐进式）的进步还是跳跃式的传奇，这是个大问题，有时候也会令我很困惑。我现在看上去平和得像大学老师，但 20 多年前开始折腾时，我内心最享受的实际上是江湖式生活，就像台湾、香港那些江湖片、战争片，包括像《教父》里的故事。长期在不规则的地方折腾，我们浑身的能力都是对付这些烂事的，可如今，在公司越来越法制化、越来越现代化、管理越来越细之后，我那些所谓伟大的想法基本上就没法落实了，比如说建立体城市。因为公司这个体系是整体有效的，所以就没法做特别邪乎的事，我不得不选择：如果强加给这个组织，按我一个人的想法做，可能在我活着的时候，在大家帮助下，我们做成了一个传奇，但对这个体系造成了伤害。我后来决定折中，把这些邪乎的事择出来，自己花钱组织人折腾，等折腾到大家觉得可以接受了，就再装回来，如果损失了就当是我自己玩了一把。我就想玩一个尽兴，但又不想伤害到组织和体系。

万科也一样，对万科来说最重要的是王石创建的这个体系和团队，虽然这个团队做的都是60~80分的决策，但它厉害而持久。连续的正向积累和伟大领袖跳跃式的折腾，前者平淡、平庸、无趣、持久，却价值日增，后者精彩、传奇、动人、令人眼花缭乱，却往往毁坏价值。

如果回溯到200年前，中国历史上出现过的伟大领袖比美国多，但因为折腾得多，财富积累很少。美国的200年里，每个总统都被骂过，都出过点儿事，除了华盛顿、林肯，你能说出名字的总统没几个，黑人能当，白人能当，谁都可以当。它这个体系保证了每个总统做的决策大概都会在60~80分，因为制度（体系）有效，决策水平差不到哪儿去。所以，200年前美国是需要被扶贫的，但现在人家是世界第一大经济强国。

我们改革开放这30多年，差不多都是60~80分的决策，所以有时候我也对一些经济学家说，你们批评政府是你们的权利，因为民主允许表达，但从讨论的角度来说，实际上只要我们的政府做60~80分的决策，不要改变方向，坚持下去，未来中国就会非常强大。如果你总要求我们的领导人像毛泽东当年那样做一些传奇式的决策，那万一我们有一些决策成功，剩下的全是失败，不就又倒退回过去了吗？

集权和民主的体制差别在于，集权是创造和毁灭同时发生的，但很精彩、够吸引人、够传奇；民主是寓惊奇于平淡之中，是在缓慢的过程中正向积累它的优势，一旦过了某个临界点，这个优势才能被大家看到，平时都是看不到这个优势的。比如前一段时间说我们的经济总量已经超过了日本，可以不把日本人放在眼里了，但日本地震发生后大家突然发现，小日本竟然已经有了几十个核电站，而我们这么大国家才 12 个，这个动力差距太大了！我看到微博上很多人说为此感到震惊。

另外日本遇到 9 级地震这么大的灾难，房子没有砸死一个人。我在汶川地震之后，曾到日本阪神地区专门考察过日本的防震体系和制度，不禁肃然起敬。我们后来引进了日本救灾手册，由万通公益基金捐给政府机关单位，希望会有些帮助。日本的房子在灾后前三天不会砸死人，平时房子里都备有救急物品和食物。它的建筑结构让它不会塌，整体性能好，在楼上还有一个逃生系统，有一个滑轮可以让人下来。所以，日本地震后的第一天到第三天，政府是不管救人的，政府救煤气管道、救机场、救高速公路，因为日本是城市化国家，煤气管道如果爆裂，一旦着火很多人就会被烧死。所以阪神地震中被烧死的人最多，2011 年日本地震也是，主要还是火灾。总之，日本社会的体系非常有效。

我曾看到过一张日本的照片，照片里一个年轻的妈妈把一个孩子抱在怀里，非常安静地和孩子在那儿等待救援，没有任何悲怆和惊慌，也没有任何绝望，非常安静。这张照片和我看到的汶川地震的照片是不一样的。还有一张照片，楼梯上两边坐着人，非常冷静，中间留出来过道让其他人走，这就叫系统有效。这是民主积累的系统有效，不到危急的时候你看不出来。

从公司角度来说，如果大家选择的结果倾向于我说的后一种，我们就应该在公司里更好地建立体系、制度、系统，靠大家的专业精神把公司系统建立得更好，逐渐把领导人个人的影响力弱化，有序代际更替。有没有创业领袖都不要紧，不管谁干，公司都会是好公司，这才叫成功。也就是说，我们今天要在公司做一件华盛顿制度传承那样的事情，即完成价值体系的传播和基因植入，使企业组织能够永远良性地运转下去，让公司基业长青。

15

传承：终结历史，开启未来

别幻想复制自己。

——冯仑

中国民营企业发展到今天，存活下来的好公司长的有三十几年，短的有十几年，万通也已有 20 多年。现在大家越来越多地关注富二代的话题，比如汪小菲娶媳妇、富二代开车撞人等。我在上海还看到有专门做富二代自律培训的名为“接力中国”的组织。

我经常接触到一些富二代，在交流中我看到他们眼里有希望、信心，也有惶惑、踌躇甚至恐惧。几十亿财产和事业突然降临在二十几岁的年轻人身上，会让他们感觉不安。所以我有时会和他们的家长讲，就让他们做点自己想做的事情吧。从各方面看，企业的传承、财富的传承、精神的传承在今天的民营企业里已经变成了第一代创业者不得不面对的问题。

这件事为什么会给大家造成这么多困扰？因为它十之八九都做不好，但还得做，就像人们追求爱情，十之八九都不顺利，有时只是昙花一现，但最后日子还得过，传承也是这样。创业者设计传承方案的时候像谈恋爱，制订了很多计划，做了很多美梦，结果看到的却是继承者的改弦更张，甚至背叛。

宗教找继承人经常讲徒孙不如徒子，徒子徒孙能超过祖师爷的很少。所以传承这件事的成功概率确实不大，和最初的辉煌相比，继承者总是黯然失色或出乎意料。

中国社会也是这样，几千年来不断在选皇帝，从孩童时代就开始培养他们，最后也还是要面临王朝衰落，再经过动乱、杀伐出新皇帝，这件事情似乎成了一个悖论，但又不能不面对，需要在不可能的环境下尽可能做出好的选择。

富人的财富早晚是大家的，不必仇富

传承包括四个方面：财产的传承、人的传承、体制制度的传承、精神价值观的传承。读书时老师经常讲继承老一辈的传统、理想，脖子上系个红领巾，那都是精神传承，比较抽象，但财产传承则比较具体。

首先看财产的传承。今天在中国要把财产传下去，我个人认为是不太可能的。

第一，从中国的历史看，财富很少有传承成功的。明代是中国资本主义萌芽时期，中国民营企业发展的黄金时期是 1927—1937 年，就是北洋政府倒台、蒋中正北伐后在南京建立国民政府一直到抗战前这段时间，但那代民营企业的财富都没有传承下来，在 1945 年以后战乱中民营企业损失很大，再加上 1956 年进行社会主义改造，民族资本家被迫把财产都裸捐了。

土地也一样，1945 年以前我们把有地的人叫地主，解放战争开始以后实行土改，把地主的土地分给没地的人，所以对于地主来说没有传承。对于拿到土地的人来说也没有传承，1956 年全国发展人民公社，国家又把地拿走了，所以也没传下来，今天仍然是土地国有，农民只是租用，免费在国家的土地上耕种而已。

到了我们这代，经过改革开放，民营企业进入第二个黄金时期。从以往的制度、基因、文化、历史来看，在中国没有传承财产的智慧和制度条件。那么接下来能不能传下去呢？我认为不确定，八成也传不下去，原因有二。

一是税收。假定你有一套房子价值 100 万元，你如果要卖掉，需要交增值税、所得税等，这样一部分所得都交掉了。如果你不卖，传给后人的时候得交遗产税（这个税不远的将来很可能会征收），我个人猜测遗产税至少交 50%，就是价值 100 万的遗产要交 50 万的税。如果遗产是房子，就得先变卖房产换得现金，这一过程完成后，可能只能剩下 70 万到 80 万，再交完遗产税，所剩不过 20 万到 30 万而已。若遗产是现金，也一样要交税，只不过损耗少一点，但也得交一半多。股权或其他财产的转让也要交税。

这样看来，第二代没什么可指望的，所以也不用仇富，政府都替人民安排好了，富人的财产都是大家的，就算你坐拥百亿，除非你有本事不死，你一旦去世，你的钱都是社会的钱，有产者想把钱在中国传下去的梦想显然要大打折扣。对于老百姓来说应该鼓励富人好好赚钱，因为他越富，咱沾光越多。所以，就像富人想把钱都传给第二代一样，仇富本身其实也是不理性的。

在美国等有高额遗产税的国家，财富的纵向传承是很难实现的。中国社会遗产税的法律一旦正式颁布，我相信全国人民都会拍手称快的，但各路首富、二富可能就没精打采不想干活了。所以目前很多中国人把财富转移到低税区的地方，像新加坡等国家以及中国香港和台湾等地区，它们的综合税率大概是 10% 或 11%。但如果你转移的方式方法不对，不仅转不过去，甚至还要坐牢。资产转移到境外，操作不好就违法，中国现在的法律是堵，中间会有风险。另外，比如你把财产转美国去了，美国遗产税是 50%，执法、税务比中国还严，而且它在全球征税，就算以后你在中国卖个油饼，都得在美国交税。新加坡不是全球征税，2011 年新加坡大选，其中辩论得最激烈的话题就是新移民给他们社会带来的挑战。台湾声称全球征税，但因为它是一个地区，并不是一个主权国家，所以实际上没法征收。

除了税收，目前财富继承人也是个很大的问题。现在民营企业家最大的挑战就是老婆有限，孩子更少，如果孩子再没教育好，那传承百分之百有风险。在这种情况下，我觉得使用信托的方法比较好，把财产做个信托，通过专业团队来管理，使子女变成受益人，但不成为经营者。这样就可以把家族财产交给专业人士来管，赚的钱专业人士拿一部分，即所谓的管理费；受益人拿一部分，这样可防止辛苦创下的家业被不争气的孩子糟蹋掉，从而规避风险。通过信托，比如可将受益人分成三份，孩子拿一份，公益基金拿一份，另外一份给家族其他人。这种方式在西方很流行，最后子女饿不死但也富不了，他永远能有一份比工资略多点的收入，但想创富他还得再折腾。

如果都是这种制度，富人挣再多的钱，穷人也无所谓，反正你最后信托给公益基金，你的后代也就拿着比我工资略高一点的收入。这是要靠时间的，给富人点时间，等到临死之前他总得琢磨这事情，他一琢磨，发现可用的就这套制度，也没别的可选。比如巴菲特，我不认为他在道德上会比我们更高尚，如果将财富全留给后代，他要交遗产税，那他所持的股票就要全部卖掉，一卖公司立即不值钱。他只有将财富交给比尔·盖茨，比尔·盖茨是最会挣钱的人，这样他死后第一省了税，第二公司股价不会往下跌，他的财产不会缩水。这是制度安排，不是道德安排，如果是道德情操的话，为什么早几年不想这事，老了快死了才想这事？希望中国未来也这样，把制度设计好，让那些有钱人快死的时候，自然会想到这套制度。

按制度操作之后，有专业团队帮着管理财富，后代不至于饿死就行。这样的话富人的财富等于是社会财富，富人只是辛苦而已，证明了你很能干，满足了虚荣心，但并不证明你的后代能有多少福气。比如说巴菲特，财产如果不捐，股价维持不住，后代能不能交得起遗产税都不知道，所以按美国的制度他不捐不行。我可以举个例子，陈逸飞去世后，他儿子跟后妈打官司，后来在底下怎么调解的？很简单，一打官司，这事在美国吵嚷起来，人们发现这人死了，税务局马上开始收遗产税，在税务局没弄清之前，需要先押一笔钱，打完官司再说。这样里外一算，再加上诉讼费、律师费，没准儿还赔钱。俩人一看不行，不如在中国和解。美国就是这样一种制度。

第二，财产从第一代往第二代传时，在公司治理方面也有很大风险。因为很多民营企业的制度、治理不像上市公司那么先进、透明，多数比较传统。大部分民营企业的决策模型、内部治理结构和决策环境都偏向大比例私人股权、集权或家长制。这对公司财产的安全性不好，它和透明、有制约、相对分权的治理模型在决策上成功的概率是不一样的。假定你的治理结构完全私人化，私人占 50% 以上的股份，就属于集权决策模型，如果正确的决策按 100 分为满分算的话，那你经常会做出从负 90 分到正 90 分的决策，很不稳定。比如真功夫集团创始人因为夫妻吵架上法庭影响到公司决策，还有些大老板拿公司资金去行贿被抓等。这就是因为公司是你的，你怎么做决定都没人能拦你。

万通是上市公司，基本不会出现这种情况。

首先，我没有动力，因为我在公司里的股份不足以让我冒这个险，我仅占 30% 以下的股份，我冒险企业赚了钱，大家分 70%，我就分 30%，而一旦出事，坐牢的百分之百会是我，我不会那么傻。

其次，由于治理结构规范，我们有董事会、监事会、职业经理人，机构是完全透明的，按公司设计的流程我轻易拿不到钱。私人公司的老板可以拿十万、上百万现金去搞定人，但我不行。所以股权相对分散、透明的董事会加上合理治理、外部监督，这样的公司财富往下传承成功的可能性大一些，但大部分民营企业不是这种情况。

公司在良好的治理结构下，决策模型带来正确决策的概率相对会高一些，多数情况下，不会出现大起大落的传奇，有利于连续的正向积累。万通自身的发展就经历了两个阶段，从创业到盲目扩张时期犯了很多错误，我们把它纠正过来收拾干净，大概是十几年前，然后才进入到现在的治理环境：每天都有进步，没什么特别伟大的事，三五年有点大变化，比如上市、投资者进来，一直是连续的正向积累，做不出毁灭性或自杀式的决策。这种模型让财富传承成功的概率相对大一点。

企业治理有机毁人亡和人机分离两种模式，第一种结果通常是因为治理方法上出了一点事，公司就没了，比如牟其中的南德集团、胡志标的爱多集团。好的治理结构是人机分离模式，领导人出事坐牢了，公司还在，甚至可能发展得更好。比如物美，它的创办人出事了，但这家公司一直存在，市值还涨了，柳传志还对它增加了投资。

再比如国美，黄光裕出状况了，公司由别人打理，还在继续发展。这些都是上市公司，老板的股权是受约束、透明的，这对财产的传承起决定性作用。

再次，婚姻中的女人对财产的传递也是重要的制约因素。何鸿燊的故事曾引起了很大反响，他有 4 个太太，最宠爱的是四姨太，大太太在财产问题上已经退出了，不争了。二太太跟三太太联手对付四太太，所有豪门恩怨的故事其实都是相似的。如果老爷子一蹬腿，财产就分成 4 份了，下边还有二十几个小孩，再往下分，就分没了。所以财产的传承跟婚姻有很大关系。

这种婚姻结在中国老式家庭中很普遍，比如台湾的王永庆有 3 个太太，现在王永庆家族的财产以三娘系为主，其他两个也都分一点，财产就分散了。还有香港的“小甜甜”龚如心，她老公被绑架后失踪了，她经常和一个叫陈振聪的风水先生在一起，她死之后这个风水先生拿着“遗嘱”来索要财产，结果打官司没成功，大姐的脸面却都掉地上了，后来家里其他人把财产捐给慈善机构了。

中国 A 股最大的股权过户是因为离婚，当事人是孙陶然，他是蓝色光标公司 5 个发起人之一，公司上市了，他拥有的股权市值大概两三亿，因为离婚，他把价值一亿多股权将近 50% 的份额转到前妻名下。全世界这种故事非常多，每离一次婚就分一半，离几次婚基本就没财产可传了。万通以前有一个美国员工叫米尔斯，越战时他在老挝打过仗，战争结束以后回去赚了钱，接着离了三次婚，又成了穷光蛋，只好又来亚洲赚钱，希望万通给他机会。

我在美国经常碰到这种人。有个美国人原来在纽约做大律师，工作非常好，突然有一天告诉我他要到达拉斯去了，因为离婚被分走一半财产后没钱了，只能找一个小地方当律师，消费低一点。中国婚姻财产的离婚分配相对还算温柔，只分婚后共同财产，美国连未来挣的钱都要给老婆分，甚至老婆现在用什么香水，未来还得用什么香水，非常具体。比如杰克·韦尔奇离婚签的协议就极其具体。在美国做名人的离婚律师，跟做大公司生意一样，标的很高，很赚钱。

对于妻子，财产是按照法律来分，婚外女人分不到太多，因为你没有婚姻关系，但非婚生子女和婚生子女有同样的继承权利。最典型的就是香港的“二李”，梁洛施为李泽楷生了 3 个孩子，他们都是有继承财产的平等权利的，但他们的妈妈（梁洛施）分不走一文。另一个大佬家也是，第二代直接人工受孕，一下生 3 个孩子，孩子们连妈是谁都不知道。如果香港的做法传到内地，那么跟有钱人生孩子的会越来越多，跟有钱人结婚的可能性则越来越小。

以上讲的便是财产传承中要面临的三个巨大挑战：税务问题、公司治理结构问题、婚姻家庭问题。成功解决这些问题的概率非常小，有些人费尽心机用二三十年来解决，做得还行，但非常累。比如曾经是台湾首富的一位大佬花了 20 年时间，在活着时就把股权传给子女，这样不管离婚还是遗产税都躲了过去，但媒体都在批评他。这个家族到第三代不可能再如此玩一遍，毕竟程序太复杂、子女太分散，而且第二代有兄弟四五个，越往下传承越困难。

中国大陆目前也出现了这种情况，一些上市公司很有钱的股东，在活着时就把股份都转给子女。因为小孩还小不懂事，就由他儿子的监护人再做一个信托，18 岁以前还是由家长来管理，但儿子是受益人，赚的每一分钱将来都是他的。这样就将控制权、收益权和未来的财产所有权阶段性地做了划分。现在香港有很多富豪在设计这样一种制度，但生前处理资产的转移问题，在大陆还不是很普遍。一个社会要想让多数富人不去做这种投机取巧的事情，活着时好好赚钱、死了以后捐给众人，那就必须给财富创造者以安全感、荣誉感，在他赚钱的过程中要尊重他、鼓励他，这才可能让他感恩，做更多善事，不躲避遗产税。

西方有遗产税，所以富人生前捐款越来越多，因此中国应该鼓励私人的公益（慈善）基金会成立，因为人们觉得捐给基金会至少不会被不适当的人乱搞，比如一些公职人员拿这些钱去大吃大喝、办国有企业等。

这样的事在历史上曾发生过，1956 年民营企业裸捐以后，政府拿这个钱办了国有企业，使其变成了国有资产，经济差点崩溃。因为大家不相信政府会管得比自己好，所以还不如鼓励他们成立基金会，由基金会找专业人才进行有效管理，这样财富的所有者跟社会之间的矛盾就会减少，形成普通民众跟财富创造者之间的良性互动，最终达成财富所有者、企业家与社会的和解。

只要给时间，让所有人看到财富创造者的财富最终会流向社会、惠及民众，这样真正的和谐社会就有可能建立。如果社会试图用革命的方法剥夺富人财产，那就会乱套，会让社会进入一个恶性循环，最后谁也不愿意去赚钱，从而导致社会动乱和倒退。这样的事“文革”做过，朝鲜做过，柬埔寨做过，越南也做过，都曾引发过经济崩溃，于是后来又都不得不改革，开放私人经济，鼓励致富。总之，用法律和制度确保大家安心创造财富、行善，这才是财富传承方面积极和正面的信号。

时代环境变化导致永远不可能复制自己

关于传人的问题，人总想复制跟自己一样的人，儿子最好模样跟自己差不多，精神、理想、能力也都跟自己一样，然后就能把自己的事业一代代传承并发扬下去。但我们看到的永远是遗憾和不满意，因为每个人的成长环境不一样，不可能拷贝出同样的人。

我和我一个同学的孩子聊天得知，他父母觉得这孩子特不像他们，父母最爱说他们当年如何有理想、上学怎么艰难，他却不想听。电视剧《雪花那个飘》《北风那个吹》里讲的就是老一辈的成长环境，在那样的环境里容易产生英雄主义情结。中国历史上有很多伟大人物和角色榜样，比如成吉思汗、关羽、岳飞、项羽，随时都会激发出年轻人的英雄情怀。另外，中国历史苦难深重，也会激发男人匡扶正义、以天下为己任的愿望和理想。

然而现在，人一安乐就不想干大事了。有个年轻人已经27岁，对于养家、娶媳妇、生孩子、买车、买房等很多人生庸俗的事，他一点儿也不急，说反正我们家就我一个，有父母管。如果从小把他踢到蚁族的圈子里，那他每天就得奋斗。所以苦难会带来责任感，悲情会催发豪情。

今天这一代成长的环境变了，历史故事仍然有人在讲，但都改成戏说了，台词都是今天的，讲的也是今天的故事，但已经无法让人产生庄严、神圣和崇高感了。比如貂蝉在历史上是办大事的，在电视剧里却被整成一坐台小姐。网游里所有历史上崇高的东西都被碎片化。现在大家挣点钱、喝杯咖啡、唱支歌、看个电影，没有战乱、灾难，家长希望孩子有英雄主义情结，这件事基本不可能。

我有个在新加坡的朋友，老爱对儿子说：当年我考大学，多困难我都考上了，但现在条件这么好，你怎么就是不好好读书，天天玩游戏呢？结果，没想到这孩子竟然在国际上得了游戏大奖，运动、跑步、皮划艇样样都玩，后来进了特种部队，成为像“海豹突击队员”那样的角色，也被最好的大学直接录取，这让朋友很吃惊。我说现在孩子用功的方法变了，今天的学校就是喜欢这样的学生。我们那个时代已经完全不能复制了，头悬梁、锥刺股，拿个瓶子装些萤火虫照着读书，还有凿壁偷光什么的，是那时的环境，今天在网络上泡着的就是读书人。

时代环境变化导致你永远不可能复制一个自己，所以人和人的传承是没有办法做到完全满意的。唯一能做到的就是你选的人可以应对未来的挑战，而不是应对你曾经面临过的挑战。

在人的传承上，光靠人选人成功率非常低。说到这里，我想起了新希望集团刘永好的闺女刘畅。有次在成都我跟刘永好一起开会，晚上吃饭时他的女儿刘畅很高兴，说要请大家看电影《建党伟业》。我说你怎么对这部电影这么大兴趣？她说我是团委书记。后来有次在他们家吃饭，我很好奇，又跟她聊起团委书记的事情，我说你怎么想起来去做团委书记？所有人都知道新希望集团是特大的民营企业，有好几万员工呢！她说团委书记非常有意思，开始她并不是很想做，后来团市委来动员她，这样的话她就做了，做了以后才觉得压力挺大，因为员工这么多，要做好这个团委书记将会面临诸多挑战。

她在国外读书生活过很久，回来以后我们有时会在一些活动上碰到。又一次在金鼎组织的活动中跟她聊天，她说有段时间也比较苦闷，从国外回来后找不到感觉。我说最近这段时间你好像找到了感觉。她说觉得自己想明白了，然后就去做了团委书记，因为觉得只有跟新希望集团下面的年轻人建立起更好的沟通渠道，将来才能更好地参与企业的管理。

后来因为立体城市的事，我跟他父亲经常开会，有时候她会在跟前，慢慢地开始跟我们一起讨论问题。她经常会有一些很有意思的想法，吸收新东西比较快，跟年轻人打交道也比较顺，在这个阶段帮她父亲做了很好的衔接。另一方面刘永好也很注意给她一些机会，他经常对我们这些朋友说，如果去成都，有机会要到家里吃个饭聊聊天。几年下来，我发现刘畅跟上一代的企业家多数都已很熟悉，同时也变成了民营企业第二代当中的核心人物。有次我在上海见到另外一个老板的孩子，聊天过程中发现他对刘畅充满敬意。所以，我认为在民营企业的第二代当中，刘畅会成为非常有领导力的继承者。

一次跟王石在美国玩，我跟王石开玩笑说："你儿子最近情况不太好。"王石说："你说的又是那个儿子？"我说是。因为有个叫王珂的人跟演员刘涛结了婚，媒体上八卦很多，说王珂是王石的儿子，所以我跟王石开这个玩笑。有一天晚上我女儿给我看她知道的很多名人孩子的网页，他们爱在网上炫耀一些东西，这些孩子没有太大的使命感，可能是因为计划生育导致了这种情况。

有一次在天津碰到个广东老板，我问他有几个孩子。他说一个老婆一个孩子。我说你这什么意思？他说你问我几个孩子，我没法回答，我只能说一个老婆一个孩子，离了结了再生，所以我5个孩子不违法，一个老婆一个孩子。

现代家庭中孩子数量比较少，传承当中风险在加大。所以，我希望民营企业的选人体制能够逐步改变成让制度选人，让业绩来证明人，让价值观来凝聚人，让事业来激励人。在事业传承上，企业家面对的不应该是具体的某个人，而应该是所有人。

公司的中级管理者和高管，也都应该用制度来选。举一个例子，在美国政府观看拉登被击毙的直播画面里，奥巴马总统没有坐在正中间的位置。按照传统规矩，大哥什么时候都得坐中间，你看萨达姆、金正日的照片，哪个时候他们都在中间。这张照片反映了美国的制度授权清楚，中间的人是主要责任人。

奥巴马在竞选前也就相当于中国的科级干部，通过一年半的全美演讲，竞选成了大哥。这个过程就是制度选人，因为谁都可以报名，接近于奥运会的游戏规则。制度选人就是根据第三方规则在透明环境下进行公平竞争，每个人都有进入的机会，对最后胜出者大家才是服气的。

制度选人必须建立一个有效的系统。美国制度让决策成为扯皮制度，比如议会、三权分立，都在扯皮，而行政是独裁系统，执行非常有效。一旦决策形成，所有系统都是独裁的，但决策之前是扯皮的。这样做是高成本决策，低成本执行，低成本纠错。

决策扯皮要花成本，一个政策、法案的讨论通常要一到两年，美国的国会电视台天天在播，决策成本很高，但执行成本低，因为大家都扯完了，该怎么做就怎么做。另外纠错成本低，因为有舆论监督，有反对党天天在帮你纠错，不可能等你把错误犯大了再说，因为还没等你犯大，就会让媒体给折腾下去。

公司也这样，如果是相对集权的体制，就是决策成本低，一个人说了算（所谓拍板快），必然造成执行成本高，因为你一下拍板了，底下人都没理解，大家也没有参与讨论，执行的时候就经常会阳奉阴违。结果纠错成本也高，因为谁也不敢对大哥说不，看着车毁人亡，大家除了表示同情、悼念，毫无办法。

从公司治理来说，一定要避免把创办者、大股东变成集权制度下的神，避免放纵他想怎么干就怎么干、大家执行的时候东倒西歪、最后自尝苦果的悲剧。我们应该建立一种好的治理结构，将决策的成本适当提高，拖的时间可能会长一点，但执行有效，即使有毛病，在此过程中也会被大家提出来，小错不断，大错不犯，系统有效，积小胜为大胜。总之，如果制度选人和系统有效结合起来，公司就会比单一的人选人制度更能降低风险、更可持续。

制度传承与系统有效

制度传承的目标应该是打造一种财产安全、系统有效、合理激励的公司治理制度。它有以下几个特征：

第一，股权设置上避免一股独大，适度加强公司资本的社会化构成。一个人占 51% 以上股份就是一股独大，不管是民营、国企、外资，风险都很高，这意味着整个决策机制都寄希望于一个人，而人不是神、不可能永远正确。人是有缺陷、会犯错误的，能力是相对的，所以应该建立股权相对分散、又能够统一协调、理性议事的治理结构，来维持制度的稳定性、连续性和有效性。

一个好公司的股权设置，大股东应该在 30%~40% 之间，另外还有其他股东（小股东）和散户。这样比较容易做出接近 80 分的决策。太过分散也未必好，比如像万科的股权分散到最大股东也才占 16% 的股份，当创办人还在时，没有问题，但往后走，公司权力过于分散，形不成合力、主导，容易做出低于 60 分的决策，而且公司多头用力，逐渐也会走下坡路，过去这样的事例非常多。所以合理的股权结构应该避免两极化，就是过于分散和过于集中，而应该建立相对集中、统一协调、适度社会化的治理结构，保证公司有一个好的决策环境。

第二，公司要建立一整套透明的制度。一个是对内透明，公司没有什么需要隐瞒大家的事。比如我们十几年前设立万通历史陈列馆时，就是想告诉大家第一桶金是怎么来的，否则大家会猜测所谓的

“原罪”，把创业者往坏里想。这在夫妻、朋友中间也是一样的道理，你知道他的信息越多，其实你越会把对方往好里想。这就是之前我们说到的“黑屋子里的游戏模式”。在对环境不明确的情况下，人有防卫本能，高估风险，但在透明条件下，人有安全感，就可以良性互动，甚至给予正面激励。

透明度很重要，比如我不做万通上市公司董事长了，公司也要审计我，把结果就放在网上，让大家看。董事长做的事情也在公众约束之下，包括我每次报销，大家都可以看董事长是不是自律的。现在公司的财务、利益、关联交易都很透明。一旦透明，就会获得信任感，增强凝聚力，或给大家揭弊、纠错的机会，从而防微杜渐，净化组织。

对外也要透明，这样外部对你也会有信任，别人看你才不会往坏里想。最好的透明方法就是上市，有了法律强制性的透明义务，信息都要披露，比如买房子、资产处置。上市公司的信用比不上市公司的信用要高，用不上市公司的股票去银行抵押贷款，银行一般不借。但用上市公司的股票就可以从银行拿到贷款，因为除了可流动以外，上市公司很重要的一点就是透明。

公司对外的透明度还可以有效促进内部约束力的加强，包括人的制度约束、道德约束、行为约束等，保证更好地执行制度和传承。人在黑屋子里没人看见的时候，可以随意变换姿势，但灯光一打开，你变换姿势时就会觉得别扭，这叫自律，因为人有道德羞耻感。越透明不雅姿势越少。所以将公司置于完全透明的环境下，就可以减少多余动作，确保好的制度可以有效地传承下去。

公司需要把内部制度和外部社会的接口纳入管理范围。公司作为一个组织除了营利功能以外，还要满足别的功能，比如企业社会责任的功能，公益和营利需要分开，不能又像公司又像慈善机构。一个组织越细分，它的功能协调越好，系统健康，组织生命力才越强。单细胞的组织，生命力都很弱，但如果多细胞组织很多功能混在一起，界限不清楚，也会很乱。有些民营企业，私人消费、捐款都从公司出，公司就很容易崩溃。

私人股东不能从公司里拿钱消费，比如买房。你应该建立私人公司，以便和公众公司的业务分开，同时也应和公益的事分开。私人业务可以相对不透明，跟上市公司不一样，个人兴趣可以放在私人公司里去处理。

私人跟合作伙伴等外部系统的关系也要制度化、合约化，跟政府各部门的外部系统也应建立很好的接口，这样企业的传承就不会受干扰。

民营企业如果把自己的事业分成营利事业、私人公司、公益事业这样三部分，组织功能就比较完善了，系统之间才会有跟外部世界的正常接口。公益有公益的法律规范，私人有私人的游戏规则，上市公司有公众公司的规则，这样以后也不累，可以做更多的事情。截至2011年，我发起了6个公益基金活动，还能跑得过来。

要确保制度传承，品牌也很重要。因为一个品牌里边有精神层面，也有物体层面，比如可口可乐是做碳酸饮料的，品牌已经固化了，如果可口可乐做房地产，品牌损失就太大了。品牌约束会使继承者不敢轻易做跨行业决策。比如共产党用红颜色，这也是品牌颜色，它可以强化制度记忆。万通做绿色，品牌、口号、标识等软性东西会让个人不太敢去挑战违反制度约束的事情。

国家也是这样。美国建国头10年出台了宪法，华盛顿在宪法内活动，到点就退，至今已经200年了，这个制度依然传承得很好，宪法也没怎么被改过。所以美国的品牌、经济实力都传承了下来，科级干部、演员、拉链不严的人都可以当总统，经济还可以发展得很好。通过建立无缺陷的制度以弥补有缺陷的人的失误，创造不平凡的业绩，这才叫系统有效，这也是民营企业事业传承唯一正确的努力方向。

终结者还是开启者

价值观的传承最可参考的是宗教，不管什么教，都有自己的价值观，佛教、基督教、伊斯兰教都一样。价值观的传承有点像养孩子，也有点像腌咸菜。所谓养孩子，孩子小时候都是光着屁股出来的，看不出什么差别，10年之后，你会发现这家孩子跟那家孩子就不一样，气质不同，这是由味道、状态、相貌、语言等综合起来的肉体以外的品牌特征，是靠一天天的时间养成的。价值观最大的挑战就是时间。

比如万通员工的气质跟很多私营企业员工的气质就不太一样，我们讲理想，讲“学先进、走正道、追求理想、顺便赚钱”等讲了20

多年，不断把同类的人聚集，让另类的人离开。这就跟养孩子一样，你要把公司的气质、精神文化传递下去，要靠时间和重复训练。这也像腌咸菜，放进去是白菜，弄了点卤，拿个石头压着，盖上盖子，一个月后拿出来就成了泡菜，比白菜好吃。这个过程就要在特定环境下，加特定的外部力量，封闭起来、重复。

训练中得有经典，哪怕5页纸，比如《道德经》的5 000字。经典就是故事加启示录。所有宗教经典写的都不是学术著作、文学著作，而是故事偏点文学，启示录偏点哲学。《圣经》是最典型的，里边有大量的故事，你可以当文学看，也有很多启示录，像哲理性的短句，朗朗上口、易于传播。

公司也要有启示录，万通20周年时，《万通全书》逐步变成公司里的《圣经》，里边有很多故事，故事后面有点启示录，挺好玩的。比如“吃软饭、戴绿帽、挣硬钱”，有点调侃，不那么严谨，但传达的意思很清楚。企业精神价值传承最重要的方法就是编好自己内部的故事，同时把这些启示录贴墙上、搁桌子上，每天提醒大家。

另外要有场所，比如腌咸菜的泡菜坛子，就是一个外部环境；宗教的场所就是教堂、清真寺、庙。企业的泡菜坛子就是学校，企业要建立自己的培训机构，进来的新员工是白菜帮子，搁进去3个月以后是泡菜，有它的作息时间、整套程序、游戏规则。

庙里头还得有人，就是传承的人，也叫布道者。人和神之间有一个启示者叫先知，比如穆罕默德、释迦牟尼、基督等。他下边是人，比如十二使徒，经典、信念通过具体的布道者来传承。企业的布道者是我们的高管、中层管理者，他们承担着传播、传承、训练的职责。

终结者还是开启者

创办人是最好的布道者，因为公司是你创办的，可以将历史和现状连接上，然后下边再有一些人来传播公司使命、价值观，比如“守正出奇”。我们还会有很多仪式性的活动，比如反省日、长城宣誓、生活节等。这些仪式性活动有利于价值观的内化。中国古代讲幼童发蒙时要背书，要背到变成用肌肉读，不用嘴读。像读“人之初、性本善”一样，一句话最后要变成肌肉的活动，要深化到骨髓里，升华为终身的信仰。我觉得这个方法是对的，你开始重复的时候会有抗拒，因为内心有你以前装进去的东西，现在要塞进去另一个东西，那就得使点劲儿，把旧东西逐渐压转、与塞进去的东西融合，变成新东西，最后经过反复咀嚼，逐渐理解、升华。

有人专门研究历史上的思想改造运动，发现它用的就是这套程序，把意识形态逐步内化为一种不可改变的行为模式。它有四个步骤：第一步是学习动员，搞一个运动时，先说这件事很伟大，提升士气，似乎不搞不行；第二就是对照检查，这么伟大的事看你做得怎么样，结果发现哪儿都没做好，离组织的要求太远，内心极度不安，深度忏悔；第三步组织处理，叫思想从严、组织从宽，思想上要求大家很高，但具体处理的时候让大家都过得去；第四阶段就是升华，大家感恩于组织上给的教育，特别是又给了一次政治生命。如此往复，练得对组织深信不疑。

基督教也这样，教民到教堂认罪，说自己是浑蛋，出门时主也没杀他、没扣他钱，然后他感谢主。

所以，精神价值的传承要靠经典，要有场所、传道者和活动、仪式。随着公司发展的时间越来越长，民营企业需要考虑这四个方面的工作。对于创办人最大的挑战，就是个人的定位：你要做终结者还是开启者。所谓终结者就是人选人，越选越差，不去树立企业的核心价值观，大家赚完钱一拍两散，或过分追求个人财产最大化，公司变成一个人的公司，对外、对内都不透明，家庭关系混乱等，这些都可能使你变成终结者。

我希望自己能够像华盛顿一样成为万通的开启者。华盛顿终结了英国的殖民地，开启了民主宪政的共和国。我在万通今后要做的工作就是开启未来的大门，终结野蛮生长的阶段。每一个创业者都应成为过去历史的终结者和成就未来的开启者，这样企业才能有未来，才能永续发展。